清华大学经济管理学院
中国零售研究中心

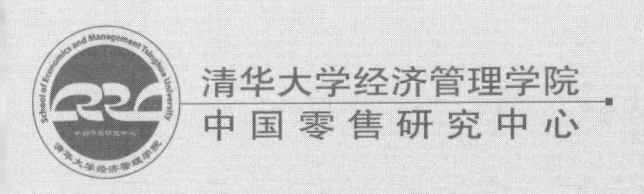

中国零售研究前沿系列·10·

零售革命（修订版）

李飞/著

RETAIL REVOLUTION
(REVISED EDITION)

中国财经出版传媒集团
经济科学出版社
Economic Science Press

清华大学"十三五"学科建设"中国营销理论"项目资助成果
清华大学经济管理学院中国零售研究中心项目
"中国零售业态适应和成长问题研究"研究成果

前言

自从1852年世界上第一家百货商店博马尔谢在巴黎诞生以来，至今已有166年的历史，其间不断地产生新的零售业态，连续地爆发新的零售革命。这些零售革命，改变了人们的购物方式，催生了新的消费文化，带来了便捷的生活方式。特别是在当今移动网、智能化、大数据、云计算等零售环境下，全渠道商店和智能商店革命成为新的热点，给整个社会都带来了深远的影响，智慧零售、新零售、无界零售等词汇也成为社会流行语，但是关于零售革命的诸多基本问题远未得到回答。诸如，零售革命是什么？为什么来？从哪里来？到哪里去？如何应对？等等。

1991年10月至1992年10月，我在法国巴黎第八大学做访问学者，从事人类市场史的研究，翻译了近百万字的零售市场史方面的文献，考察了巴黎100多家各种各样的店铺。回国后，我就开始零售革命史的研究，并于2003年出版了《零售革命》，分为上、下篇，上篇为世界零售革命，下篇为中国零售革命。尽管这本书是中国第一本系统描述零售革命的专著，但是由于自己当时水平有限、学术素养不足，加之15年来世界零售业又发生了翻天覆地的新变化，今天看来它有很大局限性和浅显性，一些基本问题并没有给予清晰的回答。因此，我近两三年产生了修订该书的想法。好在20多年以来，我一直关注并研究世界及中国零售业态的演化、消费者购物的历史，以及店铺发展演化的历史，修订起来不是从零起步，有一些现成研究成果可供梳理，即使是需要搜集新的资料，我也是兴趣盎然，享受这一学习过程。不记得是谁说的了，大意是，你要想学习某一方面的知识，最好的方法就是写一本关于这方面的书。

2018年少有的最为闷热的暑假来临了，我先是回乡与85岁的老母亲过了一个周末，就回到北京，开始了《零售革命》一书最后的修订工作。宁静的大学校园，舒适的教师餐厅，以及我简朴而雅致的办公室，不仅使我的心情愉悦，也使我的工作效率大大提高。几乎在暑假的每一天，我都是从家里步行30多分钟来到校园，到办公室后，先给兰花和文竹喷水，然后沏上一壶清茶，就开始了我的书稿修订工作。陪伴着我的虽有闷热的天气，但是今年雨水多，常常也有窗外的雨声、风声，以及跳上我窗台的小鸟的鸣叫声。就这样，我享受着独处的感觉，静思的境界，阅读的舒畅，没有丝毫的寂寞感和委屈感。不知不觉地，暑假就要结束了，闷热天气好转了，我也完成了书稿的修订工作。虽然假期没能出去旅游，但是实现了自己一个小小的愿望。我虽已进入耳顺之年，但也像孩子一样高兴，就把这本书作为送给自己60周岁的一件礼物吧！

本书是"中国零售研究前沿系列"之十，也是清华大学经济管理学院中国零售研究中心课题——"中国零售业态适应和成长问题研究"的部分研究成果以及清华大学"十三五"学科建设"中国营销理论"项目资助成果。

本书分为四篇九章，阐述了零售革命的一般性和基本问题。具体有：第1篇零售革命是什么，包括第1章什么是零售革命，第2章多少次零售革命；第2篇零售革命为什么，包括第3章为什么滋生零售业态，第4章为什么爆发零售革命；第3篇零售革命怎么样，包括第5章西方的十次零售革命，第6章中国的八次零售革命，第7章零售革命的演化轨迹；第4篇零售革命怎么办，包括第8章未来的零售革命，第9章如何应对零售革命。

这本《零售革命》（修订版）与第一版的最大区别在于，比较清晰地回答了"零售革命是什么，为什么，怎么样"的问题，在"怎么样"方面也补充了新的零售革命及新的研究成果。这在第一版是很少涉及的。虽然称为修订版，其实就如同重写一本书一般，但是为了呈现自己零售革命研究的延续性，我还是保留了原有书名。

15年前，我出版了《零售革命》，那时刚刚来到清华大学经济管理学院工作。15年之后，我出版了《零售革命》（修订版），表明我对于零售学术研究的专注和偏爱。今天已经没有多少真正的研究营销策略的学者了，专门研究零售的学者更是稀少得可怜，与这个零售主导的时代极不相称。原因是多方面的，其中一个重要原因是中国目前没有一本具有正规刊号公开发行的专门的营销学术期刊，也没有专门的零售学术期刊，这在以发表学术论文作为晋升职称的体制下，就使很多学者转向了其他方向的研究，我非常理解和尊重他们的选择。

我是一个固执的人。我一辈子就研究营销战略和零售战略，零售战略研究也是按着营销的范式进行研究,我早已不太关注是否能发表,有多少阅读量,而是关注自己为自己解惑,弄清楚了自己想弄清楚的问题。

  幸福感,是每个人一生的追求,但是人们辛苦劳作的很多事情与此无关。一个人是否幸福,只有三个条件或标准:一是做自己非常感兴趣的事情,二是这些事情是对社会和自己有意义的,三是你经过努力有能力做好它。我选择的《零售革命》(修订版)这件事,就完全符合这三个标准,因此过程幸福,结果也幸福。

清华大学经济管理学院
中国零售研究中心常务副主任、教授
李 飞
2018 年 8 月

目　录

第1篇　零售革命是什么　/　1

第1章　什么是零售革命 ……………………………………（3）
　　1.1　零售革命的含义 ……………………………………（3）
　　1.2　零售革命的本质 ……………………………………（7）
　　1.3　零售革命的特征 ……………………………………（8）
　　1.4　零售革命与商业革命、流通革命辨析 …………（10）
　　1.5　小结 …………………………………………………（11）

第2章　多少次零售革命 …………………………………（12）
　　2.1　多种多样的次数说法 ………………………………（12）
　　2.2　零售革命提到的业态 ………………………………（15）
　　2.3　零售革命是与否的衡量标准 ………………………（20）
　　2.4　西方的十次零售革命 ………………………………（22）
　　2.5　中国的八次零售革命 ………………………………（23）
　　2.6　小结 …………………………………………………（25）

第2篇　零售革命为什么　/　27

第3章　为什么滋生零售业态 ……………………………（29）
　　3.1　环境理论 ……………………………………………（31）
　　3.2　循环理论 ……………………………………………（35）
　　3.3　冲突理论 ……………………………………………（41）
　　3.4　混合理论 ……………………………………………（44）

3.5　零售业态滋生的综合理论模型…………………………（49）
　　3.6　小结………………………………………………………（54）

第4章　为什么爆发零售革命……………………………………（55）
　　4.1　创新扩散理论……………………………………………（55）
　　4.2　创新扩散理论的营销应用………………………………（60）
　　4.3　零售革命爆发的扩散理论模型…………………………（62）
　　4.4　小结………………………………………………………（70）

第3篇　零售革命怎么样　/　73

第5章　西方的十次零售革命……………………………………（75）
　　5.1　第一次零售革命：百货商店……………………………（75）
　　5.2　第二次零售革命：一价商店……………………………（81）
　　5.3　第三次零售革命：连锁商店……………………………（85）
　　5.4　第四次零售革命：超级市场……………………………（89）
　　5.5　第五次零售革命：购物中心……………………………（95）
　　5.6　第六次零售革命：步行商业街…………………………（101）
　　5.7　第七次零售革命：自动售货机…………………………（105）
　　5.8　第八次零售革命：网上商店……………………………（110）
　　5.9　第九次零售革命：全渠道商店…………………………（117）
　　5.10　第十次零售革命：智能商店……………………………（126）
　　5.11　小结………………………………………………………（130）

第6章　中国的八次零售革命……………………………………（131）
　　6.1　第一次零售革命：百货商店……………………………（132）
　　6.2　非革命：一价商店变革…………………………………（138）
　　6.3　第二次零售革命：连锁商店……………………………（139）
　　6.4　第三次零售革命：超级市场……………………………（145）
　　6.5　第四次零售革命：购物中心……………………………（150）
　　6.6　第五次零售革命：步行商业街…………………………（155）
　　6.7　非革命：自动售货机变革………………………………（159）
　　6.8　第六次零售革命：网上商店……………………………（161）

6.9　第七次零售革命：全渠道商店 ·················（165）
6.10　第八次零售革命：智能商店 ···················（171）
6.11　小结 ···（174）

第 7 章　零售革命的演化轨迹 ·····························（175）

7.1　商品：从货物扩展至娱乐和社交 ···············（175）
7.2　货币：从无到有形到无形再到无 ···············（180）
7.3　零售商：从无到有到公司再到无 ···············（185）
7.4　购买者：从物质到身份再到精神 ···············（193）
7.5　时空：从偶然到固定再到虚拟无界 ············（201）
7.6　旅程：从商品到服务再到精神体验 ············（209）
7.7　小结 ···（219）

第 4 篇　零售革命怎么办　/　221

第 8 章　未来的零售革命 ·····································（223）

8.1　未来的零售环境 ·····································（223）
8.2　未来的零售要素 ·····································（231）
8.3　未来的零售时空 ·····································（235）
8.4　未来的零售旅程 ·····································（237）
8.5　小结 ···（240）

第 9 章　如何应对零售革命 ·································（241）

9.1　零售革命应对的角色选择 ·························（241）
9.2　零售革命应对的营销战略 ·························（243）
9.3　零售革命的营销战略实施 ·························（248）
9.4　小结 ···（254）

参考文献 ··（255）
后记 ···（265）

第1篇
零售革命是什么

第1章

什么是零售革命

零售革命,并非是一个新词汇,但是大家在使用过程中常常忽略它本身的含义,直至今日也存在着不同的理解,因此,在讨论零售革命相关问题之前,我们需要界定它的含义。

1.1 零售革命的含义

我们在检索诸多英文数据库过程中,发现"retail revolution"及相近词汇常被用于描述零售演化,但很少给出明确定义,最新的英文定义来源于2016年的一篇文献,内容为"已有文献认为零售革命是一种新的商业模式的演进、扩散和同化的过程"[1]。我们没能查到中文"零售革命"最初的来源,但是可以推论是来源于英文词"retail revolution"或法文词"révolution commerciale"等相关或相近词汇,理由是该词初期是西方学者用于说明西方零售业的发展,英文和法文的使用大大早于中文。尽管在20世纪30年代,中国就有了《零售学》(吴东初,1930),但是直到中国改革开放初期的1979年、1980年,才出现了用于描述西方零售变革历史的"零售革命"中文词(吴智伟,1979;张绍文,1980),而1963年美国《自然》(Nature)杂志就发表过名为"Revolution in Retailing"(Editorial office,1963)的文章,1968年《商业历史评论》(Business History Review)杂志发表过名为"Retailing Revolution"(Robert Bartels,1973)的文章,1973年法国Hachette Littérature出版的《分销》(La Distribution)就曾经使用"révolution commerciale"一词。我们推论上述相关词汇在英文和法文中出现的会更早。后来,中国学者在翻译"retail revolution"

---

[1] Fernando Collantes, "Food chains and the retailing revolution: supermarkets, dairy processors and consumers in Spain (1960 to the present)", Business History, 2016, 58 (7): 1055–1076.

"révolution commerciale"等相关或相近词汇时，就使用了"零售革命"一词。国内外学者们通常使用"变化"（change）、"演化"（evolution）和"革命"（revolution）等词汇来描述零售业的变革历史，"革命"一词通常是用来描述比较激烈和重大的变革，程度强于"变化"和"演化"。但是，在使用该词过程中，国内外学者仍然对"激烈和重大变革"存在着不同的理解。主要有购买方式、售卖方式、经营方式和零售形态或类型四种不同视角。

一是购买方式说。有荷兰学者认为，消费者购买行为发生了三次变化，在购物1.0时代，消费者从本地商店或工匠手里购买，有定制交易；在购物2.0时代，消费者通过无店铺形式购买，多现货交易；在购物3.0时代，消费者通过线上线下多渠道购买，定制和现货交易相结合（Cor Molenaar，2014）。该书在以中文出版时，翻译者将英文"shopping"一词，没有按原意翻译为"购物"，而翻译为"零售"，又独自加上了"革命"二字，就出现了根据购买方式划分零售革命的说法。这种观点并非流行看法，但是也提出了店铺零售、无店铺零售和多渠道零售三个阶段的售卖方式的变化。

二是售卖方式说。有日本学者认为，大量销售的超级市场、大型赊销的信用商店、大型减价的折扣商店，"都是以新的经营和新的销售方式为基础"的革新，因此可以称为零售的"销售革命"[①]。有中国学者持有相同观点，认为零售革命是商品销售方式的重大变革，由讨价还价销售变为明码标价销售，是百货商店革命的标志；由柜台销售到顾客自选购物，是超级市场革命的标志；由人员销售到机器销售，是自动售货机革命的标志，由店铺销售到无店铺销售是多媒体零售革命的标志（沈云岗，1989）。

三是经营方式说。有中国学者认为，"从第一次世界大战以来，美日等国就有所谓'三次流通革命'的说法，这三次都是以零售业经营方式的革新为代表的"，包括百货商店、超级市场和购物中心。[②] 该学者虽然用的是"流通革命"一词，但是论证都是零售行业的例子，可见这里"流通革命"与"零售革命"是同义语。日本学者较多使用"流通革命"一词，主要是指批发和零售等流通系统为适应环境变化而进行的自我革新。日本第一次流通革命为20世纪五六十年代，超级市场革命引发的流通变革；第二次为20世纪70年代，大型连锁商店革命引发的流通变革（孙明贵，2004）。

四是零售类型说。更多的国内外学者认为，零售类型的主辅更替变化才是

---

① ［日］日本商工会议所：《现代商店经营》（赵玉玢等译），中国展望出版社1982年版，第5页。
② 商业部商业经济研究中心：《商业改革与发展研究》，中国商业出版社1993年版，第205~206页。

零售革命的本质特征，对于零售类型有的使用"零售形式"或"形态"，也有的使用"零售业态"。哈佛商学院教授克莱顿和理查德（2000）认为，零售业的主要任务是在合适的时间、合适的地点，以合适的价格提供合适的产品，他们可以通过分化技术（disruptive technologies）实现革新，从而创建新的零售模式，形成零售革命，可见该观点认为新零售模式的形成即为零售革命。一些中国学者也持有类似看法，他们认为，零售革命是零售业发生的新旧形式主辅换位的重大变化（李飞，2000；沈乐，1995），这里的"零售形式"包括店址、产品、服务、价格、促销、传播等零售业经营的基本要素及这些要素的组合或组织形态。由于在中国将过去描述有形店铺的"业态"一词，拓展为包括有形店铺形态和无形店铺形态，因此零售类型或形态与广义的零售业态就成为了同义词（吴小丁，2005；彭娟，2014；李飞、王高，2006）。这就将零售革命的零售形式说演化为零售业态说，进而零售革命就被定义为：零售业态或类型发生的新旧形式主辅换位的重大或巨大变化，其中"形式"是指零售各个经营要素有机组合的外在表现，其中某些要素的变化就有可能带来零售业态或形式的质变（李飞，2012）。

通过前述分析，我们会得出两个结论：（1）零售革命的标志是**零售本身**发生的重大变化，无论是购买方式说，还是销售方式说、经营形式说、零售类型说，都必须带来"零售本身"的变化，否则就不是零售革命，而是其他革命了；（2）零售革命的标志是零售本身发生的**重大变化**，重大变化就不应该仅是销售方式或经营方式的变化，一定会带来零售类型或业态的变化，或者催生了新的零售业态，并对旧业态产生了较大的冲击，否则也不是零售革命，只能算作零售演变或革新。

由此，我们大体了解了零售革命的含义，根据其本身的含义就可以对已有的零售革命定义进行梳理和评价（见表1-1），最后给出我们认为比较合适的定义。从表1-1可以看出，学者们对于零售革命的定义有一个不断完善的过程，这在理论研究中是一个非常正常的现象。例如，美国营销学会对于营销的定义就改变了多次，至少有1960年、1985年、2004年和2007年的四种定义，尽管定义中营销范式没有本质的变化，但是营销的目的是不断调整的。目的是定义的重要组成部分，一般管理学概念的相关定义常有目的的内容。另外，在给零售革命下定义时，除了增加零售革命目的内容之外，还要遵循"概念定义"的规范方法，一种是属加种差法（如人是有意识的高等动物），一种是词语法（如乌托邦是一个没有的地方，"乌"意为没有，"托邦"意为地方）。显然零售革命适合采取词语法进行定义，即为"零售"+"革命"，将其内涵和外延界定清楚，进行叠加，再补充零售革命的目的就可以形成一定相对完整的零售革命定义。

表 1-1　　主要的零售革命定义

定义提出者	时间	定义内容	定义评价
李飞	2000 年	零售业发生的新旧形式主辅换位变化，它具有革新性、冲击性和广延性的特点，本质上是零售力扩展的要求	缺乏革命目的的内容
	2003 年	零售业发生的新旧形式主辅换位变化，内在动力的扩张与延伸，是零售形式的变化	缺乏革命特征的内容
	2012 年	零售业态或类型发生的新旧形式主辅换位变化，它既具有革新性、冲击性和广延性的"革命性"特点，也具有频发性和并存性的"零售性"特征	缺乏革命目的的内容
黄国雄、王强	2008 年	零售业在发展过程中所产生的历史性的变化而引起的全行业制度和经营形式的创新	缺乏革命特征和目的的内容
周筱莲、庄贵军	2009 年	零售企业变革之大，以至于旧的零售格局完全被打破并建立新的零售格局	缺乏革命特征和目的的内容
王文洁	2004 年	新的零售形式形成、发展和成熟的过程，带有冲击力强、影响面广和持续时间长的特征	缺乏革命目的的内容
费尔南多·柯兰斯特（Fernando Collantes）	2016 年	一种新的零售商业模式的演进、扩散和同化的过程	缺乏革命目的的内容，商业模式作为主题词也不准确

因此我们选择的零售革命定义的语句结构是"零售"+"革命"+"目的"，其中"零售"是指"零售业态或类型"，包括各种店铺形态和无店铺形态，各种线上零售形态和线下零售形态，各种有人零售形态和无人零售形态，以及它们的组合或融合形态（如单店形态和连锁形态、单渠道形态和全渠道形态，以及智能店铺形态等）；"革命"是指"重大主辅换位变化"，即在广泛（世界）的范围内一种新的单一零售业态或组合零售业态，取代了另外一种旧的单一零售业态或组合零售业态的主导地位，而被取代者位居辅助或次要的地位；"目的"是指企业为维持自身的生存和发展，更好地满足顾客需求，最终实现企业的使命和目标。在此基础上，我们给出新的定义：

什么是零售革命

零售革命，是指零售企业为了适应环境变化，满足顾客需求，维持生存和发展，以及实现经营目标，用新业态取代旧业态，导致社会范围内新旧业态之间发生的重大主辅更替、换位变化的过程。

其中"适应环境变化，满足顾客需求，维持生存和发展，以及实现经营目标"是零售革命的目的；"零售业态"则是解释"零售革命"中的"零售"一词，是零售革命的客体（核心主体是零售企业）；而"新业态取代旧业态，导致社会范围内新旧业态之间发生的重大主辅更替、换位变化的过程"，则是解释"零售革命"中的"革命"一词；零售革命的现象形态是"旧的零售格局完全被打破并建立起新的零售格局"（周筱莲、庄贵军，2009）。

1.2 零售革命的本质

零售革命的本质是什么？有人用零售的本质来代替，显然是不恰当的。零售本质与零售革命的本质相关，但不是一回事儿。本质是指事物本身所固有的根本属性，零售本质就是零售本身所固有的根本属性，零售革命本质就是零售革命本身所具有的根本属性，它是与其他革命或非革命相区别的标志。

1.2.1 关于零售的本质

这几年流行的一句话是"回归零售业本质"，但是对于"零售本质"的理解还有偏差，自然不知回归到哪里去。比较有代表性的观点是"经营顾客"，满足顾客需求，实现顾客满意和忠诚（王成荣，2014）。另外，也有研究者认为是成本、效率和体验（刘强东，2017），也有人认为是效率和体验，理由是效率包括成本（周勇，2017）等等。这些说法都是不准确的，其强调的内容是一切企业和品牌都需要关注的环节和实现的目的，根本无法描述出零售行业本身的特征。也有学者在回顾零售业发展史的基础上，提出了零售的本质是满足消费者和购物者购物、社交和娱乐三方面的需求，企业的成败取决于这三种功能满足的程度和水平（李飞，2012）。这种说法部分揭示了零售业的本质，但也有待完善。实际上，**零售的本质就是零售，即零售商通过向消费者个人或家庭出售有形产品和无形服务（或是二者结合），以满足购买者和消费者购物、社交、娱乐等方面的需要，进而持续地为利益相关者，特别是购买者和消费者创造价值。**

1.2.2 关于零售革命的本质

有研究者直接借用企业经营目的，如"满足顾客需要""实现顾客满意""建立顾客忠诚"等，实际上，这些可能是零售革命的目的，但绝不是它的本质。从零售革命共性来看，其本质就是"革命"，新旧业态的更新换代大，这种变化由一定的外部环境因素引起（有前因），同时必然带来新的零售业态和格局形成（有后果）。零售革命定义可以说明零售革命的本质，具体地说，**零售革命的本质，就是指零售企业为了适应环境变化而使零售业态发生由量变到质变的革命性变化，催生新的零售业态，改变旧有的零售业态，目的是更好地满足顾客需求，维持自身的生存和发展，进而实现自己的经营目标。**

1.3 零售革命的特征

零售革命具有哪些特征？尽管每次零售革命的特征可能是不同的，但是也都具有一些共同的特征。有学者认为，不是每次零售变革或创新都是零售革命，被认可为是零售革命的，还必须具备五个标准：一是节约了成本，二是有推广价值，三是使消费者受益，四是引发整个流通变革，五是引起社会反响（黄国雄、王强，2008）。如果将零售革命的特征进行分类，会发现具有革命性和零售性两方面特征。只有具备了革命性的全部特征，才能称为爆发了零售革命，如果仅具备了其中部分特征，只能被视为零售业态的演化或创新（量变），不能视为零售革命（质变）。至于零售革命的零售性特征，则不是判断是否为零售革命的必备条件。对此，我们在已有研究中（李飞，2000，2003，2012）进行了较为详细的说明，为了便于大家阅读，这里再进行一下重复描述。

1.3.1 零售革命的革命性特征

无论是文化革命、工业革命，还是零售革命，都具有革命性方面的特征，只是表现略有不同罢了。

一是革新性。意大利文艺复兴运动是一场文化革命，其革新性在于人文主义的兴起；工业革命的革新性在于机器化生产代替了手工作业；零售革命在于新的零售业态区别于旧的零售业态，并具有很大的先进性。

二是冲击性。任何一次革命都会对世界产生重大影响。政治革命导致社会动荡和政权的更迭，以及一系列变革；文化革命会重塑人们的价值观，进而影响人们的行为，产生新的社会摩擦；工业革命在提高效率的同时，又会使众人面临失业的危险；零售革命不仅影响着顾客购物方式的变化，也会引起相关方的一系列调整行动，诸如零售商、批发商、制造商、物流商、金融部门、政府管理的变革行动。

三是广延性。革命不是像流星一样转而即逝，会扩展到一定的空间、延续到一定的时间，形成综合的影响力，甚至带来社会生活的变化。可见，任何没有催生新型零售业态的变革，都不能称为"零售"的革命，催生的新型零售业态没有引发全球范围的仿效及对旧业态的猛烈冲击，也不能称为零售的"革命"。人们没有把仓储商店、便利商店视为零售革命，仅视为业态变革，其重要原因就在于广延性不够。

1.3.2 零售革命的零售性特征

零售革命与工业革命、农业革命等有着不同的特征，这种不同使零售革命变得更为复杂，规律性也更加难以把握。零售革命有频发性和并存性两个方面的零售性特征。

一是零售性。零售革命，不是工业革命，不是信息革命，也不是商业革命，也不能等同于流通革命，而是具有明显的零售特征，是零售基本要素（店址、店铺环境、产品、服务、价格、传播、流程、组织、信息和文化等）某一方面发生大的变革，只要符合零售革命的本质，具备了前述"革命性"特征，就可视为一次零售革命的爆发。

二是并存性。以往人们在解释革命时，常常是"取代"观点，如政治革命是一个集团推翻并取代另一个集团。然而，纵观世界零售革命的历史进程，并未出现一种新的零售形态完全取代另一种旧的零售形态，而是表现为新形态对旧形态的冲击，而后共处于一个统一的市场之中，但新形态在市场上占据主导地位，而旧有业态处于从属地位。例如，160余年中爆发的数次零售革命，都没有使小店铺完全消失。当然零售革命有时也会催生出基于新旧业态交织融合的具有竞争优势的新业态。例如，百货商店革命就是诸多服装店、日用品店、糖果店、餐饮店、化妆品店、影剧院等多业种店（按着商品品种划分的店铺）组合的结果，形成了业态店（按着满足的目标顾客及需要划分的店铺）。又如，购物中心革命也是多种零售业态组合的结果，其中百货商店或购物中心称为购物中心的主题商店或核心商店，各类专业店、餐饮店、电影院、小剧场等成为补充店或附属店。

1.4 零售革命与商业革命、流通革命辨析

由于有些西方学者将"révolution commerciale""distribution revolution"与"retail revolution"作为同义语使用，日本一些学者讨论"流通革命"时，也大多涉及零售革命的内容，因此在中国出现了将"零售革命"与"商业革命""流通革命"作为同义词使用的情境。尽管前述三个"革命"互相影响，甚至同时发生，但从更加严谨的学术角度要求，应该加以区分，回归它们各自的本意。

零售革命不同于商业革命。商业革命是指商业的革命，商业是指专门从商品或服务交换的行业或领域，从空间上看包括国内商业、对外贸易，从职业来看包括批发商、代理商、经销商和零售商等，零售革命概念小于商业革命的概念。从学者的词语使用来看，商业革命的含义有很多种解释。有时是指贸易革命（commercial revolution），如《16至18世纪中国商业革命和资本主义萌芽》（唐文基，2005）一文，描述的是16~18世纪中国国内国际贸易的大发展，这里商业革命是指"商业的突然扩大和新世界市场的形成"[①]；有时是指货币革命，如《中国历史上的三次商业革命浪潮及其启示》（刘毓庆，2017），描述的是战国时期的黄金和铜币流通、宋代的白银和纸币流通，以及现代的纸钞和电子卡流通，着眼于货币形态的更迭变化；有时是指产业的集中化趋势，如《全球商业革命下的瀑布效应与虹吸效应》（宋方涛，2009）一文，商业革命是指由全球并购潮引发的产业集中化。由于学者们对于商业革命的定义千差万别，因此不宜将零售革命和商业革命等同使用。何况"商业"范畴本身大于"零售"范畴，换句话说，零售是商业的一部分。

同时，零售革命也不同于流通革命。流通革命是流通业的革命，流通业是指专门从事商品流通活动的行业，具体包括交通运输业、仓储业、国内商业和国际贸易等。可见，流通概念大于商业概念，商业概念大于零售概念，流通革命的范围大于零售革命的范围，它"是对流通领域历史性变革过程的总称"[②]，除了涉及零售业，也涉及批发业、物流业和制造业等，表现为缩短流通渠道、节省流通费用和进行管理变革等，主要是流通渠道的变革（刘庆林、韩经纶，

---

① [德]马克思：《资本论》（第3卷），人民出版社1975年版，第372页。
② 晏维龙：《流通革命与我国流通产业的结构变动》，载于《财贸经济》2002年第10期。

2004；中田信哉等，2008）。因此，为了避免歧义，我们主张"流通革命"和"零售革命"两词不互替使用。

当然，我们也不否认有时零售革命、商业革命和流通革命是同时爆发的，但是它们无论如何都有自己的内涵和外延，并非一个可以混用的相同概念。

1.5 小　结

由本章的讨论，我们得出以下结论：（1）零售革命的含义是，零售企业为了适应环境变化，满足顾客需求，维持生存和发展，以及实现经营目标，用新业态取代旧业态，导致社会范围内新旧业态之间发生的重大主辅更替、换位变化的过程；（2）零售革命的本质是，大量零售企业为了适应环境变化而使零售业态发生由量变到质变的革命性变化，催生新的零售业态，改变旧有的零售业态，目的是维持自身的生存和发展，更好地满足顾客需求，进而实现自己的经营目的；（3）零售革命的特征是，具有革新性、冲击性和广延性三个革命性特征，以及零售性和并存性等两个零售性特征；（4）"零售革命"概念小于"商业革命"，"商业革命"概念小于"流通革命"，因此三个概念应该分别使用，不能互相替代，也不可混用。

第 2 章

多少次零售革命

人们对于"爆发了几次零售革命"的说法不一，也常常把世界零售革命的次数等同于中国零售革命爆发的次数，实际上，二者有着不同的频次和过程。我们在梳理各种观点的基础上，依据相应的标准进行评价，进而归纳出比较合理的结论。

2.1 多种多样的次数说法

有学者对于"几次零售革命"的问题进行了比较详细的归纳（周勇，2017），对我们的研究具有重要的参考价值，但是该成果缺少对于国外文献的梳理，也没有区分互联网前后的成果，因此我们有必要按着互联网零售发展前后两个时间段，进行更为全面的、包括国内外成果的系统梳理和分析。

2.1.1 2000 年之前文献的回顾

2000 年之前，研究者关于零售革命次数的讨论主要基于工业革命时代的情境，大多没有涉及网络革命时代的情况，有二次说、三次说、四次说和六次说，对于每次零售革命的描述，大多是以某种新产生的零售业态名称进行命名的。

（1）二次说。1966 年，英国历史学家多萝西·戴维斯（Dorothy Davis）曾经提出两次零售革命的观点，第一次发生在 19 世纪，为分销功能和机构的独立；第二次发生在 20 世纪 50~60 年代，零售商店发展为大型超级市场和购物中心，供应商之间展开竞争。1973 年，法国学者雅克·莱利夫（Jacques Lelief）的研究认为，西方历史上共爆发过两次零售革命，第一次是百货商店的革命，其特征是商品明码标价，顾客可以自由进入和退换货，实行较低价格，大量销售产品；第二次是一价商店的革命，初期是采用全部商品一个价格的策略，如 5 美分、10 美分等，后来演化为低价的杂货商店。1987 年，有中国学者指出，西方经济学界认为世界零售业爆发了百货商店（19 世纪 50 年代）和超级市场（20 世纪 30 年代）两次零售革命（果洪迟，1987）。

（2）三次说。早在 1979 年和 1980 年就有中国学者提出西方爆发了百货商店、超级市场和自动售货机等三次零售革命（吴智伟，1979；张绍文，1980），后来这种观点得到一些学者的认可（沈乐，1995）。第一次零售革命为百货商店的革命，开拓者为 1852 年创办的法国巴黎的博马尔谢（Bon Marché，意为"廉价"）百货商店，主要特征是扩大了店铺面积和商品类别；第二次零售革命为超级市场革命，开拓者为创办于 1930 年的金·卡伦（King Kullen）超级市场，主要特征是开创自选购物的先河；第三次零售革命命名为自动售货机，通过无人的机器进行售货，24 小时连续营业，在 20 世纪 20 年代在西方普及起来。不过，更多的学者认为三次零售革命是百货商店、连锁商店和超级市场的革命，但是对于排序有不同看法，一些学者认为依次为百货商店、连锁商店和超级市场（林光祖，1989；杨骁忠，1995；张新国、张光忠，1997），另有学者认为依次为百货商店、超级市场和连锁商店。对于百货商店和超级市场的解释如前，而连锁商店革命的开拓者为 1869 年创办的美国大西洋和太平洋茶叶公司（A&P），主要特征是将单店和分店经营发展为连锁经营。也有个别西方学者认为，零售业曾经爆发了需求竞争带来的零售独立化（19 世纪）、供应商竞争带来的超市和购物中心（20 世纪 50～60 年代），以及零售、休闲、娱乐带来的大型购物中心三次零售革命（Kooijman，2002）。

（3）四次说。这种观点是在百货商店、超级市场和连锁商店三次零售革命的基础上，增加了一次零售革命。有学者认为，应该增加通信媒体销售（或称为无店铺销售），包括邮购、目录、电话、电视、计算机零售等，理由是改变了过去进店购买的传统方式，在家就可以完成购买的全过程（沈云岗，1989）。另有学者接受了法国学者雅克·莱利夫的观点，将一价商店视为一次零售革命，因为这种业态演化成后来具有广泛影响的折扣商店和品类杀手（低价专业店），这两种业态都曾被一些专家认为是零售革命（蒋兆龙，1994；罗伯特·斯佩克特，1995）。由此认为，人类历史上依次爆发过百货商店、一价商店、连锁商店、自选市场四次零售革命（李飞，1995）。

（4）六次说。有学者在百货商店、一价商店、超级市场和连锁商店四次零售革命说的基础上，又增加了购物中心和步行商业街两次零售革命（李飞，1996；1997），这是基于一些学者认为购物中心和步行商业街都具有零售革命的特征（罗桔芬，1995；罗桔芬，1995；李雄飞、赵亚翔等，1990）。购物中心的革命性，体现在吃穿用住行玩各种商品销售和服务功能齐全，聚集了几乎所有的零售业态形式，是零售业态的大聚集。步行商业街的革命性，体现在商业街的步行化和花园化，实现了"逛"和"娱乐"的特征。这两种零售业态都对零售业的发展、消费者的购买方式，以及城市的发展带来了深远的影响。

2.1.2 2000年至今文献的回顾

2000年之后，由于互联网和移动网等技术迅速在零售领域应用，研究者在基于工业革命时代的零售革命研究文献的基础上，补充了网络革命时代带来的零售新变化，形成了三次说、四次说、五次说、六次说和八次说的观点，出现了以零售业态名称和非业态名称命名两种零售革命的命名方法。

（1）三次说。这种主张是从更大和更为综合的视角看待零售业的变革，合并了一些"小"的零售业态变革。初期（2000年左右），有的研究者将百货商店、超级市场和计算机网络零售列为三次零售革命（安成谋，2000）。后来（2010年之后）的研究者提出了网上商店和多渠道零售、全渠道零售的概念。有美国研究者以需求驱动力来源为标志，将世界零售发展史划分为三次浪潮：第一次浪潮是生产商主导的时代，生产驱动经济，主要零售业态是百货商店、目录销售和购物中心；第二次浪潮是分销商主导的时代，分销驱动经济，主要零售业态是连锁商店和大型零售商店；第三次浪潮是消费者主导的时代，消费者驱动经济，主要零售业态是多渠道零售（刘易斯和达特，2012）。据此，有中国研究者提出了三次零售革命为：一是连锁革命（实现了地面店铺的互联），二是电商革命（实现了全球商品的互联），三是网络革命（实现了消费者互联），三次革命分别由沃尔玛、亚马逊和消费者发起（颜艳春，2014）。也有研究者认为，三次零售革命为以连锁店为代表的实体零售、以互联网电商为代表的虚拟零售和以虚实结合为代表的智慧零售（杨旭然、张近东，2017）。这些看法都承认网络商店为第三次零售革命，但是对其命名有不同的看法。

（2）四次说。这种主张的大多数观点，是在尊重已有百货商店、连锁商店、超级市场等三次零售革命说法的基础上，补充了互联网和移动网给零售业带来的新变化。但是，对于第四次零售革命的描述和定义存在不同的看法。有研究者直接将其命名为网络商店革命（周筱莲、庄贵军，2009；肖怡，2001；朱肖亮等，2017），有的则命名为零售基础设施智能化或无界零售革命（刘强东，2017），还有的认为"第四次零售革命很难用一种新的零售业态，比如网上商店的出现来标识"，这是一场"由信息技术变革所催生,以电子商务和移动电子商务为表现形式"的"新的零售革命",是"全业态、全渠道的革命"①。也有美国学者提出了不同的看法,他们认为西方的四次零售革命应该为百货商店、邮购商店、折扣商店和互联网零售(克莱顿和理查德,2000)。

(3)五次说。这种主张是在过去已有百货商店、连锁商店、超级市场、购物中心四次零售革命的基础上,增加了网上商店革命(黄国雄、王强,2008)。也有人认为,应该是在百货商店、连锁商店、超级市场、无店铺销售基础上,增加移动零售革命(周勇、池丽华,2017)。

(4)六次说。这种主张认为,集中销售催生了百货商店革命,自助销售催生了超级市场革命,品牌销售催生了专卖店革命,便利销售催生了便利商店革命,体验销售催生了购物中心革命,电商销售催生了网络商店革命(陆小华,2013)。也有学者认为,六次零售革命应该为百货商店、连锁商店、超级市场、无店铺销售、移动零售和智慧零售(周勇,2017)。

(5)八次说。这种主张认为,至今为止,人类历史上共爆发了八次零售革命,具体包括:百货商店、一价商店、连锁商店、超级市场、购物中心、自动售货机、步行商业街和网上商店(或虚拟商店)(李飞,2003)。这八次零售革命是店铺形态和无店铺形态相交织,实体店铺和虚拟店铺相并存。

2.2 零售革命提到的业态

我们把广义零售业态定义为零售形态或类型,包括业种店和业态店、有店铺的店和无店铺的店、连锁店和非连锁店、线上店和线下店、有人店和无人店,这些概念是互相交叉的,都是说明零售形态的词汇。

如果把眼下的"惊涛骇浪"放到历史的长河之中,不过是一朵小小的浪花。纵观人类已有的零售发展历史,大体经历了从"无店铺—有店铺—有无店铺并存""无人零售—有人零售—有无人零售相并存"的演进过程,相应地与手工生产力、机器生产力、信息生产力和智能生产力相伴随。在手工生产力时代,零售业从氏族部落边界的无人交易到行商,发展到露天坐商,再到室内坐商,形成了店铺——杂货店、布店、食品店、水果店等。在机器生产力时代,小店铺(业种店)发展成为大店铺(业态店),才产生了一系列零售革命——百货商店、超级市场、连锁商店等。在信息生产力的线下时代,大店铺

---

① 王成荣等:《第四次零售革命 流通的变革与重购》,中国经济出版社2014年版,第6页。

开始通过现代通信手段零售，催生了电脑时代自助商店（自助洗衣店等）、邮购商店和自动售货机等变革，进入信息生产力的线上时代，催生了网络商店，相应的线上线下融合形态，未来将进入智能时代，具有认知智能机器人的无人商店才会发展起来。我们无法对数千年，甚至上万年的零售业发展历史进行详述，只能根据上述分析的逻辑，借鉴已有关于零售分类（李飞，2012；迈克尔和巴顿，2016；巴里和乔尔，2007）、生产力与零售发展阶段关系（李飞，1992；1995）的研究成果，归纳人类历史上零售形态演变（不是革命）的脉络（见表2-1）。除了前面综述的零售革命次数的文献提到的零售革命业态之外，还有一些文献并非讨论零售革命次数，但也提到其他零售革命业态，如传统业态中的便利商店、仓储商店，以及新型业态中的无人商店（章睿，2018）、智能商店（洪涛，2017）等，我们一并列出。

表2-1 世界历史上主要零售形态演变脉络

四次社会大革命			零售形态类型（按有无店铺）	零售形态类型（中分类：商品、人员、聚集类型）	零售形态类型（店铺按食品、非食品和聚集形态；无店铺按人员、非人员和聚集形态；融合按店铺和无店铺形态分类）及产生时间
一、农业革命（手工生产力时代：人类出现至18世纪中叶）	（一）石器时代：未有社会大分工		无零售商	无零售商	无零售商
	（二）铜器时代：一次分工——畜牧业和农业		无零售商	无零售商	无零售商
	（三）铁器时代	二次分工：农业和手工业	无零售商	无零售商	无零售商
		三次分工：商人出现（原始社会末期至工业革命前）	1. 无店铺零售	人员零售	行商和坐商（原始社会晚期）
				非人员零售	无
				聚集零售	露天集市（史前时期出现）
			2. 有店铺零售	食品零售	食品店、肉店、菜店、粮店等
				非食品零售	布店、小百货店、日杂店等
				服务零售	酒吧、餐饮店、理发店等
				聚集零售	传统店铺街
			3. 无店铺和有店铺并行	多渠道零售	行商、集市摊贩和店铺的部分或全部并行

续表

四次社会大革命		零售形态类型（按有无店铺）	零售形态类型（中分类：商品、人员、聚集类型）	零售形态类型（店铺按食品、非食品和聚集形态；无店铺按人员、非人员和聚集形态；融合按店铺和无店铺形态分类）及产生时间
二、工业革命（机器生产力时代：18世纪中叶至20世纪40年代）	（一）蒸汽时代（18世纪中叶至19世纪末）	1. 有店铺零售	食品零售	（1）传统的业种店；（2）**连锁商店**（美国大美茶叶公司，1859）
			非食品零售	（1）**百货商店**（法国的Bon march，1852年）；（2）**一价商店**（美国的伍尔沃斯，1878年）
			服务零售	传统的业种店
			聚集零售	**室内商业街**（美国普罗维登购物廊，1827）①；传统商业街
		2. 无店铺零售	人员零售	行商和访问销售
			非人员零售	**邮购商店**（美国瓦德，1872年）；**自动售货机**（英国，19世纪80年代②，美国杜蒂-福禄蒂公司，1880年③）
			聚集零售	露天集市、室内集市和商业街
		3. 无店铺和有店铺并行	多渠道零售	有形店铺和邮购商店等并行
	（二）电汽时代（20世纪初中叶至40年代）	1. 有店铺零售	食品零售	**便利商店**（美国南陆公司，1927）④；**超级市场**（美国金·卡伦，1930）
			非食品零售	百货商店、一价商店、专业商店、电器商店等
			聚集零售	室内商业街、传统商业街
		2. 无店铺零售	人员零售	行商和访问销售
			非人员零售	**电话零售**（美国20世纪初期）
			聚集零售	室内商业街、传统商业街
		3. 无店铺和有店铺并行	多渠道零售	电话零售、邮购零售和店铺零售并行

续表

四次社会大革命			零售形态类型（按有无店铺）	零售形态类型（中分类：商品、人员、聚集类型）	零售形态类型（店铺按食品、非食品和聚集形态；无店铺按人员、非人员和聚集形态；融合按店铺和无店铺形态分类）及产生时间
三、信息革命（信息生产力时代：20世纪40年代至未来）	（一）个人电脑非联网时代（20世纪50年代至80年代）	1. 有店铺零售（折扣商店、大型超市等）		食品零售	**特级超市**（法国家乐福，1963）；**仓储商店**（德国麦德龙，1964）；**仓储会员店**（美国普尔斯，1976）；其他
				非食品零售商	**折扣商店**（美国凯马特，1962）；**家居中心**（美国家得宝，1978）；其他
				聚集零售	**标准购物中心**（美国高原广场购物城，1931）；**郊区购物中心**（美国北陆购物中心，1954）；**奥特莱斯**（美国名利场，1970）⑤；其他
		2. 无店铺零售		人员零售	行商和**多层直销**
				非人员零售	**电视购物**（美国家庭购物网，1982）；**自动售货机**（时间说法不一）
				聚集零售	**步行商业街**（丹麦哥本哈根，20世纪60年代初）
		3. 无店铺和有店铺并行		多渠道和跨渠道零售	电话零售、电视零售、店铺零售、访问销售等部分交叉和融合
	（二）个人电脑联网时代（20世纪90年代至21世纪2010年）	1. 有店铺零售		食品零售	邻里商店（美国沃尔玛，1998）
				非食品零售	已有店铺业态
				聚集零售	已有聚集业态
		2. 无店铺零售		人员、非人员、聚集	**网上商店**（美国亚马逊，1995）
		3. 有无店铺并行		线上线下多渠道和交叉渠道	线上和线下**多渠道零售商店**（美国REI公司，1996⑥；美国苹果公司，2001）
	（三）移动电话移动网时代（2010年至未来）	1. 店铺零售		食品、非食品、聚集	已有店铺业态
		2. 无店铺零售		人员、非人员、聚集	**移动商店**和**微商**等
		3. 线下线上融合店铺		线上线下全渠道融合	线上和线下**全渠道零售商店**

续表

四次社会大革命		零售形态类型（按有无店铺）	零售形态类型（中分类：商品、人员、聚集类型）	零售形态类型（店铺按食品、非食品和聚集形态；无店铺按人员、非人员和聚集形态；融合按店铺和无店铺形态分类）及产生时间
四、智能革命（智能生产力时代：20世纪50年代至未来）	（一）计算智能时代（1956~1969）	1. 有店铺零售（延续前段形态）	食品零售	已有店铺业态
			非食品零售	已有店铺业态
			聚集零售	已有店铺业态
		2. 无店铺零售	人员零售	已有人员零售形态
			非人员零售	**计算型自动售货机**
			聚集零售	已有聚集业态
		3. 无店铺和有店铺并行	多渠道和跨渠道零售	各种业态的交叉和融合
	（二）感知智能时代（1970至未来）	1. 有店铺零售	食品零售	**无人商店（Amazon Go, 2016）**及已有店铺形态
			非食品零售	已有店铺业态
			聚集零售	已有聚集业态
		2. 无店铺零售	人员、非人员、聚集	**感知型自动售货机**及已有无铺形态
		3. 有无店铺并行	线上线下多渠道和交叉渠道	已有多渠道和全渠道零售形态
	（三）认知智能时代（2020年至未来）	1. 店铺零售	食品、非食品、聚集	**智能商店（无人或有人）**及已有店铺业态
		2. 无店铺零售	人员、非人员、聚集	**认知型自动售货机**及已有无店铺业态
		3. 线下线上融合店铺	线上线下全渠道融合	已有线上和线下全渠道零售商店

注：表中正黑体字为创新业态、斜黑体字为被提到的零售革命业态。
① 刘念雄：《购物中心开发设计与管理》，中国建筑工业出版社2001年版，第13页；②［美］迈克尔和巴顿：《零售管理》（第6版）（俞利军译），人民邮电出版社2016年版，第59页；③邝鸿：《现代市场学》，中国人民大学出版社1989年版，第514页；④［美］迈克尔和巴顿：《零售管理》（第6版）（俞利军译），人民邮电出版社2016年版，第47页；⑤［美］迈克尔和巴顿：《零售管理》（第6版）（俞利军译），人民邮电出版社2016年版，第203页；⑥同上，第75页。

通过分析，我们有一个有趣的发现，就是零售革命的演化是围绕着"地点""店铺"和"人员"来进行的，具体分为店铺形态、无店铺形态、店铺聚集形态及是否有人四条路径。第一，店铺路径。从无店铺到小店铺，再到大型店铺（直至连锁店铺），再回归至小店铺，再到无店铺。第二，无店铺路径。从行商到访问销售，再到邮购商店、电话商店、电视商场，直至网上商店、移动商店、微商的个人销售，回到行商。第三，聚集路径。从城邦交界处到固定露天集市，再到露天商业街，再到室内商业街、购物中心、步行商业街，最终到达网上购物中心和网上商业街等。第四，有人和无人路径。初期是无人交易，卖者将商品放置在氏族部落交界处后离开，买者拿走货物并把货币留在原来放置货物的地方，后来出现了有人的行商，有人的坐商，有人的百货商店、购物中心等，直至发展为无人的自动售货机、无人的智能计算商店和无人的智能认知智能商店等。未来相当长的时间内，零售业变革都会围绕着全渠道零售店和智能商店进行，这是不同的两次零售革命交织在一起，具有更大的复杂性。诸多专家将目前的两次零售革命视为一次，这会导致应对策略的模糊化。我们应该进行这两次革命的独立和融合的多方面研究，以为参与或应对这些革命的爆发做好充分的准备。

2.3 零售革命是与否的衡量标准

纵观前面的文献回顾，诸多新业态的产生都曾被视为一次零售革命，也都有各自的道理和角度，达成一致是非常困难的。我们先确定零售革命是否的衡量标准、命名方法及排序原则，进而归纳零售革命的次数，这是达成一致意见的重要基础。

2.3.1 零售革命是否标准的确定

根据我们前面分析的零售革命的"革命性"特征，需要同时具备革新性（与旧业态有着巨大不同）、冲击性（迫使旧业态减少和市场明显地位下降）、广延性（在全世界范围得到复制）三大维度，那些具备其中一两个特征的零售业态变革并不是零售革命。据此标准，我们对提到的各种零售革命涉及的业态进行评价，可以筛选出为零售革命的业态变革，而其他业态变革不属于零售革命，仅是业态创新（innovation）、演化（evolution）或变革（change）了。

2.3.2 零售革命命名的方法

根据我们前面讨论的零售革命的本质，是新业态取代旧业态主导地位的变化过程，核心是新旧业态的更替，因此零售革命的命名必须是一种新的零售业态或是新的零售类型名称。新零售、智慧零售、无界零售等词汇，不是零售业态名称，也会有诸多不同的解释和理解，也不是学术概念，因此不适合作为零售革命的名称。例如，什么是新零售，什么是旧零售，这是某一个时点的概念，今天为新零售，明天就会成为旧零售。又如什么是智慧零售，什么是非智慧零售，这是一个不好说明和判断的词汇，更不是一种零售业态，无界零售概念也是如此。这些词汇可以用于说明零售革命的某些特征，但是不适合作为零售革命的名称。

另外，"无店铺"不适合作为一次零售革命的名称词，按照经典零售理论分类，今天的自动售货机、网店也是无店铺零售形态之一（迈克尔和巴顿，2016），无店铺和网店、自动售货机自然不适合并列为三次零售革命，它们不是同一层次的概念，无店铺包括多种零售业态或类型。同时，多渠道零售、全渠道零售概念，今天大多是用于描绘线下零售店和线上零售店融合形态的（迈克尔和巴顿，2016；巴里和乔尔，2011），可以视为组合的零售业态或类型。因此，如果符合零售革命"革命性"的三大标准，可以作为零售革命的名称。还有，虽然智慧零售不适合作为零售革命名称，但是智能商店是适合的，因为智能指人工智能，包括计算智能、感知智能和认知智能等，是被清晰界定的"形容词"，而智慧没有被清晰界定。

2.3.3 零售革命排序的原则

学者们对于零售革命的排序有着不同的看法，如连锁商店革命和超级市场革命二者谁先谁后，就存在着争议。一般地说，是按着爆发时间的前后进行排序，但是爆发的时间有时就是产生的时间，有时则是达到相对高潮的时间，这要具体情况具体分析了。例如，自动售货机产生得很早，但是机械型售货机并没有产生巨大影响，信息时代升级换代才拓展至全世界，那么应该以后者作为零售革命爆发的时间。早在1976年，美国学者戴维森等人曾经提出零售生命周期理论，其中分析了百货商店、杂货商店、超级市场、折扣商店和家居商店等业态，从革新到高潮（市场份额达到最大）的时间段（见表2-2），这几种业态是否为零售革命，需要根据前述标准进行评价，不过我们可以将戴维森等人的研究成果理解为零售革命爆发的时间，从而应用此种方法来进行零售革命顺序的排列。

表 2-2　　　　　　　　五种零售业态的生命周期

零售业态	开始革新大致时间	占有最大销售份额大致时间	成熟期的大致时间	曾占有的最大销售份额（%）	1975年占有的销售份额（%）
百货商店	1860年	1940年	80年	占整个零售业的8.5	1.1
杂货商店	1910年	1955年	45年	占整个杂货业的16.5	9.5
超级市场	1930年	1965年	35年	占食品日用品的70	64.5
折扣商店	1950年	1970年	20年	占整个零售业的6.5	5.7
家居商店	1965年	1980年	10年	占五金建材业的35	25.3

2.4　西方的十次零售革命

基于前面的分析及确定的标准，我们将已有文献提到的零售革命涉及的业态列出表格（共有20种），一一进行评价，革新性（创新了新业态）、冲击性（冲击了旧业态）和广延性（引起世界范围模仿）三个条件全部符合的为零售革命（各项达到三颗星，满分为五颗星），符合两个条件的为亚零售革命，否则为零售革新或创新、或演化，最后得出十次零售革命，四次零售大革命的结论。我们参考戴维森等人（1976）的部分研究，并在历史分析的基础上补充其他业态的爆发时间段，形成了表2-3的结果。

表 2-3　　　　　　　　西方历史上零售革命次数分析

序号	业态类型	革新性	冲击性	广延性	十次革命	爆发时间	四次大革命
1	百货商店	★★★★★	★★★★★	★★★★★	第一次零售革命	1852~1940	第一次：线下店铺（有人）革命
2	一价商店	★★★★	★★★★★	★★★★★	第二次零售革命	1880~1930	
3	邮购商店	★★★★★	★★	★★★★★		1860~1890	
4	连锁商店	★★★★★	★★★★★	★★★★★	第三次零售革命	1920~1930	
5	超级市场	★★★★★	★★★★★	★★★★★	第四次零售革命	1935~1965	
6	折扣商店	★★	★★★★	★★★★		1950~1970	
7	便利商店	★★★	★★	★★★★		1964~1990	
8	购物中心	★★★★★	★★★★★	★★★★★	第五次零售革命	1950~1965	
9	特级市场	★★	★★★	★★★★		1963~2000	
10	仓储商店	★★★	★★	★★★		1964~2000	
11	奥特莱斯	★★★	★★	★★★★★		1979~2005①	
12	步行商业街	★★★★	★★★	★★★★★	第六次零售革命	1967~1980	

续表

序号	业态类型	革新性	冲击性	广延性	十次革命	爆发时间	四次大革命
13	自动售货机	★★★★★	★★★	★★★★★	第七次零售革命	1960~1985	第二次：线上（有人）店铺革命
14	多层直销	★★★★	★★	★★★		1940~2000[②]	
15	网上商店	★★★★★	★★★★★	★★★★★	第八次零售革命	1994~2010	
16	多渠道零售	★★★	★★	★★★★★		1996~	第三次：线下线上店铺融合革命
17	移动零售店	★★	★★★	★★★★★		1996~	
18	全渠道商店	★★★★	★★★★	★★★★★	第九次零售革命	2011~	
19	无人商店	★★★	★★	★★★★★		2016~	第四次：线上线下（无人）智能革命
20	智能商店	★★★★	★★★★	★★★★★	第十次零售革命	2020~	

注：①[英]麦戈德瑞克：《零售管理》(第2版)(裴亮等译)，机械工业出版社2004年版，第55~56页；②李飞：《分销王——无店铺售卖策划与设计》，北京经济学院出版社1995年版，第140页。

对于这个结论较有争议的是：为什么移动零售不是零售革命，以及为什么一价商店、步行商业街和自动售货机是零售革命。首先，由于有了全渠道零售的概念，多渠道革命和移动零售就可以视为零售变革，而不称其为一次零售革命了，因为在本质上它们是一次革命的不同阶段，加之多渠道除了指线上线下并行渠道外，也不排除说明线下本身的多渠道零售（李飞，2012；迈克尔和巴顿，2016；劳伦斯和蒂莫西，2000；李飞，2003），移动零售更多地强调还是线上零售的形态之一，不能说明线上线下融合的特征，因此最为典型的形态应该是全渠道零售店。其次，一价商店为零售革命，一方面源于已经被权威学者认为是一次零售革命（Arm and Dayan，1973），另一方面源于它催生了后来的折扣商店和"品类杀手"，后两者都曾经被专家视为零售革命，如沃尔玛的革命被视为折扣店革命，家得宝的革命被视为"品类杀手"革命（罗伯特·斯佩克特，1995），可见一价商店影响的深远性。最后，步行商业街使商业街公园化，焕发了中心传统商业街的活力，产生了全球范围的模仿，至于自动售货机的革命，经历了从机械化到信息化再到互联网化的过程，并催生了具有巨大潜力的无人商店，因此不能被忽视掉。至于第十次零售革命是"无人商店"，还是"智能商店"，也会是一个有争议的问题，那就过些年看其习惯用语吧！

2.5　中国的八次零售革命

中国学者或专家在讨论中国零售革命时，并没有关注与西方零售革命的差异，常常一并进行讨论。关于零售革命次数问题也是如此，比较流行的观点是：无论是西方还是中国，都同样经历了百货商店、连锁商店、超级市场和电子零售（对第四次零售革命称谓不同）四次零售革命。其实，中国零售革命的次数与西方有着相同点，也有不同点，仔细分析会发现，中国零售革命与西方零售革命有着"合—分—合"的演化轨迹，依不同视角可以得出不同的零售革命次数。

（1）五次说。从爆发的时间看，中国百货商店革命、网络商店革命、全渠道商店革命、智能商店革命与西方零售革命基本是同步发生的，但是一价商店、连锁商店、超级市场、购物中心、步行商业街和自动售货机等变革与西方零售革命不同步，而几乎是同时爆发的，因此可以视为在中国爆发了百货店、多业态、网上商店、全渠道商店和智能商店五次零售革命。

（2）十次说。从涉及的业态看，西方的十次零售革命涉及的零售业态分别是百货商店、一价商店、连锁商店、超级市场、购物中心、步行商业街、自动售货机、网上商店、全渠道商店和智能商店，这些店铺形态都在中国出现并产生了程度不同的影响，从这个意义上说，可以认为中国爆发过十次零售革命。

（3）八次说。从零售革命的定义看，西方的十次零售革命在中国并非在广延性和冲击性两个方面达到了革命性的特征，如一价商店、自动售货机这两次革命就是如此，冲击性和广延性较弱，因此从这个意义上说，中国爆发了百货商店、连锁商店、超级市场、购物中心、步行商业街、网上商店、全渠道商店和智能商店八次零售革命（见表2-4），表中革新性、冲击性和广延性是指在中国的表现情况。

表2-4　　　　　中国历史上零售革命次数分析

西方次数	革命名称	革新性	冲击性	广延性	中国次数	三个标准符合度
1	百货商店	★★★★★	★★★★★	★★★★★	1	√√√
2	一价商店	★★★★	★	★★	0	√
3	连锁商店	★★★★★	★★★★★	★★★★★	2	√√√
4	超级市场	★★★★★	★★★★★	★★★★★	3	√√√
5	购物中心	★★★★★	★★★★★	★★★★★	4	√√√
6	步行商业街	★★★★	★★★	★★★	0	√√√
7	自动售货机	★★★★★	★	★★★	0	√
8	网上商店	★★★★★	★★★★★	★★★★★	5	√√√
9	全渠道商店	★★★★	★★★★	★★★★★	6	√√√
10	智能商店	★★★★	★★★★	★★★★★	7	√√√

2.6 小　结

　　国内外专家、学者对于零售革命次数的看法，从二次到八次众说不一，本章首先梳理了他们提到的零售革命业态，共有 20 种。然后确定了革新性、冲击性和广延性三大评价标准，用这三大标准对 20 种零售业态进行评估。结果发现：160 多年以来，西方共爆发了百货商店、一价商店、连锁商店、超级市场、购物中心、步行商业街、自动售货机、网上商店、全渠道商店和智能（无人）商店十次零售革命。中国零售革命的次数与西方有着较大的不同，共爆发了百货商店、连锁商店、超级市场、购物中心、步行商业街、网上商店、全渠道商店和智能（无人）商店八次零售革命，其中百货商店、网上商店、全渠道商店、智能商店是与西方同步爆发的，而连锁商店、超级市场、购物中心、步行商业街不是同时爆发的，因此后四次革命也可以视为一次多业态的革命，那样也可以将中国爆发的零售革命次数归纳为五次。从更加长久的历史以及更加综合的视角来看，也可以将人类历史爆发的十次零售革命归纳为四次零售大革命：线下有人的店铺革命、线上有人的店铺革命、线下线上商店融合有人的店铺革命和线下线上商店融合无人的店铺革命。

第2篇
零售革命为什么

第 3 章

为什么滋生零售业态

在本书第 1 章讨论零售革命定义时,我们指出"零售革命是新旧业态之间发生的主辅更替、换位变化的过程",自然也是新业态的形成和演化过程,因此回答"为什么爆发零售革命"的问题,就需要回答"新业态为什么形成"和"形成的新业态为什么成为零售革命"两个问题。前者可以通过零售业态形成理论来回答,后者可以通过零售业态扩散理论来回答。关于业态形成和演化理论,笔者曾经进行过详细文献回顾(李飞、贺曦鸣,2015;李飞等,2016),为了读者阅读方便,进行一定删减和调整之后,转引于此。

在 20 世纪 80 年代之前,欧美关于零售业态演化的理论研究是营销研究中最为突出的领域之一(R. Savitt,1989),从 20 世纪 30 年代至 80 年代末,该主题的研究论文有 150 篇[1],其中在 60 年代达到高峰,80 年代后期和 90 年代初期重新引起学者们的兴趣(亨德里克·迈耶·奥勒,2010),随后相关文献变少。英国阿尔斯特大学(University of Ulster)零售学者布朗(Brown,1987)的一篇综述文章具有广泛影响性,他将已有零售业态演化思想归纳为环境理论、循环(或周期)理论和冲突理论三大理论,同时这三个基本理论互相渗透又会形成新的混合理论。我们主要参考布朗和金(Kim)的文献回顾[2],并补充一些新的研究成果,形成表 3 – 1 的梳理结果。

---

[1] Brown, S., "The Wheel of Retailing", *International Journal of Retailing*, 1988, 3 (1): 16 – 37.

[2] Kim, S. H., "The Model for the Evolution of Retail Institution Types in South Korea", Blacksburg: Virginia Tech, 2003.

表 3-1　　　　　　　　　零售组织演化理论

理论分类		提出人和时间	理论概括
环境理论	1. 宏观零售理论 (macro retailing)	席夫曼（Schiffman, 1981）	以分析经济环境变化对零售组织变迁影响为核心
	2. 生物进化论（1） 调适理论 (adjustment theory)	吉斯特（Gist, 1971） 罗斯和克雷因 （Roth & Klein, 1993） 埃文斯等（Evans et al., 1993）	零售组织越适应环境越不会被时代淘汰
	3. 生物进化论（2） 组织进化论 (institutional evolution)	德里斯曼（Dreesman, 1968）	以达尔文进化论为基础提出"物竞天择"的观念
	4. 生物进化论（3） 生态进化论 (ecological Model)	马金和邓肯 （Markin & Duncan, 1981）	以生态观念解释零售组织演进
循环理论	1. 零售轮理论 (wheel of retailing)	麦克奈尔 （McNair, 1958）	以价格和服务的高低变化解释零售新形态的产生
	2. 手风琴理论 (retail accordion)	豪威尔（Hower, 1943） 布兰德（Brand, 1963） 霍兰德（Hollander, 1966）	以手风琴推拉引起风囊宽窄的变化说明产品线宽窄的变化
	3. 零售生命周期理论 (retail life cycle)	戴维森、伯茨和巴斯 （Davidson, Bates & Bass, 1976）	用生命周期说明零售业态演进
	4. 两极理论 (multi-polarisation)	德瑞斯曼（Dressman, 1968） 查瑞（Schary, 1970） 科尔比（Kirby, 1976）	零售组织存在着两极化现象
冲突理论	1. 危机反应模型 (crisis-response model)	芬克、贝克和塔多 （Fink, Baek & Taddeo, 1971）	现有业态源自新业态出现的危机感反应，导致业态发生变化
	2. 辩证发展理论 (dialectic hypothesis)	吉斯特（Gist, 1971）	零售组织变迁源于新旧机构的冲突，新业态扬弃旧业态
	3. 真空地带理论 (vacuum hypothesis)	尼尔森（Nielsen, 1966）	用顾客对零售商服务、价格的偏好空隙，解释新业态的产生

续表

理论分类		提出人和时间	理论概括
混合理论	1. 环境—循环混合理论（environment - cycle）	麦克奈尔和库克斯（McNair & Cox, 1957）戴德雷克和道奇（Deiderick & Dodge, 1983）	零售业态的周期演化是在一定的政治、经济、社会、文化、法律、技术等环境下进行的
	2. 循环—冲突混合理论（cycle - conflict）	马腾森（Martenson, 1981）埃泽里（Izraeli, 1970）	零售业态的周期演化是与新旧业态冲突相伴随的
	3. 环境—冲突混合理论（environment - conflict）	奥尔德森（Alderson, 1957）麦克奈尔和梅（McNair & May, 1976）	环境影响竞争优势，而优势导致业态之间冲突，最终带来业态的变化
	4. 环境—循环—冲突混合理论（environment - cycle - conflict）	阿里戈德、奥尔森和阿尔帕斯（Ageragaard, Olsen & Allpass, 1970）比姆和澳克森菲尔德（Beem & Oxenfeldt, 1966）	零售业态变化是由环境、周期和冲突共同推动的

3.1 环境理论

零售组织演化的环境理论（environmental theory）认为，零售业态变革是政治、法律、文化、经济、技术、自然等宏观环境和消费者、竞争者、合作者等微观环境变化的反映。

3.1.1 理论内容

在环境理论中，细分为宏观零售理论和生物进化理论，后者又包括调适理论、组织进化论和生态进化论等。

1. 宏观零售理论

罗森布罗姆和斯蒂夫门（B. Rosenbloom and L. G. Schiffman, 1981），把宏观环境对零售业态变革的影响称为宏观零售理论。他们主张宏观零售理论的学者，不仅研究人口规模、人口密度、人口增长率，以及人均收入水平、就业水平等因素对零售业态演化的影响，也考虑政治、法律、经济、社会、文化、技术、自然等环境因素的影响（R. Bartels, 1981; S. Globerman, 1978）。有些关注很多宏观环境因素的影响，也有些关注单一因素的影响。例如，托马斯

(1970)关注社会因素的影响,他认为新形成的中产阶级脱离了社会底层,也无法进入上层,产生不安全感,而百货商店的一流服务让他们找到了身份认同感,百货商店的宽敞店堂让他们找到了交往的空间,是中产阶级催生了百货商店。综合诸多学者的研究,几乎所有宏观经济环境都曾经被提及对零售业态演化的影响(见表3-2)。因此,一些国际流行的《零售学》教材都将宏观环境分析作为一章重要的内容进行讨论。

表3-2　若干学者研究的影响零售演化的各种环境因素

	消费者	经济	技术	社会	文化	法律	竞争者
吉斯特(Gist, 1968)[①]			√				√
布雷泽(Blizzard, 1976)[②]		√	√	√			√
奥伦(Oren, 1989)[③]	√	√		√	√		
布朗(Brown, 1987)[④]	√	√	√	√	√	√	

注:①Gist, R. R., *Retailing: Concepts and Decisions*, New York: John Wiley & Sons, 1968;②Blizzard, R. T., The Competitive Evolution of Selected Retail Institutions in the United States and Australia: A Culture Ecological Analysis, Unpublished Doctoral Dissertation, University of Colorado;③Oren, C., "The Dialectic of the Retail Evolution", *Journal of Direct Marketing*, 1989, 3 (1): 15 - 29;④Brown, S., "Institutional Change in Retailing: A Review and Synthesis", *European Journal of Marketing*, 1987, 21 (6): 5 - 36.

资料来源:Kim, S. H., "The Model for the Evolution of Retail Institution Types in South Korea", Blacksburg: Virginia Tech, 2003: 23.

2. 生物进化理论

该理论将达尔文的生物进化论引入零售业态变革的分析之中,与前述宏观零售理论的不同在于更加强调零售企业对于环境的适应性调整,突出企业组织自身的主动性。生物进化理论可以分为调适理论、组织进化论和生态进化论。

(1) 调适理论(adjustment theory)。也有翻译为调整理论,或是自我选择理论,该理论创始人吉斯特(R. R. Gist, 1968)认为,零售业态只有根据环境变化不断调整,才能得以生存和发展,免遭淘汰的厄运,这是一种自然的选择,适合的零售"物种"才能生存下来。罗斯和克雷因(V. J. Roth, K. Saul, 1993)认为,零售业态演化是生存环境及企业家行动决策之间互动的结果。埃文斯等人(1993)认为,零售业态是有生命和开放的系统,在环境中搜集威胁和机会信号,然后采取适应性行动,导致业态发生变化,因此管理决策和信息系统引入对于管理零售业态变革非常重要。

(2) 组织进化理论(institutional evolution)。也可称为自然淘汰理论,该理论创始人德瑞斯曼(A. C. R. Dressman, 1968)认为,零售组织进化与达尔文的生物进化理论相吻合,都是适者生存,也都是突然、猛烈地产生新形态,并持续发展一个较长的时期。该理论的核心内容是：零售业态变革必须要与社会经济环境相适应，如生产结构、技术革新、消费增长及竞争态势等，越是能适应这些环境变化，越能生存至永远，否则将会自然地被淘汰或走向衰落。第二次世界大战之后的美国，家庭汽车发展迅速，城市中心拥挤，停车不便，原有的位于城市中心的百货商店无法适应这种变化的环境开始衰落，而城市郊区的购物中心和百货商店有条件设立大规模的停车场，适应了变化的环境，因而快速发展起来。在20世纪60年代后期和整个70年代，信息时代来临，个性化需求涌现，专业商店注意到人口增加及人们生活方式的变化，取得成功。相反，百货商店反应迟钝，不能及时地进行营销策略的调整，处于较为被动的地位。直到70年代后期，一些百货商店按专业店方式经营商品部，进行人性化的店堂布局与商品陈列，才走上复兴之路。

（3）生态进化理论（ecological model）。该理论的提出者马金和邓肯（R. J. Martin and C. P. Duncan，1981）认为，零售业态之间如同生物物种一样存在着互相依存的关系，具有三种生态现象：一是寄生，即一种业态的存在依赖于另外一种业态的存在；二是共生，如不同业态共享一个购物中心或商业街；三是互利，如独立零售商建立的采购联盟等。因此，零售企业必须通过战略策略调整适应环境的变化，从而导致零售组织变革（见图3-1）。

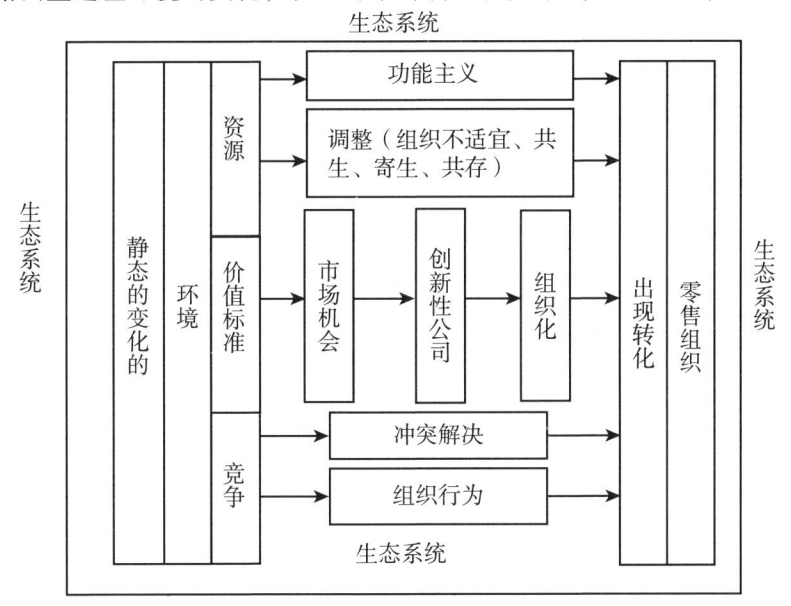

图3-1 零售组织演化的生态模型

资料来源：Etgar, M., "The Retailing Ecology Model: A Comprehensive Model of Retail Change", *Research in Marketing*, 1984 (7): 41-62.

3.1.2 测量方法

学者们大多通过量化方法分析环境与零售业态演化之间的关系。对于消费者环境分析，主要是选择产品偏好、文化、人口统计特征等指标进行欧洲国家的历史比较研究（R. R. Gist, 1968；S. Brown, 1990；C. A. Ingene, 1983）。对于社会经济环境分析，选取人均收入、通货膨胀、就业、消费支出、城市人口规模、密度和增长等指标进行测量（S. Brown, 1990；C. A. Ingene, 1983）。对于技术环境，选取交通（汽车拥有量、客运等）、通信（电话），以及计算机和冰箱（拥有量）来测量（R. R. Gist, 1968；S. Brown, 1990）。法律环境，选取店铺规划和营业时间来测量（S. Brown, 1987）。在验证上述环境变量对于零售业演化的显著影响之后，学者们开始具体分析各个变量对于零售业态演化的具体影响方向和程度。例如，居民收入增加、人口增长都会推动零售业态演化，家庭规模与零售业态演化负相关，家庭轿车普及带来的流动性会使专业店发展，信息技术的发展会使销售人员的重要性降低等（S. H. Kim, 2003）。

3.1.3 业态举例

在对零售环境理论进行说明时，几乎涉及了各种零售业态，引据最多的为百货商店。马腾森（R. Martenson, 1981）认为，在百货商店产生之前都是小店铺，中产阶级产生、交通发展、小轿车和冰箱普及、电梯发明使宽敞明亮的百货商店得以产生和发展；随着竞争店出现和经济发展趋缓，价格相对便宜的折扣店产生，迫使百货商店进行改变。其次，连锁商店也常被用来说明零售环境理论。由于美国20世纪30年代的经济大萧条，消费者收入降低，偏好选择低价产品，因此零售企业通过购并方式扩大规模以降低成本，推动了连锁经营的发展。

3.1.4 理论局限

尽管诸多学者都不否认环境对于零售演化的影响，但是也都认为该理论具有一定的局限性。因为并非环境变化就一定导致零售业态改变和组织调整，有些环境变化对零售演化有显著影响，有些则影响不明显。

3.2 循环理论

零售组织演化的循环理论（cyclical theory），也被称为周期理论，该理论认为零售业态的演化具有周期性。循环理论包括四个重要的理论：零售轮理论、手风琴理论、零售生命周期理论和两极理论。

3.2.1 零售轮理论

零售轮理论（wheel of retailing）是由美国哈佛商学院教授麦克奈尔（M. P. Mcnair, 1958）提出，后引起诸多零售学者引用和讨论。

1. 理论内容

该理论认为新旧零售业态的变革与交替具有周期性，这个周期性恰似车轮旋转一样的发展变化。一种新的零售业态出现时，总是以低档化、低毛利率、低价格切入市场，与旧有的、成熟的零售业态进行抗争。取得成功后，会引来众多的仿效者，形成低价格的新业态之间的竞争。从而迫使这些新业态发展价格以外的竞争，如改善设施、美化店堂、增加服务。无形之中增加了投资，加大了经营费用，不得不逐渐提高商品售价，慢慢地与旧有业态在价格上相雷同，发展至高档化、高毛利率、高价格。与此同时，又会有新的业态抓住空档与机会，又以低价挤入市场，于是轮子又重新转动，进入下一轮的循环，这样循环往复，使新的业态不断产生（见图3-2）。

2. 测量方法

学者们用定性和定量等方法验证零售轮理论。麦克奈尔（M. P. Mcnair, 1958）用百货商店的平均费用、平均每小时工资和增加服务的利润率的变化来支持零售轮理论。他举例说，1949~1955年百货商店每小时工资由1.09美元提高至1.32美元，服务项目增加使毛利率提高，平均费用率也从1948年的31.1%上升至1955年的33.5%，这意味着百货商店趋于成熟。这是用百货商店历史发展解释零售轮理论，属于定性研究方法。

吉斯特（R. R. Gist, 1968）则是通过观察经营利润率的变化来解释零售轮理论，根据来自政府和行业的不准确的数据，建立了一个经营利润率变化的数学模型，用以解释零售轮理论。随后，又有一些新的测量变量被引入，例如

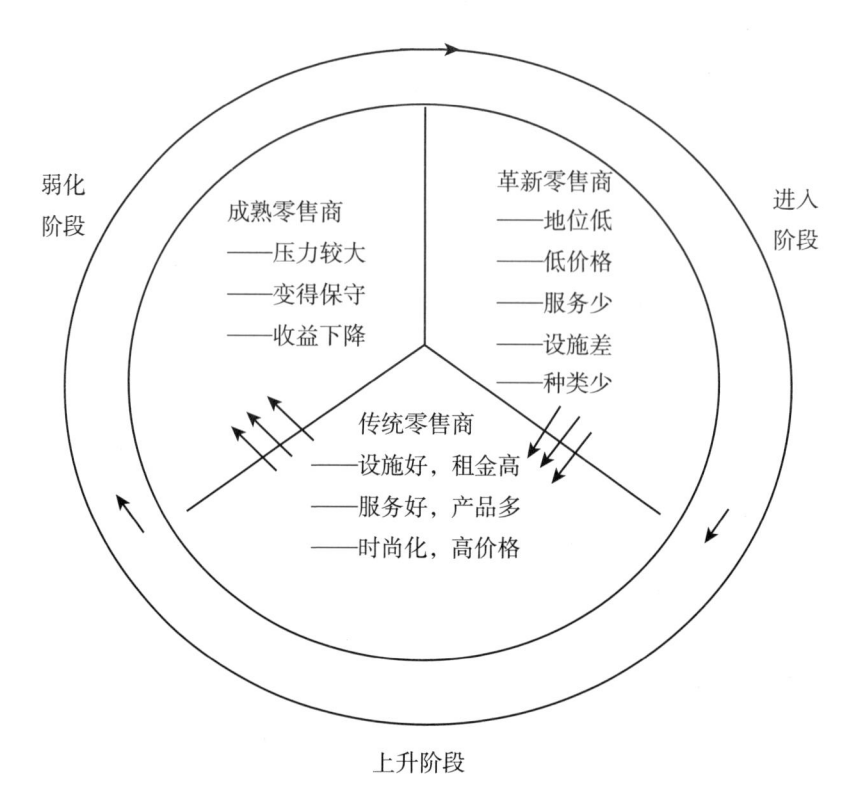

```
                弱化                                                  进入
                阶段                                                  阶段

                      成熟零售商          革新零售商
                      ——压力较大         ——地位低
                      ——变得保守         ——低价格
                      ——收益下降         ——服务少
                                         ——设施差
                                         ——种类少
                           传统零售商
                           ——设施好,租金高
                           ——服务好,产品多
                           ——时尚化,高价格

                                上升阶段
```

图 3-2 零售轮旋转图

资料来源:Brown,S.,"Innovation and Evolution in UK Retailing: The Retail Warehouse", *European Journal of Marketing*,1990,24(9):39-54.

竞争(新开店数量)、店铺运营(大众媒体促销、电子收银系统)、员工成本(人数及工资)和店铺环境等。

3. 业态举例

学者们在解释零售轮理论时,通常以百货商店业态为例。霍兰德(S. C. Hollander,1996),以及麦克奈尔和梅(M. P. Mcnair and G. E. May,1978)的论文,都是以美国百货商店为例说明零售轮理论。在第一阶段,美国百货商店以低价进入市场。随着竞争激烈,增加服务,改善环境,成本增加,进入第二阶段的高价格阶段,出现了专门经营奢侈品的高档百货商店。这使成本进一步增加,居民向郊区转移和家庭轿车普及,郊外购物中心成为城市中心区百货商店的有力竞争者,百货商店进入收益下降的第三阶段,他们不得不在郊区购物中心开设店铺。

4. 理论局限

有学者认为，虽然零售轮解释了百货商店、超市、廉价店等低价进入的现象，但是并非所有新型业态都是低价进入的，精品店、便利店、自动售货机最初进入市场时都是以高成本、高差价率挤入市场的（R. R. Gist，1968）。另有学者指出，零售轮理论只关注利润和价格的变化，忽视了环境和竞争因素对零售业态演化的影响（C. Oren，1989）。还有学者认为，零售轮理论不能普遍适用于各个发达和发展中国家。例如，土耳其超级市场的引入就不是以低价进入的（E. A. Kaymak，1979），说明发展中国家有着不同的演化规律。因此，后来有学者不断对零售轮理论进行修正和完善。

3.2.2 零售手风琴理论

零售手风琴理论（retail accordion）是由霍兰德（S. C. Hollander）在1966年命名的，主要是基于商品组合变化描述零售业态的演化。1943年豪威尔（R. M. Hower，1943）注意到了零售业态的商品组合变化，1961年霍尔、纳普、文思特恩（M. Hall，J. Knapp and C. Winsten，1961），1963年布兰德（E. A. Brand，1963）先后提出用商品组合宽度解释零售业态演化的思想。

1. 理论内容

霍兰德（1966）认为，零售企业经营商品范围的宽窄变化显示出轮回的规律性，从而导致业态变化。在一定时期盛行经营商品范围比较广的综合商店；一段时间后，综合商店又向专业商店转化；再过一段时间后又回归至综合商店。这种扩张与收缩、收缩与扩张的规律性变化，如同拉手风琴过程中的风箱变化，因此被称为零售手风琴理论。

2. 测量方法

对于手风琴理论的验证，研究者没有明确说明是如何观测产品范围宽窄变化的，只是通过历史描述的方法解释零售形态的变化及各种零售业态产品线的宽度不同，并没有准确的数据（S. H. Kim，2003）。

3. 业态举例

霍兰德（1966）以美国零售业演化为例说明手风琴理论。在1860年以前，美国零售业一直以综合性的杂货店为主导，经营商品有食品、纺织品和农具。1860 年以后，专业化经营出现，专业店得宠。19 世纪末 20 世纪初，综合性的百货商店占据市场优势。20 世纪 50 年代专业化的便利店发展起来；60 年代商业街开始复兴。因此，有人认为美国零售业发展大体经历了五个时期：综合化的杂货店时期、专业化的专业店时期、综合化的百货店时期、专业化的便利店时期、综合化的商业街时期（见图 3-3）。

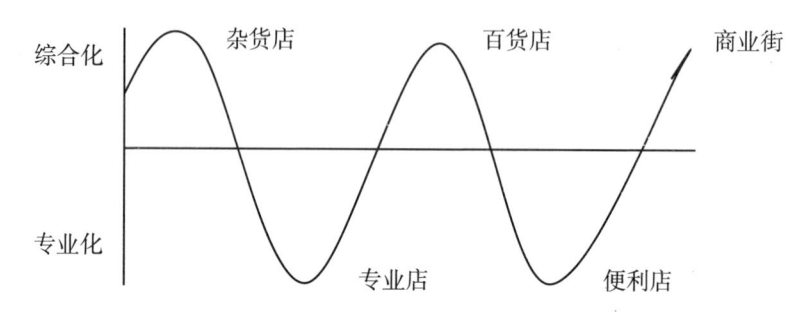

图 3-3 零售手风琴理论

资料来源：Hollander, S. C., "Notes on the Retail Accordion Theory", *Journal of Retailing*, 1966, 42 (Summer): 29-40.

4. 理论局限

一些学者认为，手风琴理论有一定的理论局限，并不适用于所有零售业演化过程。霍兰德（1966）认为有两个方面的局限：一是店铺规模的限制，小型专业店由于顾客偏好和自身财力的限制，一般不会向较宽产品线演化，相反会坚持自己的窄产品线的路子；二是合作伙伴等环境的限制，当签订有法律合同的合作伙伴不支持扩展产品线（如规定只能特许经营某一品牌商产品）时，扩展产品线或减少产品线受到限制。奥伦（1989）认为，产品线宽窄变化，不能解释所有零售业态的演化，消费者变化有时也会导致零售业态的变化。同时也存在着专业店和综合商店并存的情况，这是手风琴理论无法解释的（R. W. Davidson, 1970）。

3.2.3 零售生命周期理论

1976 年达比德森、伯茨和巴斯（W. R. Davidson, A. D. Baes and S. J. Bass, 1976）提出了零售生命周期理论（retail life cycle），他们认为零售业态演化经历了产生、成长、成熟和衰退的发展过程。

1. 理论内容

该理论认为,零售类型像生物一样有它自己的生命周期,分为产生、成长、成熟和衰落四个阶段。在产生阶段,对旧有的传统零售业态进行变革,创造新的业态,一般着眼于降低费用或是为顾客提供便利等;在成长阶段,新业态在市场上所占比重上升,传统类型受到冲击;在成熟阶段,新业态所占市场份额基本稳定,利润增加的速度趋缓,可能遭遇更新业态的挑战;在衰落阶段,新业态市场份额大大减少,利润下降,无力与更新业态进行竞争,呈现出不景气的状态(见图3-4)。

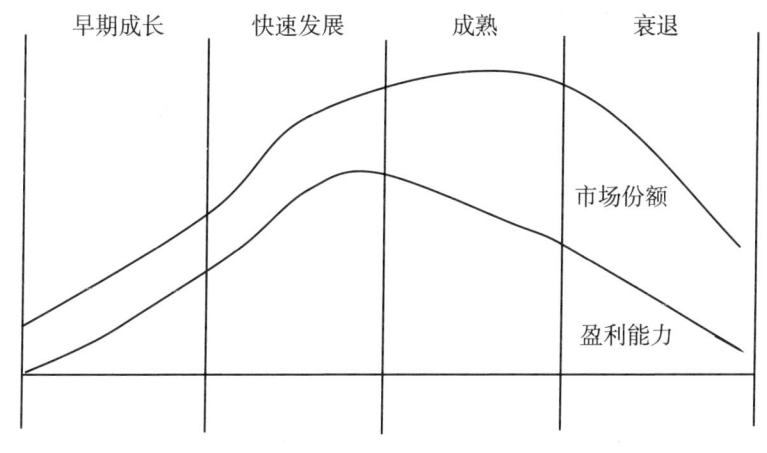

图3-4 零售生命周期

资料来源:Davidson, W. R., Baes, A. D. and Bass, S. J., "The Retail Life Cycle", *Harvard Business Review*, 1976(54):89-96.

2. 测量方法

零售生命周期的测量,主要是分析是否存在着产生、成长、成熟和衰落几个发展阶段。已有研究是通过各种零售业态的销售额占有率以及利润率变化来衡量的。这由图3-4也可以看出。

3. 业态举例

有学者经过分析研究证实(W. R. Davidson, 1976):各种零售业态都显示出生命周期性,不过整个周期和各阶段的长短有所不同。市区内的百货商店革新期始于1860年,成熟期发生于1940年,大体经历了80年时间;杂货商店革新时期始于1910年,成熟期发生于1955年,大体经历了45年时间;超级市场始于1930年,成熟于1965年,大体经历了35年时间;家居中心革新期始于 1965 年，成熟期发生于 1980 年，大体经历了 15 年时间。

4. 理论局限

零售生命周期理论套用产品生命周期理论有一定的合理性，但是无法解释一些独特的零售业态演化现象，如有些业态发展没有明显的引入阶段，或者还没有呈现出衰落的趋势等。

3.2.4 两极理论

德瑞斯曼（A. C. R. Dreesman，1968）和沙瑞（P. B. Schary，1970）最早发现了零售业态演化的两极现象，科比（D. A. Kirby，1976）于 1976 年命名了两极理论（multi‐polarisation）。他们认为，零售业态呈现出大型店铺和小型店铺并存发展的态势，各自都有自己的生存和发展空间，大型店铺靠规模取胜，小型店铺则靠填补空隙生存，一个典型的例子是大型超市与小型便利店并存发展。

有学者进一步研究发现，两极理论不仅表现在店铺大小方面，也表现在其他方面。例如，零售轮理论揭示的价格高低两极化并存发展，手风琴理论揭示的商品种类多少的两极化并存发展等，这就呈现出零售业态的多方面两极化现象（见图 3-5）。

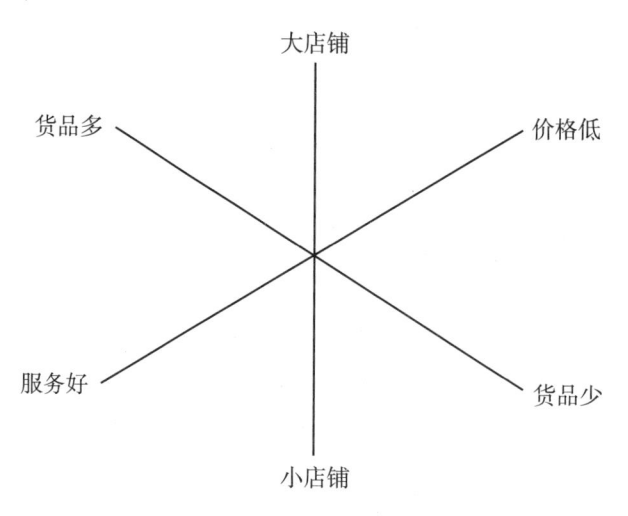

图 3-5 零售两极理论模型

资料来源：Brown, S., "Institutional Change in Retailing: A Review and Synthesis", *European Journal of Marketing*, 1987, 21 (6): 5-36.

3.3 冲突理论

零售组织演化的冲突理论（conflict theory）认为，零售业态的演化是由各业态之间和同一业态之间发生的一系列冲突引起的。例如，折扣商店的出现就使百货商店发生了两方面的变革：一方面进行模仿，开设折扣专区，或开设独立的折扣商店；另一方面进行新的差异化设计，向更高端百货店发展。零售冲突理论包括四种理论：危机反应模型、辩证发展理论、真空地带理论和动力机制理论。

3.3.1 危机反应模型

芬克、贝克和塔多（S. L. Fink，J. Beak and K. Taddeo，1971）提出的危机反应模型（crisis-response model）理论，把现存业态面对革新业态时的危机应对分为四个阶段：震感、防御、认知和适应。在第一阶段，现有业态面临业态革新现象时，会感到震感，但不会认为有多大威胁。在第二阶段，现有业态会感受到压力和威胁，进而采取舆论攻击和督促政府出台限制政策的防御措施。例如，独立店铺面对连锁店的发展，会建议政府实施反垄断法案等，这被视为防御性撤退策略。在第三阶段，面对防御性措施的有限性，原有业态认识到必须直接反击，不能被动防御，因此开始采取直接的应对措施。最后一个阶段，与革新的业态形成均衡态势，这孕育着下一次冲突的开始。

3.3.2 辩证发展理论

1968年吉斯特提出了辩证发展理论（dialectic hypothesis），他以冲突理论为背景，运用黑格尔哲学中的正、反、合原理说明并揭示零售组织的变化规律。

1. 理论内容

"正"是指现存的零售类型，"反"是指它的对立面，"合"则是指两者竞争后的结果，零售组织变化就是这样周而复始地向前发展着。

2. 测量方法

奥伦在解释辩证发展理论时，测量了零售业态经营的各个方面，包括产品、价格、店铺面积、促销、服务等。也有学者主要是通过毛利率、周转率、价格和服务等指标来测量零售业态的辩证发展过程（图3-6）。

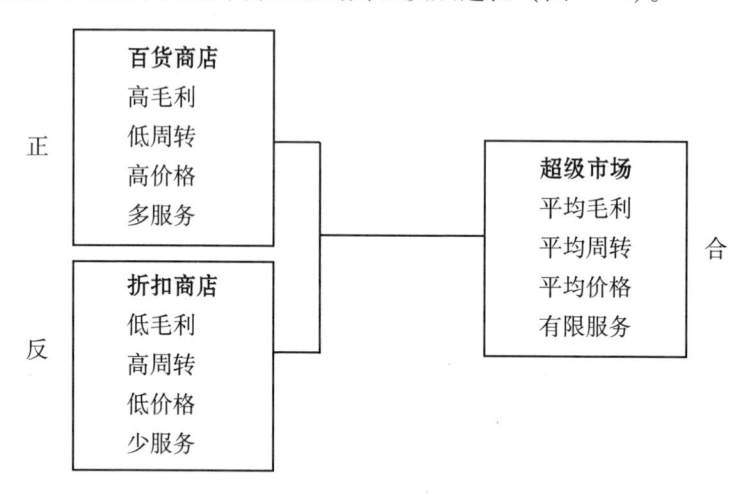

```
         百货商店
         高毛利
   正    低周转
         高价格                超级市场
         多服务                平均毛利
                    ———      平均周转     合
         折扣商店                平均价格
         低毛利                有限服务
   反    高周转
         低价格
         少服务
```

图3-6 零售辩证发展理论

资料来源：[日] 兼村荣哲、青木均、林一雄、孝小宫路博雅，《现代流通论》，八千代1999年版，第105页。

3. 业态举例

马诺尼克和沃克（1974）在所著《零售企业的辩证演变过程》一书中，通过美国汽油零售业的发展历史验证了正、反、合的辩证发展定律。在1950年之前"正"为夫妻店加油站，"反"为提供全套服务的加油站，1950年之后"合"为"全国品牌的加油站"。百货商店与折扣商店的演变也证明了这一定律，第二次世界大战以前，百货商店以商品齐全、服务周到、促销频繁受到欢迎，为"正"；"二战"以后，与百货商店相对的折扣商店红火起来，折扣商店减少服务、降低价格，但品种不多，为"反"；到20世纪60年代又出现了一种兼有百货商店与折扣商店双重特征的新型折扣商店，商品齐全、价格低廉，为"合"。

4. 理论局限

马诺尼克和沃克指出了辩证发展理论的局限性，认为面对新零售业态的竞争，旧有业态不一定做出应对反应，这取决于新业态的冲击力大小，另外一种新业态也很难解释为其他两种业态融合的结果。

3.3.3 真空地带理论

1966年丹麦学者尼尔森创立了真空地带理论（vacuum hypothesis），该理论假设消费者具有多样化和多变性的消费偏好，新产生的偏好没有被现有零售业态满足，就被称为真空地带，它是新型零售业态产生的原因。

真空地带理论的具体内容是：绝大多数消费者的偏好集中于中档价格和中档服务，这就使低价格、少服务的零售商和高价格、多服务零售商为了争夺更多的消费者，都不约而同地向中等价格、中等服务靠拢，最终导致高服务、高价格组合的零售商与低服务、低价格组合的零售商消失，从而产生了两个方向的真空地带即空白部分。于是，新进入者就以这个真空地带为自己的目标，导致新业态的产生，或是低价店，或是高价店。图3-7说明了真空地带理论的作用过程。

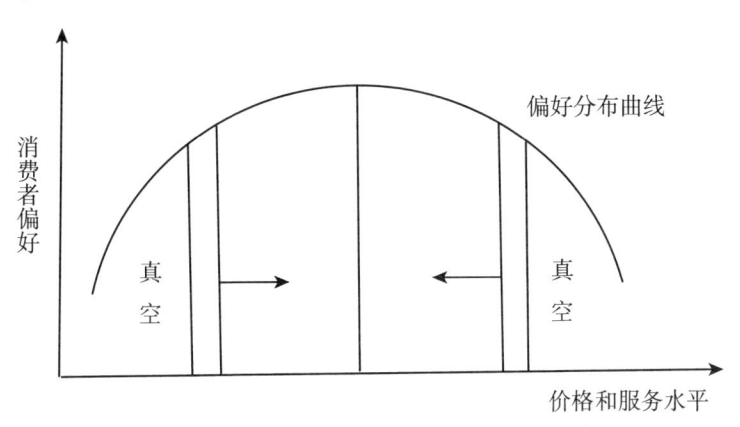

图3-7 零售真空地带理论

资料来源：[日]兼村荣哲、青木均、林一雄、孝小宫路博雅，《现代流通论》，八千代1999年版，第101页。

3.3.4 动力机制理论

芮明杰和李想（2007）认为，零售业态演进有主动和被动两种力量。一方面，零售企业通过业态差异化可获取垄断利润和市场势力，并弱化价格竞争，因此当其有能力实施业态差异化时，往往会主动实施，当差异化水平（量变）积累到一个临界点，就必然会发生质变，催生新的业态。另一方面，率先采用新业态并获得成功的企业有一种示范效应，引来大批仿效者，导致一定时期内某种业态会占据零售业主导地位。但是由于一个零售市场容纳某种业态的数量是有限的，所以当这种业态的门店数达到一定数量后，再要增加就越来越困难。相同的业态之间竞争日趋激烈，不能再依靠以前凭借的优势取胜，这就促使它们不得不通过业态差异化去寻找新的竞争优势，具有成本劣势的企业更是需要通过业态创新以避免被淘汰。两种力量共同驱动零售业态不断地演进和发展（见图3-8），被称为业态演进动力机制理论。

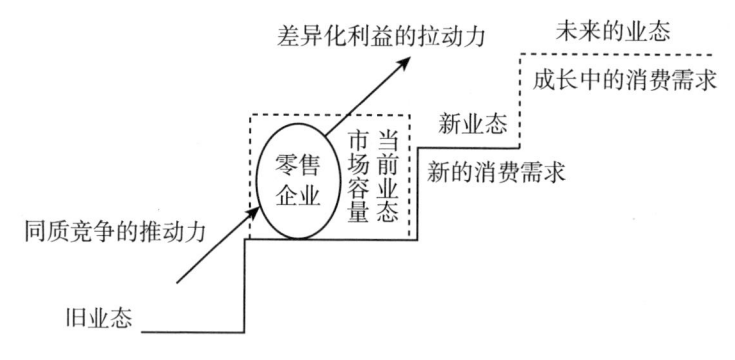

图3-8 零售业态演进动力机制模型

3.4 混合理论

尽管有学者认为环境理论、周期或循环理论和冲突理论是各自独立的三大理论，但是不少学者认为这三大理论不都是各自独立发生作用的，有时是结合在一起发生作用的，其间存在着诸多融合的现象，这样就形成了混合理论。

3.4.1 理论内容

混合理论包括四种类型：环境—循环理论、循环—冲突理论、环境—冲突理论和环境—循环—冲突理论（S. Brown，1987）。这四种类型理论的形成，都是前述三大理论融合的结果，我们对已有的成果（叶翀，2012）进行补充，得出说明各种理论之间的融合关系（见图3-9）。

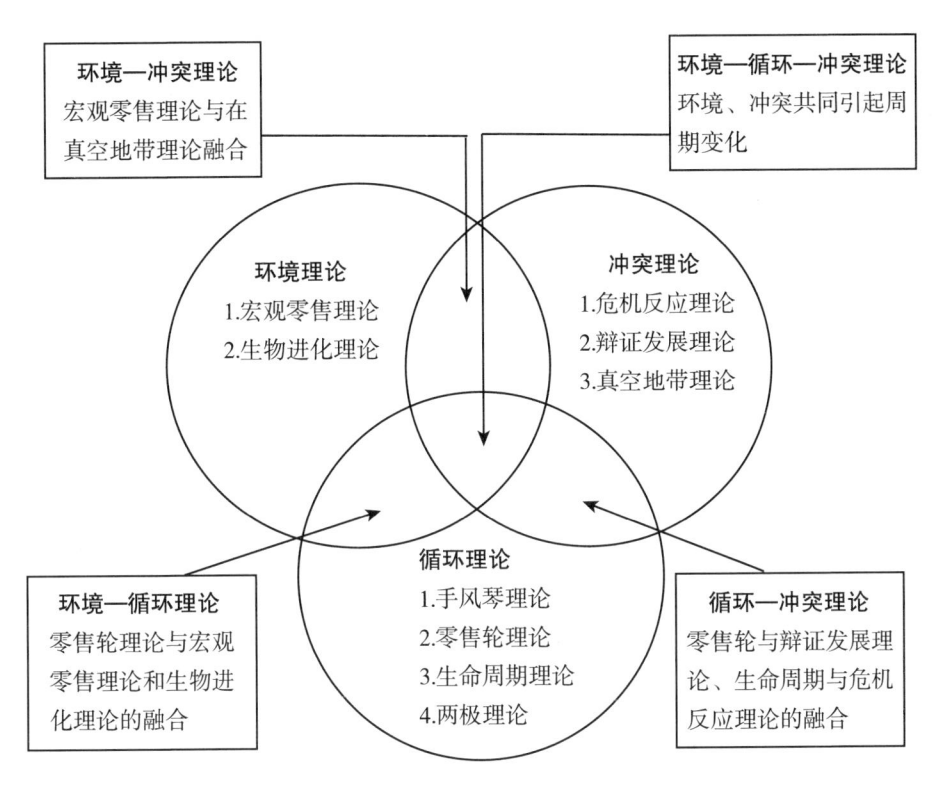

```
┌─────────────────┐                    ┌──────────────────┐
│ 环境—冲突理论    │                    │ 环境—循环—冲突理论│
│ 宏观零售理论与在 │                    │ 环境、冲突共同引起│
│ 真空地带理论融合 │                    │ 周期变化          │
└────────┬────────┘                    └────────┬─────────┘
         │                                      │
         ▼                                      ▼
       ╱─────────╲           ╱─────────╲
      │ 环境理论   │         │ 冲突理论   │
      │ 1.宏观零售理论│     │ 1.危机反应理论│
      │ 2.生物进化理论│     │ 2.辩证发展理论│
      │           │         │ 3.真空地带理论│
       ╲─────────╱           ╲─────────╱
              ╲─────────╱
             │ 循环理论   │
             │ 1.手风琴理论│
             │ 2.零售轮理论│
             │ 3.生命周期理论│
             │ 4.两极理论 │
              ╲─────────╱
```

┌─────────────────┐   ┌─────────────────┐
│ 环境—循环理论   │   │ 循环—冲突理论   │
│ 零售轮理论与宏观 │   │ 零售轮与辩证发展理│
│ 零售理论和生物进 │   │ 论、生命周期与危机│
│ 化理论的融合   │   │ 反应理论的融合   │
└─────────────────┘   └─────────────────┘

图 3-9 零售业态演化混合理论形成脉络

1. 环境—循环理论

环境—循环理论（environment–cycle）承认零售业态的周期变化，但是认为这种变化是与政治、经济、法律、社会、文化、技术、自然等宏观环境的变化息息相关。该理论包括环境理论与零售轮理论的融合，以及与生命周期理论的融合。

考克斯（R. Cox, 1958）是将环境理论和零售轮理论结合起来进行研究的，认为零售轮是随着环境的不断变化向前行进的，它不是回到原来的位置，如何转动受环境变化的影响。戴德雷克和道奇（T. E. Deiderick and H. R. Dodge, 1983）是将环境理论和零售轮理论、生命周期理论结合起来进行研究的。他们认为，零售轮理论是从价格、产品线和空间变化三个方面分析周期变化的，但是如果将这些变化与零售组织生命周期理论结合起来观察，就会发现新业态的产生是为了适应环境变化的挑战，其中消费者的变化是零售轮转动的核心。

2. 循环—冲突理论

面对一些学者对于零售轮理论和生命周期理论"忽视针对传统零售商的反应"的批评，周期理论倡导者在后续的研究中引入了基于竞争视角的冲突理论，被称为循环—冲突理论（cycle-conflict）。例如，吉斯特（1968）将周期理论的零售轮理论和冲突理论的辩证发展理论融合在一起，提出旧有业态代表正方，革新业态代表反方，而合方形成的更新业态就是正反双方融合的结果。马腾森（1981）融合了生命周期理论和危机反应模型，建立了一个动态模型，通过实证分析的方法证明了在比较发达的欧洲地区，革新业态的出现引起了旧有业态的反应，从而引起新的业态变革。

又如埃泽里（D. Izraeki, 1973）提出的零售三轮理论，揭示零售轮的周期变化是由于传统零售业态对于新业态冲击的反应。面对竞争对手的影响，高端零售业态会向下调整，低端零售业态会向上调整，这样就产生趋同现象，高、低端业态出现空档，这会为新型的高端零售业态和低端零售业态带来产生机会，这三个轮子不断轮转（图3-10）。

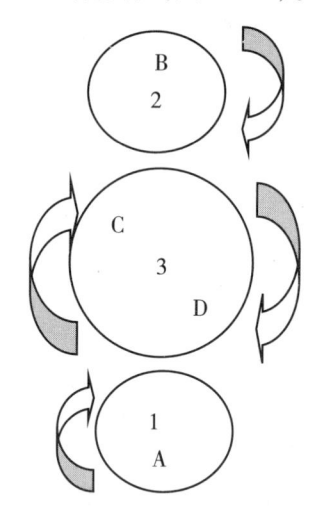

图示说明：
A.低端创新
B.高端创新
C.低端传统零售商
D.高端传统零售商

图3-10 零售三轮理论示意图

资料来源：Izraeki, D., "The Three Wheels of Retailing: A Theoretical Note", *European Journal of Marketing*, 1973, 7 (1): 70-74.

3. 环境—冲突理论

环境—冲突理论（environment-conflict）是将环境和冲突的结合理论，解释零售业态的演化，主要有竞争优势理论和简单化—复杂化理论。

（1）竞争优势理论。奥尔德森（W. Alderson，1957）认为，新旧业态企业都会努力地塑造自己的竞争优势，这些优势来自技术、法律和经济等环境的变化，旧业态会遏制新业态的优势，形成自己的优势，新业态也会如此，这种根据环境塑造竞争优势的追求，会带来零售业态的演化。

（2）简单化—复杂化理论。里根（W. J. Regan，1964）提出了零售业态变革的简单化—复杂化模型，其具体内容是：一种新业态率先选择简单化的服务和商品组合模式，即高档产品和高服务、低档产品和低服务、中档产品和中档服务（见图3-11，上）；随着经营环境的变化，需要不断调整产品和服务的对应关系，可能会出现高档产品、中档产品、低档产品都与低价、中价、高价三个价格水平的搭配，构成复杂的模型（见图3-11，下）。

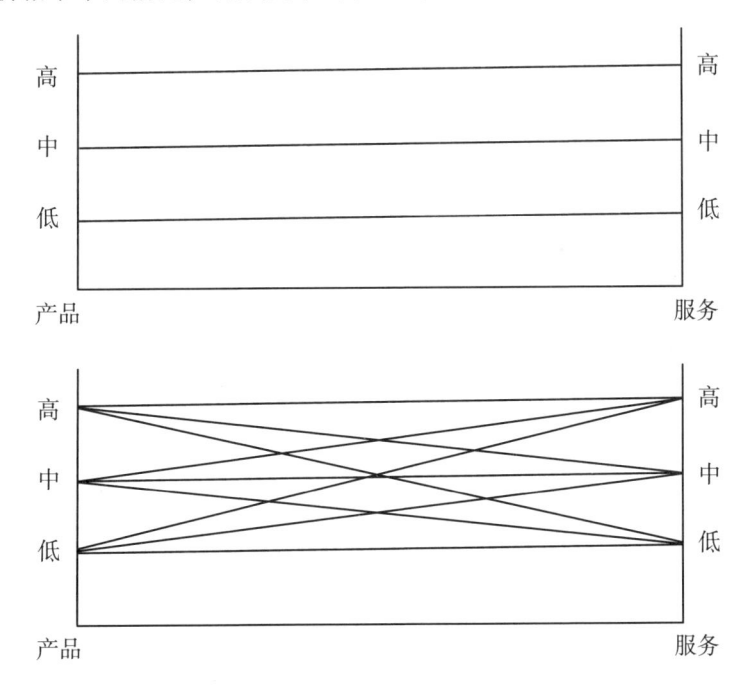

图3-11 零售演化理论的简单—复杂模型

资料来源：Regan, W. J., The States of Retail Development, Cox, R., Alderson, W., and Shapiro, S. J., (ed.), *Theory in Marketing*, second series, Homewood, Illinois, Richard D. Irwin, 1964：139-153.

4. 环境—循环—冲突理论

一些学者还尝试着将环境理论、循环理论和冲突理论融合在一起解释零售业态的演化，形成了环境—循环—冲突理论（environment - cycle - conflict）。

该理论认为，当零售企业经营环境发生变化时，那些灵活型、具有创新精神的企业家就会进行业态变革，进而对传统业态产生冲击，传统业态会进行业态内部的变革，以实现与革新业态的平衡，这种平衡又会导致新的外部力量带来业态革新。因此，"零售业态的演变可以看作外部环境的影响和周期式内部冲突综合作用的结果"[①]。环境—周期—冲突理论有两个主要理论：螺旋式上升理论和多样化市场理论。

（1）螺旋式上升理论。阿里戈德、奥尔森、阿尔帕斯（E. Agergaard, P. A. Olsen and J. Allpass, 1970）认为，零售业态演化不像是周期过程，更像是螺旋式上升过程：零售组织迫于竞争冲突的压力，会过分强调营销组合某一方面的发展，导致相反方向的发展空间，如扩展产品线的综合经营就会带来缩减产品线的专业经营，而技术进步、经济发展、人们生活水平提高，又会使新的业态在更高水平上形成，是一个螺旋式演化。例如，小卖铺演化为便利店，小超市演化为食品折扣店，室内店铺街演化为购物中心等。

（2）市场演进多元化理论。比姆和澳克森菲尔德（E. R. Beem and A. R. Oxenfeldt, 1966）认为，零售业演化历史是由长周期和短周期构成的。在长周期变迁中新业态产生，例如百货商店、购物中心和折扣商店等业态的产生，刚一出现时它们具有竞争优势，导致模仿者出现，使竞争优势消失。短周期主要表现为同一业态之间的竞争转化，为取得竞争优势，不断调整营销组合，导致业态变异，进而形成新的业态。这些变化都与社会和技术环境的变化有关，显然，这种分析涉及了环境、冲突和周期等多方面理论。

3.4.2 测量方法

对于综合理论的测量，学者们主要还是分别测量环境和行业（或企业自身）的相关维度，前者为业态演化的影响因素，后者表明业态演化的内容及轨迹，进而探索它们之间的影响及变化关系。对于零售业态演化环境的测量指标，直接采用的是环境理论主张者的维度：社会经济（人均收入、通货膨胀、就业率、消费支出、城市化和人口规模、密度及增长等）、技术（汽车普及率、电话使用率、计算机和冰箱拥有量等）、法律（规划和店铺营业时间规定）、消费者（行为偏好、文化和人口统计特征）。对于零售业态演化内容的观察，主要采用的是循环或冲突理论的测量指标：顾客层面的营销组合（营销理念、产品、价格、店址、店铺外观和内部环境、促销等）、中间层面的流

[①] 刘向东：《商业经济学概论》，中国人民大学出版社 2009 年版，第 96 页。

程（采购、库存、销售）和资源层面（人员、信息系统、仓库等）。

3.4.3 业态举例

前述几个混合理论几乎都以百货商店作为例证进行验证说明（S. H. Kim, 2003）。传统百货商店一般位于中心商务区，但是由于汽车普及和交通便利城市出现空心化，一方面使百货商店停车出现问题，另一方面顾客分流到郊区，郊区购物中心兴起，城市中心区百货商店遇到挑战（环境理论）。随后，百货商店从成长阶段进入成熟阶段，成本增加，提升商品和服务（循环理论）。同时，不得不与郊区购物中心展开竞争（冲突理论），导致一些城市中心区百货商店关门倒闭。另外，连锁商店的演化也被认为验证了混合理论的存在。

3.4.4 理论局限

布朗（S. Brown, 1988）认为，前述混合理论都有一定的局限性，通过环境理论、循环理论和冲突理论描述零售业态演化事件之间的区别是不明确的，另外那些演化也可以由前述理论同时发生作用，难以区分是哪一个影响。

3.5 零售业态滋生的综合理论模型

由前述可知，已有理论解释了西方零售业态的一般演化规律，但是也存在着一定的局限性。第一，已有研究大多基于西方零售企业，反映的是20世纪60~70年代的西方零售业演化的情况，但伴随着网络技术的飞速发展，出现了一些新的现象并不能得到很好地解释。第二，各种理论虽然都部分解释了零售业态的演化和变革，但是还没有提出一个综合的模型，即使是混合理论，也只是一个涉及部分影响因素的模型。因此，我们需要建立一个多理论的综合模型，用以说明零售业态的形成机理。

3.5.1 业态构成要素模型

李飞（2006）认为，零售营销组合要素的变化，形成了同一业态的不同特征，直至导致新型零售业态的产生。在此推论的基础上，2006年提出了零售业态创新的路线图（见图3-12）。

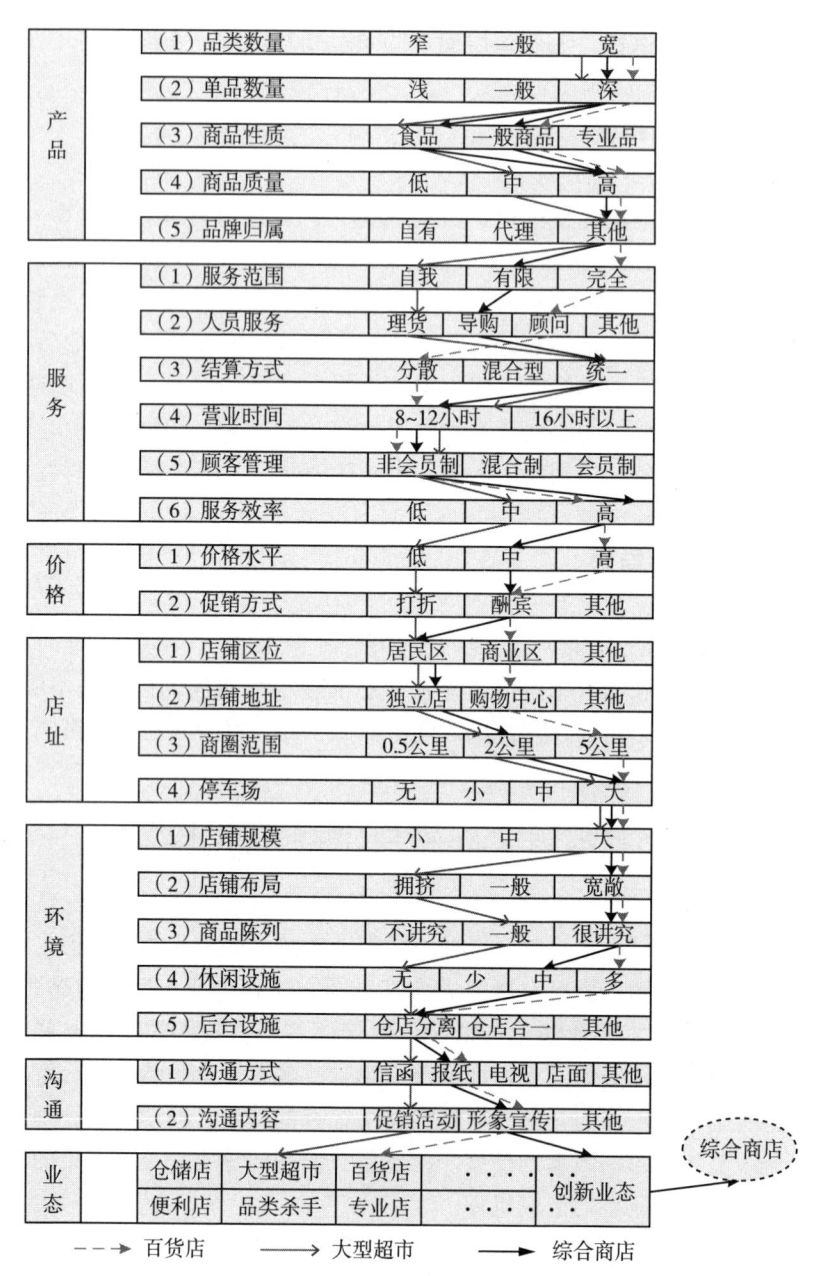

产品	(1) 品类数量	窄	一般	宽
	(2) 单品数量	浅	一般	深
	(3) 商品性质	食品	一般商品	专业品
	(4) 商品质量	低	中	高
	(5) 品牌归属	自有	代理	其他
服务	(1) 服务范围	自我	有限	完全
	(2) 人员服务	理货	导购	顾问	其他
	(3) 结算方式	分散	混合型	统一
	(4) 营业时间	8~12小时		16小时以上
	(5) 顾客管理	非会员制	混合制	会员制
	(6) 服务效率	低	中	高
价格	(1) 价格水平	低	中	高
	(2) 促销方式	打折	酬宾	其他
店址	(1) 店铺区位	居民区	商业区	其他
	(2) 店铺地址	独立店	购物中心	其他
	(3) 商圈范围	0.5公里	2公里	5公里
	(4) 停车场	无	小	中	大
环境	(1) 店铺规模	小	中	大
	(2) 店铺布局	拥挤	一般	宽敞
	(3) 商品陈列	不讲究	一般	很讲究
	(4) 休闲设施	无	少	中	多
	(5) 后台设施	仓店分离	仓店合一	其他
沟通	(1) 沟通方式	信函	报纸	电视	店面	其他
	(2) 沟通内容	促销活动	形象宣传	其他
业态	仓储店	大型超市	百货店	……	创新业态
	便利店	品类杀手	专业店	……	

综合商店

`- - ->` 百货店　　`——>` 大型超市　　`——>` 综合商店

图 3-12　零售业态构成要素模型

资料来源：李飞，《零售业态创新的路线图研究》，载于《科学学研究》2006 年增刊（下），第 654~660 页。

由图 3-12 可知：(1) 从大的方面看，零售业态创新无非是产品、服务、价格、店址、店铺环境和传播 6 个方面的创新；(2) 从具体维度方面看，主要有 24 个方面的创新，而每个方面又有若干表现要素。这样形成一个较为完整的零售业态创新图谱。零售企业在业态创新过程中，可以通过选择这张图的 24 个维度的表现，并将选择的点用直线纵向连接起来。具体步骤是：（1）画出本企业现有零售业态的路线图；（2）画出竞争对手零售业态的路线图；（3）画出本企业新的零售业态路线图，即根据决策结果调整路线图中的 24 个维度中的任何一个构成要素的任何一个维度，这样就可以改变原有业态的面貌，或是创造出一种全新的零售业态，或是完善旧有的零售业态。如何进行零售业态创新，或者说如何对这些维度进行组合调整，取决于目标顾客的选择、竞争对手的优势、零售商店的营销定位，以及通过营销要素组合实现定位的过程。具体地说，零售业态创新过程就是零售企业进行市场定位和实现定位的过程。

3.5.2 业态演变综合模型

鲍观明和叶永彪（2006）认为，对零售业态演化规律需要给出系统和全方位的回答。因此他们在文献回顾和逻辑推理的基础上指出了零售业态演化的内容与动因，并建立了综合模型（见图 3-13）。从内容方面看，由三

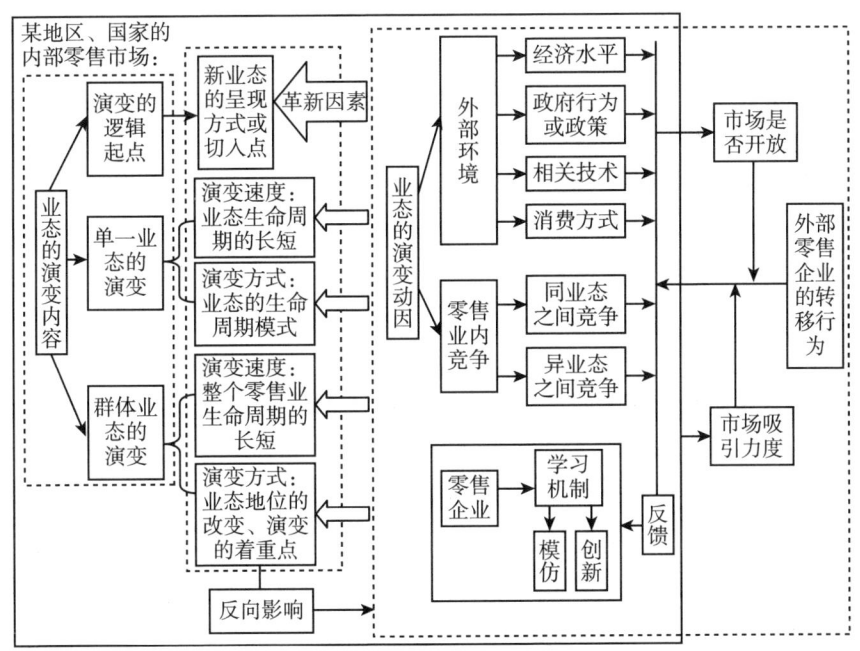

图 3-13 零售业态演变综合模型

资料来源：鲍观明、叶永彪，《零售业态演变规律的综合模型研究》，载于《财贸经济》2006 年第 4 期。

个层面组成，分别是业态演变的逻辑起点、单一业态的演变和群体业态的演变。群体业态的演变内含了单一业态的演变，业态演变的逻辑起点也是单一业态演变的起始点，也是群体业态演变的扰动点。业态演变的特征，主要是从演变的呈现方式或切入点、演变速度和演变方式入手。从动因方面看，包括外部环境、零售行业内的竞争和可能出现的外来者的入侵——主要是跨国零售巨头的进入。

3.5.3 零售业态驱动模型

由前述可知零售业态演化理论，朝着混合理论中的综合模型方向发展，这是更好解释零售业态演化的理论发展之路。前人的综合模型研究为我们的研究提供了一定基础，但是也有一定的局限性。基于业态构成要素的模型，虽然揭示了新业态的形成是基于不同零售营销组合要素的组合，而各种组合形态源于目标顾客选择和营销定位点的选择，但是没有回答目标顾客和营销定位的形成机理；而基于业态综合演变的模型，虽然关注了"环境到零售企业行为"的影响机制，但是忽略了新业态形成的构成要素变化。克里斯托弗（Christopher，2011）等建立了一个服务经济演变模型，这个模型的逻辑是：政府政策、消费者、企业发展、信息技术和全球化导致新需求与新竞争出现，进而催生了创新的服务产品和传递系统，这使消费者有了更大的选择权力，服务企业成功必须创新商业模式。在借鉴已有业态变革理论和零售业态构成要素模型、业态演变综合模型和服务经济演化模型的基础上，我们进行了一定的补充，建立了一个零售业态形成的综合模型（见图3-14）。我们对这个模型进行简单地说明，具体包括零售业态形成的动因、内容和结果。

1. 零售业态形成的动因

这部分包括宏观环境、微观环境和企业内部环境三方面内容。宏观环境包括政治、法律和政策、经济、技术、文化等；微观环境包括零售饱和度、零售竞争者（国际性、全国性或地区性；同业态和异业态）、合作者（供应商和店铺房东）与消费者等变化；企业内部环境包括学习机制，即模仿和创新能力。

零售业态形成和演变的动因逻辑是：技术环境带来宏观环境变化，宏观环境或是通过影响微观环境变化来影响企业进行业态创新变革，或是直接影响企业进行业态创新或变革；微观环境变化影响企业进行业态创新或变革；宏观、微观环境都没有巨大变化，企业自发、主动地进行业态创新

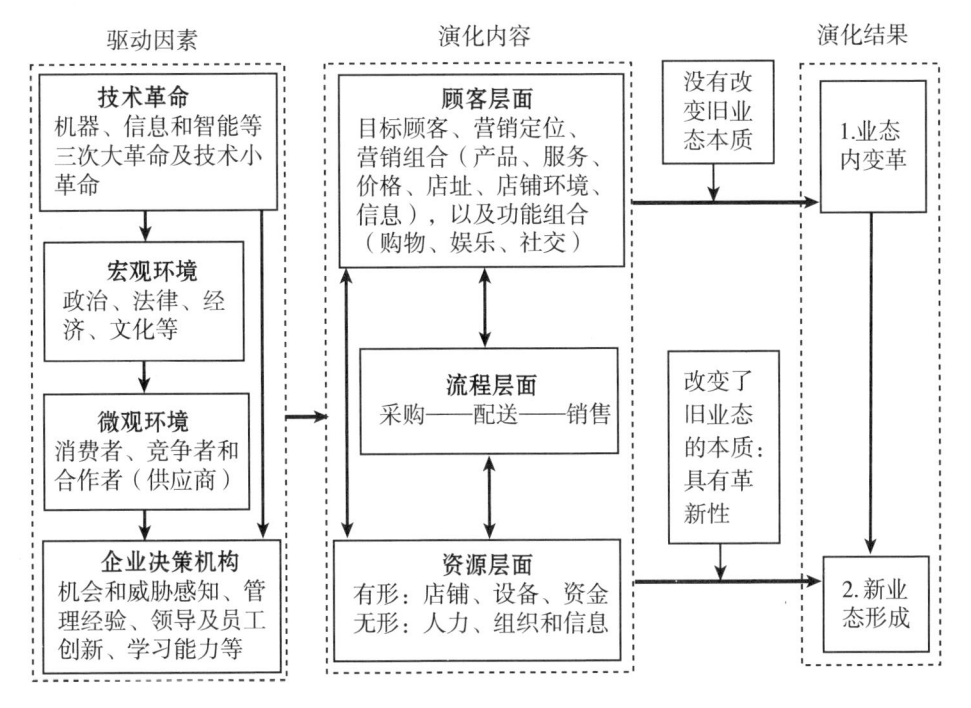

```
驱动因素              演化内容                          演化结果

┌─────────────┐      ┌─────────────┐      ┌──────┐      ┌──────┐
│  技术革命   │      │  顾客层面   │      │没有改│      │1.业态│
│机器、信息和 │      │目标顾客、营 │      │变旧业│─────→│内变革│
│智能等三次大 │      │销定位、营销 │      │态本质│      │      │
│革命及技术小 │      │组合(产品、 │      └──────┘      └──────┘
│革命         │      │服务、价格、 │
└─────┬───────┘      │店址、店铺环 │
      │              │境、信息),以│
      ↓              │及功能组合   │
┌─────────────┐      │(购物、娱乐、│
│  宏观环境   │      │社交)       │
│政治、法律、 │      └──────┬──────┘
│经济、文化等 │             ↕
└─────┬───────┘      ┌─────────────┐
      │              │  流程层面   │
      ↓              │采购──配送──销售│
┌─────────────┐      └──────┬──────┘
│  微观环境   │─────→       ↕         ┌──────┐
│消费者、竞争 │             ↕         │改变了│
│者和合作者   │      ┌─────────────┐  │旧业态│
│(供应商)    │      │  资源层面   │  │的本质│
└─────┬───────┘      │有形:店铺、  │──│:具有│
      │              │设备、资金   │  │革新性│      ┌──────┐
      ↓              │无形:人力、  │  │      │─────→│2.新业│
┌─────────────┐      │组织和信息   │  └──────┘      │态形成│
│企业决策机构 │      └─────────────┘                 └──────┘
│机会和威胁感 │
│知、管理经验、│
│领导及员工创 │
│新、学习能力等│
└─────────────┘
```

图 3-14 零售业态形成的驱动模型

或变革。但是,无论哪一种情况,都是由于零售企业感受到了一定的威胁或者是机会。

2. 零售业态形成的内容

在这方面,包括顾客层面、流程层面和资源层面三方面的内容。(1)在顾客层面包括目标顾客、营销定位、营销组合六要素(产品、服务、价格、店址、店铺环境和传播),以及购物、娱乐和社交功能组合状态。(2)在流程层面,包括采购流程、配送流程和销售流程等。(3)资源层面,包括厂房、店铺和资金等有形资源,以及人力、信息和组织等无形资源。上述内容的变化,会导致新业态的产生和不产生。

3. 零售业态形成的结果

在这方面,需要分析两种演化的结果:(1)是否发生了零售业态内的变化,需要分析某种零售业态的裂变导致这种业态多种类型的产生(例如,超级市场分裂为综合超市、生鲜超市和便利超市等);(2)是否变革为新型的零售业态,如百货商店演变为购物中心、专业商店等。

3.6 小　结

零售革命产生的基础是新业态产生，新业态产生的原因自然成为零售革命产生原因的一部分，因此本章专门讨论新业态产生的原因。对此国内外专家看法不一，主要有环境理论、循环（或周期）理论和冲突理论三大理论，同时这三个基本理论互相渗透又会形成新的混合理论。这些理论可以通过最为综合的"环境—循环—冲突理论"来概括，即当零售企业经营环境发生变化时，那些灵活型、具有创新精神的企业家就会进行业态变革，进而对传统业态产生冲击，传统业态会进行业态内部的变革，以实现与革新业态的平衡，这种平衡又会导致新的外部力量带来业态革新。已有成果虽然提供了新业态产生的诸多原因，但是缺乏整合动因、内容和结果三个要素的模型。因此，本章最后建立一个零售业态驱动模型，即技术革命导致宏观环境变化，宏观环境中政治、法律和政策、经济、文化等的变化，会推动行业环境中竞争对手、合作伙伴和消费者的变化，进而推动企业环境中机会与威胁、经营机制和学习能力的变化，最终推动旧业态的革新和新业态的形成。

第 4 章

为什么爆发零售革命

由于"零售革命是新旧业态之间发生的主辅更替、换位的重大变化的过程",在回答了"为什么滋生零售业态"问题之后,我们探索出"为什么新业态演化为零售革命",就等于回答了"为什么爆发零售革命"的问题。新业态导致零售革命爆发,一个重要标志是在全世界范围内得到扩散并持续一定时间。因此,零售革命除了具有新型业态形成的动因之外,还必须包括这个新型业态得以大规模扩散的机理。对此,创新扩散理论有利于解释这个问题。

4.1 创新扩散理论

我们根据"是什么""为什么"和"怎么样"三个维度,对创新扩散理论进行说明,以为解释零售革命爆发的原因提供基础。

4.1.1 什么是创新扩散

创新扩散,是指创新在特定的时间段内,通过特定的渠道,在特定的社会系统成员中传播的过程(E. M. 罗杰斯,2016)。这意味着"扩散是特殊类型的传播",特殊是指含有"创新内容"的信息传播,有时这种信息传播会引发社会变革,社会变革的过程也是扩散的过程。无论是创新信息的传播过程,还是社会的变革过程,都包括"有计划的传播和自发性传播两层含义""传播指的是参与者为了相互理解而发布和分享信息的过程"[1]。

根据罗杰斯(E. M. Rogers,2016)的定义,创新扩散的含义包括四大要素:创新、传播渠道、时间和社会系统。

---

[1] [美] E. M. 罗杰斯:《创新的扩散》(第五版)(唐兴通等译),电子工业出版社2016年版,第8页。

创新是指社会系统成员所认可的新想法、新观念、新技术、新方法、新物品、新模式等，应该既包括无形思想、精神、技术、服务、商业模式等，也包括有形的产品、设备、机器、服装、房屋、游乐园等。其判定的标准为两个：一是"新"，二是"被系统成员认可"，二者缺一不可。"它的范围从传言到装备火箭的舰船，从冲浪板到超市扫描系统"[①]，绝不仅限于技术创新的扩散，也不局限于早期研究的信息扩散，"至今为止，对扩散过程的研究已经存在于近20个不同的学术领域中，包括地理学、社会学、经济学以及教育学"[②]，还有政治学、心理学、管理学、营销学及零售学等。

传播渠道是指信息或非信息从一个主体传达或者扩散到另一个主体的路径或方式。对于信息的传递路径，包括大众媒体和人际关系媒体，前者是指信函、电话、广播、电视、报纸、杂志等传统媒体，以及门户网站、公司公共微信号、E-mail、网页等现代媒体；后者是指两个或多个社会系统成员之间的面对面的沟通。对于非信息的传播路径，大多是先经由信息媒介传递相关的新信息，然后再通过个人对个人、组织对组织的了解学习、学习模仿和模仿创新，将新信息转化为无形的服务和模式等，或是有形的产品和业态等，其路径是非常纷繁的。例如，一项新技术的扩散，首先是新技术采用者通过媒介听说了这项技术，然后可能再到原发单位进行参观学习，在学习单位或回到自己单位动手使用，最后完成技术的学习和模仿。这与单纯信息传播路径有所不同。

时间是指社会系统中的成员采用创新的决策阶段、采用的时机及最后形成的采用比率这几个跟时间有关的维度都是用以说明扩散的速度。罗杰斯（2016）认为，社会系统成员在决策是否参与扩散时，经历认知、说服、决策、执行和确认五个阶段；一旦他们决定参与扩散活动，一般会扮演创新驱动者、早期采用者、早期采用人群、晚期采用人群和落后者五种角色，表明采用的不同时机；正是由于社会系统中成员的采用时机不同，才出现了扩散过程中的不同采用比率，当采用者达到一定比例，扩散才能持续。初期采用者比例较低，扩散迟缓，比例达到临界值，扩散速度加快，经过转折点后慢下来，逐渐达到饱和点，出现下降趋势，形成"S"曲线。

社会系统是指享有相同文化的个人、组织或机构，他们是创新采纳的潜在主体和影响环境，包含着扩散的决策者、参与者、实施者和影响者。这里的"文化"是指"一种包含精神价值和生活方式的生态共同体，它通过积累和引

---

① ［美］维贾伊·马哈贾、罗伯特·A.皮得森：《创新扩散模型》（陈伟译），格致出版社、上海人民出版社2016年版，第2页。

② 同上，第3页。

导,创建集体人格"①,有着大体相似或相同的行为准则。因此,相同文化也可以理解为中文的"圈子"或"相同群体"或"社区",例如,同一专业学习的学生,同一社会阶层的顾客,同一行业的公司,同一级别的政府机构等。这个社会系统的结构、规则、意见领袖和推广机构,以及决策模式、创新结果都会影响创新的扩散过程。

4.1.2 创新为什么扩散

创新扩散的主要衡量指标是创新采用率,当采用率很低时,表明扩散速度很慢;当采用率很高时,表明扩散很快。因此,采用率的影响因素就是创新扩散的影响因素,进而能解释创新扩散的原因。

罗杰斯(2016)认为,影响创新采用率有五大因素:创新的认知属性、创新决策类型、创新传播渠道、社会系统特征及创新推广人员的努力程度(见表4-1),其中五大认知属性可以解释49%~87%的创新采用率差异。

表4-1   创新采用率的影响因素

五大影响因素	13个具体维度或变量
1. 创新的认知属性	(1) 相对优势;(2) 相容性;(3) 复杂性;(4) 可试性;(5) 可观察性
2. 创新决策模型	(1) 个人决策模型;(2) 具体决策模型;(3) 权威决策模型
3. 创新传播渠道	(1) 大众媒体;(2) 人际传播
4. 社会系统特征	(1) 传统规范;(2) 人际互动程度
5. 推广人员努力程度	(1) 推广人员努力

资料来源:[美] E. M. 罗杰斯,《创新的扩散》(第五版)(唐兴通等译),电子工业出版社2016年版,第231~232页。

这五个认知属性包括:一是优势性,新的创新明显好于旧的形态;二是相容性,新的创新与人们的价值观和需求相匹配;三是复杂性,新的创新不会花费大多学习成本;四是可试性,新的创新允许人们进行尝试;五是可观察性,新的创新成果必须容易感受到。"那些用户感觉有明显优势、可兼容的、可视的、不复杂的创新就会扩散得比其他的创新快得多。过去的研究也表明,这五

---

① 余秋雨:《何谓文化》,长江文艺出版社2012年版,第6页。

个维度是描述创新被采纳程度的最重要的特征，特别是前两个因素"①。

另外社会系统状况也会影响采纳比率。例如，意见领袖的特点、形成，以及创新推广人员的专业性带来的"扩散网络中的同类性和异类性问题"。另有学者通过研究技术创新的扩散，归纳出相应的影响因素及作用机制模型（见图4-1）。这个模型拓展了创新扩散的环境影响因素，具体包括：（1）经济影响因素，涉及经济形势、市场需求、市场竞争和中介因素等方面；（2）政府因素，涉及基础设施、信息系统、税收政策、人才政策、技术政策和组织政策等方面。

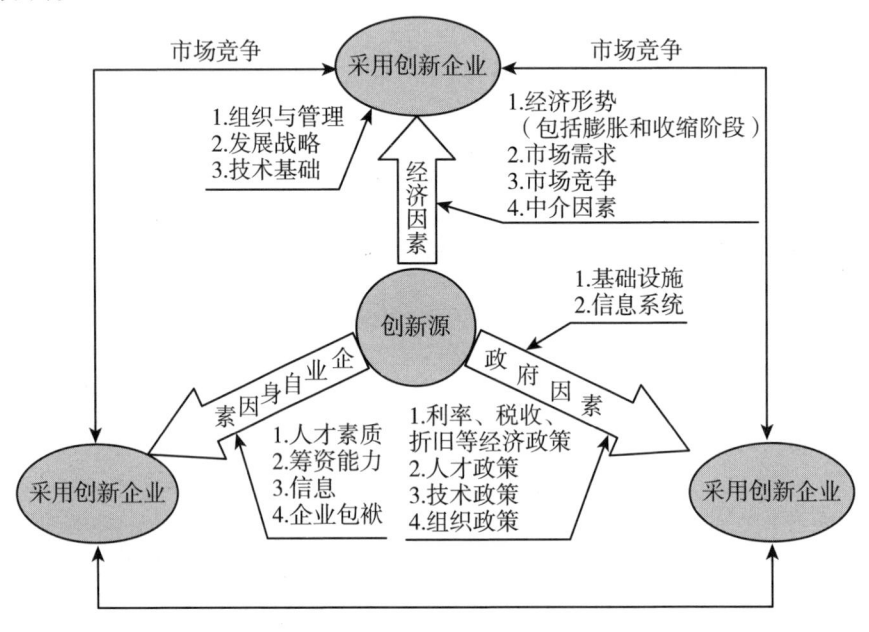

图 4-1 创新扩散影响因素

资料来源：赵维双、常伟，《技术创新扩散的影响因素及作用机制研究》，载于《中外科技信息》2002 年第 9 期。

同时，采用者的创新精神强弱也会影响采用比率。采用者的创新精神可以分为五种类型：一是创新先驱者，富有冒险精神，最早采用；二是早期采用者，思想开放，具有意见领袖潜质；三是早期采用人群，深思熟虑，跟随潮流；四是晚期采用人群，谨慎多疑，具有不安全感；五是落后者，思想保守，因循守旧。影响采用者创新精神强弱的因素主要包括社会经济地位、个性和价值观，以及传播行为和方式（E. M. 罗杰斯，2016）。

---

① [美] E. M. 罗杰斯：《创新的扩散》（第五版）（唐兴通等译），电子工业出版社 2016 年版，第 19 页。

4.1.3 创新怎样扩散

采纳主体的创新决策过程表明了创新采纳的内在机制,"S"形曲线表明了扩散的外在形态,我们分别进行说明。

1. 创新扩散的内在机制

罗杰斯(2016)认为,创新扩散分为五个阶段:(1)认知阶段,组织知晓了创新的存在,了解了它的功能;(2)说服阶段,组织形成对该创新的喜欢或不喜欢的态度;(3)决策阶段,组织做出接受或拒绝该创新的决策;(4)执行阶段,应用该创新;(5)确认阶段,对应用的创新再确认,有时会更改先前做出的决定。我们认为,各个阶段的影响因素构成了创新扩散的内在形成机制。罗杰斯(2016)认为,在认识阶段有组织过去的状况、组织的特性和传播渠道三个方面的影响因素,在说服阶段有创新认知属性和传播渠道两个方面的影响因素,在决策阶段有传播渠道一个方面的影响因素并带来接受创新和拒绝创新的结果,在执行阶段和确认阶段都有传播渠道一个方面的影响因素,将这些内容用一个图形表示出来,就会形成一个创新—决策过程图,这个过程图就是创新扩散的内在机理图(见图4-2)。

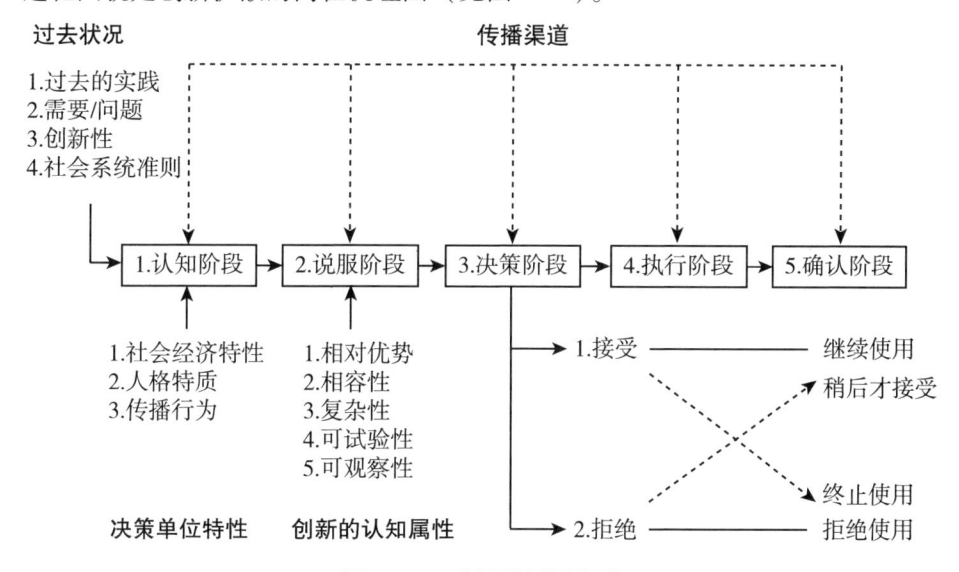

图4-2 创新扩散模型

资料来源:[美]E. M. 罗杰斯,《创新的扩散》(第五版)(唐兴通等译),电子工业出版社2016年版,第176页。

2. 创新扩散的外观形态

由前述可知，创新的接受者有五种类型：创新者、早期采用者、早期采用人群、后期采用人群和落后者。罗杰斯（2016）将这一创新扩散的过程描述为一条"S"形曲线：早期采用者很少，扩散速度很慢；当采用者人数扩大到居民的10%～25%时，扩散速度突然加快，进入"起飞期"；随后接近饱和点，扩散速度逐渐减缓，整个过程类似于一条"S"形的曲线（见图4-3），我们可以将这个"S"形曲线图视为创新扩散的外观形态。

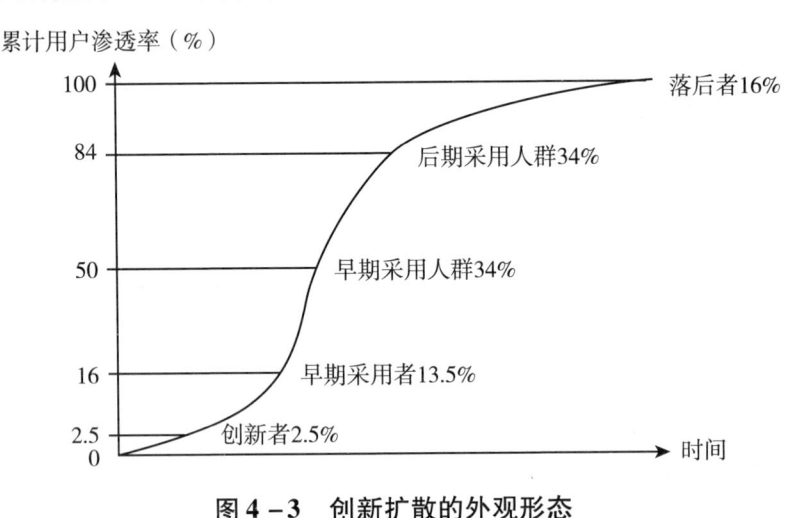

图4-3 创新扩散的外观形态

资料来源：[美] E. M. 罗杰斯，《创新的扩散》（第五版）（唐兴通等译），电子工业出版社2016年版，第176页。

4.2 创新扩散理论的营销应用

创新扩散理论在营销研究领域得到了广泛应用，主要是用于解释新产品的扩散过程和某种社会行为的扩散过程，进而采取相应的营销策略。

4.2.1 新产品的扩散研究

关于新产品扩散的研究，最有影响的研究成果为BASS模型。该模型是由营销学教授弗兰克·巴斯在1969年提出，是一个新产品采用率的预测模型,最初是用来预测耐用消费品(如洗碗机、空调)的采用率,后来扩展至各种产品和服务的扩散研究中,如手机、互联网等(E. M. 罗杰斯,2016),后来又出现了若干扩展模型,研究文化、感官属性、价格、推销、广告、口碑传播等如何影响新产品采用率。其中大多数研究都是采用数学模型的方法。

诸多中国学者也参与了新产品扩散的研究,对我们具有启发意义的是中国学者盛亚在1999年提出的新产品扩散一体化模型。他认为新产品市场扩散过程涉及信息传播、营销组合的企业行为和接受新产品信息、评价新产品效用、决定是否购买新产品的消费者行为,一项新产品在市场上扩散得是否顺利取决于这两种行为的互动结果。新产品采用过程和扩散过程的区别在于考察问题的角度不同:采用过程是从微观角度观察信息传播、营销组合变量与新产品的引入过程,以及消费者个体由认知、试用、接受新产品到成为该产品的忠诚购买者的心理过程(见图4-4);扩散过程则是从新产品的供方宏观分析新产品如何在市场上传播并被市场采纳的更为广泛的问题,采用者的决策除受个人特征影响外,还受新产品特征、人际交流、营销和竞争行为的影响(图4-5)。

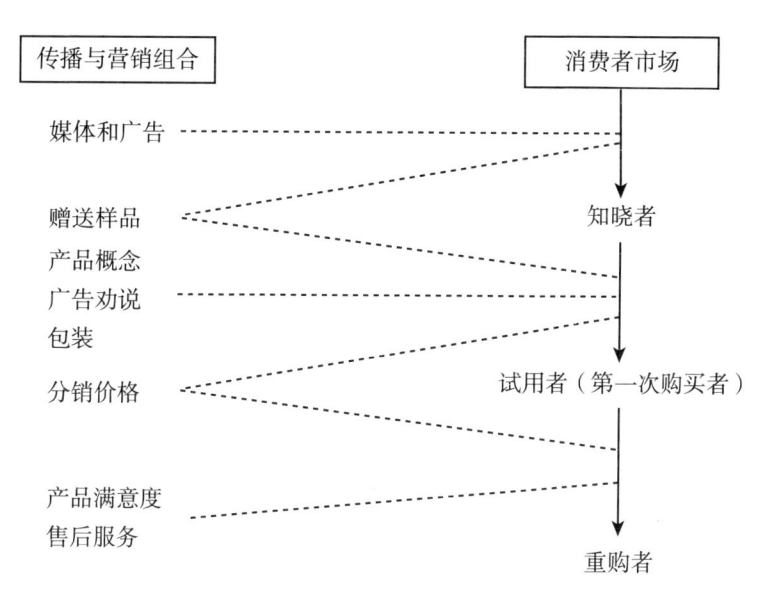

图 4-4 新产品采用过程

资料来源:盛亚,《新产品市场扩散过程的传播论》,载于《科技进步与对策》1999年第4期。

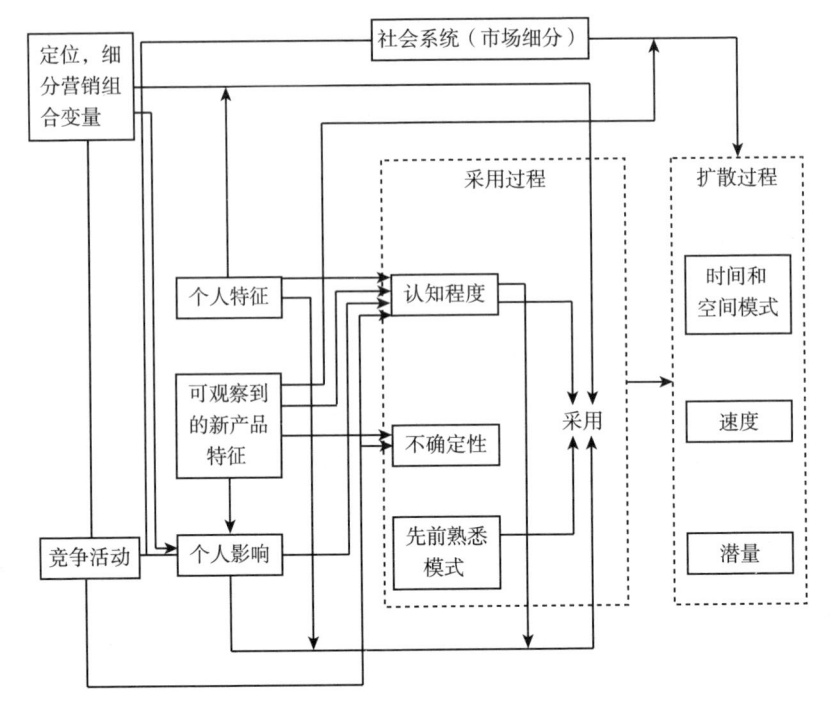

图 4-5　新产品扩散的一体化模型

资料来源：盛亚，《新产品市场扩散过程的传播论》，载于《科技进步与对策》1999年第 4 期。

4.2.2　社会行为的扩散研究

社会营销学出现之后，被广泛应用于节能、戒烟、安全驾驶、艾滋病预防、计划生育、改善营养等方面，目的是让人们改变那些由于习惯或其他因素造成的不良行为，因此创新扩散理论得到广泛应用（E. M. 罗杰斯，2016）。

罗杰斯（2016）通过避孕套在印度的传播过程，分析了营销管理在这个扩散过程中的影响作用，主要包括细分顾客、传播研究、传播定位、价格和传播渠道的变量；通过美国电动车的扩散研究，分析了意见领袖和专家在扩散中的重要作用等。

4.3　零售革命爆发的扩散理论模型

由前述零售革命定义可知，它是新旧业态之间发生的主辅更替、换位变化的过程，这个过程的重要特征是新业态得到广泛扩散，包含着空间和时间两个维度，即具有空间上的广延性和时间上的持续性。既然零售革命是一种新业态扩散过程，自然可以通过创新扩散理论来解释。创新扩散理论在零售业态演化中的应用研究都是局限于某一个方面的研究，缺乏整体框架方面的讨论，更没有关于零售革命的解释性研究。我们试图应用创新扩散理论对零售革命爆发进行系统性描述，分析零售业态扩散的机理。

4.3.1 新业态扩散的内在机制

根据前述创新扩散的内在机制，我们假设新业态扩散也分为认知、说服、决策、执行和确认五个阶段，分析这五个阶段的影响因素及作用机理，就会得出新业态扩散的内在机制。

1. 新业态扩散的认知阶段

这一阶段的特征是零售企业知道了一种新业态产生，并且已经了解它的特征和功能，因此是第二阶段形成赞成和反对态度的基础与前提。

纵观已有的研究成果，影响零售企业认知新业态的有宏观和微观两个方面的影响因素。在宏观环境方面包括政治、经济、法律、文化、技术、自然等；微观环境方面包括竞争对手、合作伙伴和企业自身情况等。但是，在创新扩散理论中，通常基于外部环境和自身情境两方面来分析。

（1）外部影响因素。在外部影响因素方面，创新扩散理论比较强调社会系统和传播渠道两个因素。第一，社会系统。它是指享有相同文化或背景的个人或组织的聚集形成的圈子，成员之间会形成互相学习和模仿的行为，它们分别扮演着新业态创造者、扩散模仿者和影响者（推动或制约者）的角色。对于我们的研究主题来说，就是文化背景、经营业态、业务流程比较相似的零售企业，它们是竞争对手或合作伙伴的关系，也是互相学习借鉴的对象，因此该因素包含了竞争对手和合作伙伴等主体。第二，传播渠道。它是指信息或非信息从另一个主体传达或者扩散到另一个主体的路径或方式。一种新业态出现，如何让其他零售企业知晓，通常是通过大众媒体、社会系统（俗称业内）的交流会议、参观考察、小型沙龙，以及学者的案例研究论文等。当然在中国还有可能在朋友晚餐聚会上，听到关于一种新业态的详细描述。一般是先听说一种新业态，然后再组织团队去样本企业考察，它们之间大多不是同一空间的竞争对手关系，但绝对是理论上的或是潜在的竞争对手关系。可见，新业态扩散最为主要的外部影响因素为社会系统和传播渠道。

(2) 内部影响因素。在内部影响因素方面，创新扩散理论比较强调的因素是企业面临的问题、企业特性和业态变革的条件三个方面。第一，企业面临的问题。零售企业在发展过程中总会面临着一些问题，如短期销售额如何提升，长期发展如何避免风险，又如现在是一家优秀的公司，如何变得更为卓越等。要解决这些问题，就会出现两种需求：一种是主动需求，没有处于困境，但是想变得更好，企业主动关注同行标杆状态，及时了解全球的新业态变革情况，为我所需；另外一种是被动需求，企业经营绩效没有达到预期，当得知某家同行企业进行业态创新并取得效果时，就会关注新业态变革的信息。第二，企业特性。这是指企业文化、领导者素养、资源能力，以及规模、发展历史等方面因素构成的企业风格，它会直接影响是否产生搜集新业态变革信息的需求。在传播学之中，有选择性注意、选择性曲解和选择性记忆之说，即人们会根据自己的兴趣、偏好、固有想法、现有态度等，选择性地接触信息、理解信息和记忆信息，组织是由人构成的，自然这些观点也适用于组织对于信息的选择。例如，一家自以为是和保守风格的零售企业，就不会在初期关注一个新业态的出现和发展，反之会像"猎犬发现猎物"一样地敏锐反应，想方设法搜寻相关信息。一项研究结果也证明，受教育更多、社会地位更高、大众媒体渠道更广泛、人际关系渠道更多、与新业态发明者联系更多、参与社会更多、眼界更开阔等个人和组织会更早地认知创新。第三，业态变革的条件。主要指是否具备新业态引进的能力，具体包括营销组合能力、流程再造能力和资源整合能力。前一个方面反映的是零售业态构成的基本要素（产品、服务、价格、店址、店铺环境、传播）的调整能力，后两个方面反映的是零售业态构成的保障要素。如果在这些方面与新业态不匹配或者没有能力匹配，也会弱化关注新业态的相关信息，或者是根本不关注。

2. 新业态扩散的说服阶段

这一阶段的特征是，零售企业对于出现的新业态形成赞同或不赞同的态度，之前会权衡接受或不接受这个新业态带来的后果，最终形成的态度是对于第一阶段获得的信息评估的结果。

创新扩散理论认为，在说服阶段最为重要的影响因素是创新的认识属性，具体包括优势性、相容性、简单性、可试性和可观性。这些同样适用于新业态的扩散。一是新业态必须具有优势性，明显比旧业态更能满足顾客需求。例如，百货商店比传统小店铺商品更加丰富，购物中心比百货商店具有更多的娱乐性功能等。二是相容性，新业态必须与旧业态有着一定的血脉关系，便于转型和嫁接。例如，实体百货商店便于开展线上百货商店业务，线下服装店便于转型为网上服装店等。三是简单性，这是相对简单的含义。如中国的超级市场革命和连锁商店革命就是到国外参观参观，看看书，企业就开始干了。四是可试性，零售革命大多都是由较大的技术革命引起，技术革命应用过程本身就是尝试的过程，因此零售革命过程也就是新技术在零售领域的尝试过程，网络商店以后零售革命这一特征更加明显。五是效果性，新业态一经投入运营，就会明显感受到相应的效果。例如，百货商店、超级市场、购物中心最初一开店运营，马上就会看到顾客脸上洋溢的喜悦笑容。因此，这五个特征越突出，新业态传播速度越快，传播范围越广，进而由业态变革变为零售革命。这五个特征虽然被称为认识属性，在本质上仍是新业态的特征属性。

当然，创新扩散理论也强调了传播渠道在这一阶段的影响，虽然经历了认知阶段的传播渠道的影响，但是在说服阶段还会有新的信息不断地被接受，因此传播渠道在该阶段也有着重要影响作用，它仍然是企业创新扩散的外部因素。

3. 新业态扩散的决策阶段

这一阶段的特征是，零售企业根据说服阶段的态度决策是否接受新业态的引入或复制，是否采取行动的关键选择，直接影响着企业未来的战略发展方向，因此是非常重要的阶段。

经典的创新扩散理论，在决策阶段被提到的影响因素有试验结果、文化背景和传播渠道等。

（1）试验结果。零售企业在决定引入一种新业态之前，会尝试地开设一家样板店进行试验，试验结果会影响最终采纳的决策。

（2）文化背景。如果企业决策者是一位强势和创新型的领导者，就会强制地通过新业态采纳的决议；相反，当他是一位强势和保守型的领导者，就会强制地通过新业态拒绝的决议。如果领导强势或属于英雄式领导，就可能将创新扩散的前三个流程"认识—说服—决策"改变为"认知—决策—说服"。

（3）传播渠道。在这个阶段仍然受到连续不断进入的新信息的影响，因此传播渠道仍然是该阶段的影响因素。

前两个因素为内部因素，后一个为外部因素。

决策阶段带来的结果是：接受和拒绝。接受决策带来的结果，可能是直接采纳，也可能是过一段时间后又拒绝采纳。拒绝决策带来的结果也是双重的，或是直接拒绝了，也有可能过一段时间后发现时机成熟，或是发现之前决策错误，改为采纳的决策。

4. 新业态扩散的执行阶段

这一阶段的特征是，零售企业根据决策阶段的决议规划实施步骤，开始具体的实施行为，如果是拒绝采纳的决议，实施就比较简单，如是相反，就相对比较复杂。我们主要讨论后者的情境。与创新扩散的前三个阶段不同，前三个阶段都是思维活动，而该阶段是创新扩散的具体行为，将决策转化为实施行为还存在着复杂的执行力问题。

经典的创新扩散理论认为，执行阶段可能会持续相当长的一段时间，直到这个创新内化为组织日常生活的一部分，而不再感觉到具有创新的特点时，才表明执行阶段的结束（E. M. 罗杰斯，2016）。在这个阶段，有三个被强调的影响因素。(1) 传播渠道。当零售企业决定引入一个新业态时，并不一定就知道如何去做，在理论上知道如何去做，也并不一定知道将其落实到具体行为的步骤。因此，在执行阶段仍然会不断地接触外部信息，形成实施计划，以及在实施过程中不断调整计划，这样就使传播渠道继续成为该阶段的重要影响因素。(2) 组织执行能力。"在团体组织里，通常有许多人参与创新—决策过程，而实施者与决策者通常不会是同一群人。组织结构会为一个组织的稳定和持续运营提供保障，但也可能成为一项创新在实施中的阻碍力量"[①]。因此，一个组织的执行能力就变得非常重要，直接影响新业态采纳的执行或实施。(3) 组织再创新能力。"在早期的传播研究中，对创新的接受意味着完全复制或模仿早期采用者经验的行为"，然而在许多案例中，"创新会不断得到改变和演化"，需要进行再创新[②]。在零售新业态扩散过程中，再创新是非常重要的。例如，7-11便利店早期在北京进行复制时，没有结合本地市场进行充分的再创新，原有内容复制较多，因此一直发展不顺利。而引入台湾时，结合本地市场增加了茶叶蛋和快餐等便利品经营，进行了诸多的本地化创新，结果取得了成功。即使新业态发明者，在扩散过程中也存在着再创新的问题，诸如世界零售巨头百思买、万德成、家得宝、百安居、玛莎、老佛爷、巴黎春天、易买得、乐天等之所以在中国扩散受阻，就是在中国市场的再创新能力不足。

5. 新业态扩散的确认阶段

这一阶段的特征是零售企业对应用的创新再确认，寻求对已经做出创新决

---

① ［美］E. M. 罗杰斯：《创新的扩散》（第五版）（唐兴通等译），电子工业出版社2016年版，第187页。

② 同上，第187~188页。

策的支持，如果发现相反的信息足够强大，有时会更改先前做出的决定，拒绝或采纳。这一过程，并不一定是在第五阶段开始，有时在"执行阶段"之前也可能发生。在确认阶段，组织"会努力避免一种不调和的状况；如果发生不调和，他会努力使其减小"①，在该阶段，组织会努力寻求支持先前已经做出决策的证据。

在确认阶段的一个重要结果是确认继续还是终止，"终止是在接受了创新之后又决定拒绝它"，包括取代终止和醒悟终止两种类型，前者是指为了接受一个更好的替代创新而终止目前实施的创新，后者是指由于对目前创新结果不满意而终止②。

在已有关于终止的讨论中，涉及外部、内部和新业态属性等诸多的影响因素。（1）外部因素。例如，同行推出了更好的零售新业态，或者更有效率的旧业态革新技术，都会导致取代终止的行为。又如，消费行为的改变，城市居民到郊区生活，以及奢侈品海外购买常态化，使创新的百货商店面临困境，社区购物中心得到发展。还有政府政策的影响，中国政府禁止传销行为，导致直销公司不得不改变原有的多层销售模式等。另外，传播渠道也会影响是否终止和终止的速度。（2）内部因素。例如，零售企业发现资源与引入新业态不匹配，难以实现良好绩效，就有可能实施醒悟终止。在实施过程中发现新业态与零售企业使命和信仰不匹配，也有可能实施醒悟终止。如一家友善的儿童购物中心拒绝引入暴力网络游戏店铺。还有组织队伍缺乏正规教育、社会经济地位较低、与外界沟通较少等，比较容易终止已开始的新业态引入。（3）新业态属性，优势性、相容性等都会影响终止的速度。

在创新扩散的五个阶段，除了罗杰斯谈到的相关影响因素之外，还有一些学者谈到其他影响因素，几乎涉及宏观环境和微观环境各个方面，也涉及新业态本身的属性特征和外界对于新业态的扩散形成的营销组合策略。

4.3.2 新业态扩散的理论模型

我们将前面讨论的新业态扩散过程及影响因素进行归纳，然后在此基础上进行图形化处理，就可以建立一个新业态扩散的机理模型，这个模型回答了为

---

① ［美］E. M. 罗杰斯：《创新的扩散》（第五版）（唐兴通等译），电子工业出版社2016年版，第197页。

② 同上，第225页。

什么爆发零售革命的问题。

1. 新业态扩散的过程和影响因素

我们对前面讨论的结果进行归纳，就会得出以下结论：（1）新业态的扩散会受到宏观环境和微观环境的全面影响，宏观环境包括政治、经济、文化、法律、技术、自然等方面，微观环境包括消费者、竞争者、合作伙伴和零售企业自身情境等方面，同时也受到新业态自身属性特征和外界对其进行营销组合的影响；（2）新业态扩散经历认知、说服、决策、执行和确认五个阶段；（3）在认知阶段，主要影响因素有外部的社会系统、传播来源及渠道，以及内部系统有企业问题需求、企业特性和引入新业态的条件；（4）在说服阶段，主要影响因素有外部的传播来源及渠道，以及新业态本身的属性特征，包括优势性、形容性、简单性、可试性和效果性；（5）在决策阶段，主要影响因素有外部的传播来源及渠道，企业内部新业态的试验结果和文化背景；（6）在执行阶段，主要影响因素有外部的传播来源及渠道，以及内部的组织执行力和再创新的能力等；（7）在确认阶段，主要影响因素有外部同行推出的新业态、消费者的新变化和传播的来源及渠道，以及内部的未达预期绩效、背离了公司使命和组织队伍不匹配，还有新业态的属性特征等。

我们将这些内容填入罗杰斯建立的创新扩散过程及传播效果层级模式呼应表格，就会形成一个新业态扩散过程及影响因素表（见表4-2）。

2. 零售革命爆发的机理模型

表4-2提供了新业态的扩散过程及影响因素，但是这个过程的完成并不意味着就爆发了零售革命，换句话说，新业态的采纳机理并不能完全说明零售革命爆发的原因，要使其客观地说明零售革命的原因，必须附加上"广泛的区域（世界范围内）的扩散和长久的时间（30年以上）的扩散"，这要求新业态的五个属性特征非常强大，使新业态的革新性不低于四星、冲击性不低于三星、广延性一般应该达到最高的五星。同时，表4-2说明了一家零售企业参与新业态扩散的决策过程，要说明大量零售企业参与新业态扩散还必须加入若干家企业参与的情境。在这些分析的基础上，我们再进行一些补充研究，就可以建立一个零售革命形成或爆发的机理模型图（见图4-6）。

表 4-2　　新业态扩散过程及影响因素

扩散过程	效果层级	行为过程	影响因素			
			1. 主要因素	2. 宏观因素	3. 微观因素	4. 新业态因素
1. 认知	(1) 回顾有关信息 (2) 理解信息 (3) 接受新业态的知识	1. 思考前	①外部：传播渠道和社会系统；②内部：企业需求、特性和变革条件	政治、经济、法律、文化、技术、自然等	消费者、竞争者、合作者、企业自身情境	新业态的五大属性特征和外界对于新业态的营销组合
2. 说服	(4) 喜欢该新业态 (5) 与人讨论该新业态 (6) 接受新业态的信息 (7) 形成新业态正面看法 (8) 得到组织对引入新业态支持	2. 思考期	①外部：传播渠道；②新业态：属性特征（优势、相容、简单、可试、效果）			
3. 决策	(9) 想得到更多新业态信息 (10) 有尝试新业态愿望	3. 准备期	①外部：传播渠道；②内部：试验结果和文化背景			
4. 执行	(11) 获得更多新业态信息 (12) 经常复制该新业态 (13) 继续复制该新业态	4. 行动期	①外部：传播渠道；②内部：执行力和再创新力			
5. 确认	(14) 认识到引入该新业态的好处 (15) 发展该业态成为日常行为 (16) 将该业态推荐给其他公司	5. 维持期	①外部：传播渠道、新业态出现和消费者变化；②内部：目标达成、与使命相匹配和组织资源匹配；③新业态：属性特征（优势、相容、简单、可试、效果）			

资料来源：[美] E. M. 罗杰斯，《创新的扩散》(第五版)(唐兴通等译)，电子工业出版社 2016 年版，第 207 页。

我们建立的零售革命形成的机理模型，比较清晰地解释了零售革命爆发的原因及形成机制：(1) 外部环境的技术革命爆发，导致宏观和微观环境的变化，进而使创新型的零售企业开发出新的零售业态；(2) 如果这些新业态具有较强的优势性、兼容性、简单性、可试性和效果性，就会使新业态具有很强的革新性、冲击性和广延性；(3) 新业态具有很强革新性、冲击性和广延性的特征，以及社会形成的新业态营销组合策略会推动新业态的广泛扩散，大量零售企业在扩散过程中经历认知、说服、决策、执行和确认五个阶段，每个阶段都会有相应的内外部、新业态特征等因素的影响；(4) 当新业态的采用或扩散遍及全球、持续数十年的时间后，并且占据市场主导地位，而使旧业态地位明显下降，最终导致零售革命的真实爆发。

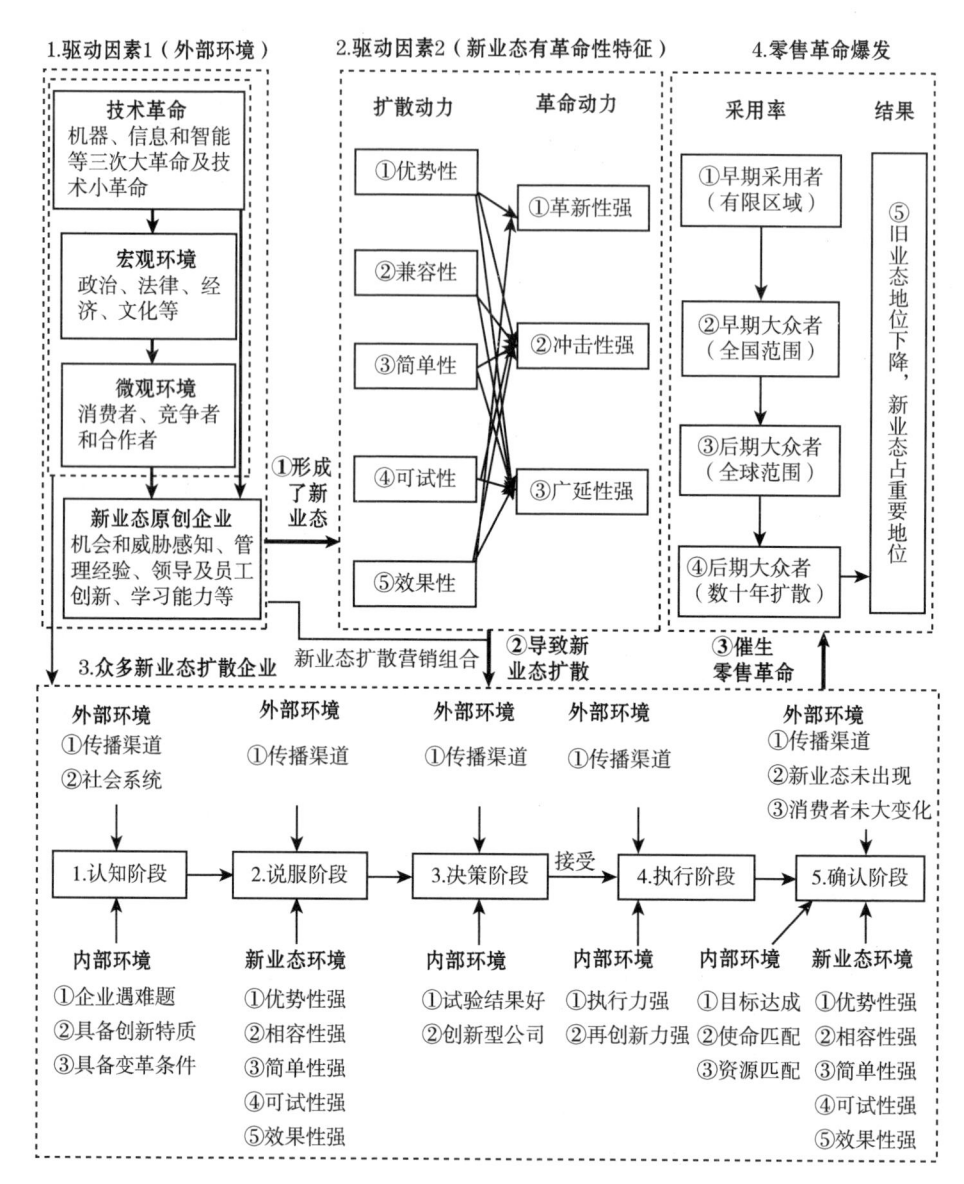

图 4-6　零售革命形成的机理模型

4.4　小　结

零售革命的形成机制,除了具有新型业态形成的动因之外,包括这个新型业态得以大规模扩散的机理。对此,创新扩散理论可以帮助我们解释这个问题。我们在梳理创新扩散理论和零售业应用的基础上,建立了零售革命形成的机理模型,这个模型包括四个环节:一是外部环境形成的驱动因素一带来新业态;二是由新业态原创公司带来的新业态强大的扩散潜力,为驱动因素二;三是两个驱动因素作用于大量新业态扩散企业,形成扩散;四是扩散达到一定程度就爆发了零售革命。具体内容是:(1)外部环境的技术革命爆发,导致宏观和微观环境的变化,进而使创新型的零售企业开发出新的零售业态;(2)如果这些新业态具有较强的优势性、兼容性、简单性、可试性和效果性,就会使新业态具有很强的革新性、冲击性和广延性;(3)新业态具有很强革新性、冲击性和广延性的特征,以及社会形成的新业态营销组合策略,会推动新业态的广泛扩散,大量零售企业在扩散过程中经历认知、说服、决策、执行和确认五个阶段,每个阶段都会有相应的内外部、新业态特征等因素的影响;(4)当新业态的采用或扩散遍及全球、持续数十年的时间并且占据市场主导地位,从而使旧业态地位明显下降,最终导致零售革命的真实爆发。

第3篇
零售革命怎么样

第 5 章

西方的十次零售革命

根据第 2 章的文献梳理和筛选评价,我们得出西方国家共爆发了十次零售革命,依次为百货商店、一价商店、连锁商店、超级市场、购物中心、步行商业街、自动售货机、网上商店、全渠道商店和智能商店(见表 5-1)。本章我们分别对上述十次零售革命进行详细讨论,包括革命的原因、爆发过程、革新特征、演化以及影响程度等维度。

表 5-1　　　　　　　西方历史上的十次零售革命

次数	名称	业态开始时间	革命高潮期	主要特征
第一次	百货商店	1852 年	1860~1940 年	品类增加,明码标价
第二次	一价商店	1878 年	1880~1930 年	价格同一,低且稳定
第三次	连锁商店	1859 年	1920~1930 年	组织创新,多店发展
第四次	超级市场	1930 年	1935~1965 年	自选购物,一次付款
第五次	购物中心	1931 年	1950~1965 年	商店聚集,一次购足
第六次	步行商业街	20 世纪 60 年代初	1967~1980 年	漫步购物,老街复兴
第七次	自动售货机	1880 年	1960~1985 年	机器售货,无人值守
第八次	网上商店	1994 年	1995~2010 年	网上零售,线下配送
第九次	全渠道商店	2011 年	2011 年至今	线上线下,融合零售
第十次	智能商店	2020 年	2025 年?	智能服务,无机人商店

5.1　第一次零售革命:百货商店

在工业革命以前,零售形式主要是小型店铺,专门经营某一类商品。在

19世纪中叶，百货商店在法国巴黎诞生，爆发了第一次零售革命。

对于百货商店有不同的定义，比较一致的看法是：一种经营商品和服务广泛（商品组合宽而深）的大型店铺，一般按着顾客需求、购买特征或产品类别设立多个独立的商品部。

5.1.1 百货商店革命的原因

百货商店是伴随着工业革命时代的蒸汽革命产生的，由于蒸汽动力机器和交通工具的大量使用，工业生产和运输效率提高，市场上供应的商品丰富起来，也使消费者有了空闲，休闲意识增强。商人们为了满足这种需求，开设了百货商店，并在全世界被复制，推动了百货商店革命的爆发。

19世纪中期，西方文化之都——巴黎经历了欧洲文艺复兴运动的洗礼和重商主义的震荡，正处于工业革命之中。工业文明不仅带来了机器大生产，也带来了丰富多彩的生活方式。

产品的丰富化催生了大批发商，大批发商反过来推动了机器大生产，商品日益丰富起来。这为新型零售商店的产生奠定了基础，同时与工业发展相联系的城市集中化相继出现，1815年巴黎人口已超过70万人，1860年达到120万人，城市交通运输走上了正轨，人们的活动变得更加方便。

另外，在欧洲文艺复兴运动中，人文主义思想的渗透与商品的丰富相吻合，冲击了人们原有的消费观念。人们开始追逐金钱、财富和享受，大量地消费棉制品、鞋和家庭器皿等工业产品，消费各种各样的加工食品。此时，悠闲阶层产生并趋于成熟，特别是一些舍得花钱、爱慕虚荣的女性，造就了一个享乐市场，为百货商店产生创造了有利条件。

由此，我们可以归纳一下百货商店革命的原因：（1）工业革命推动了机器化生产，使商品日益丰富起来，同时也促进了交通运输的发展和大批发商的出现，为大规模百货商店的产生提供了可能性；（2）工业革命加速了城市化进程，不仅使分散的购买力集中于城市，而且造就了城市居民中的享乐阶层，为大规模百货商店的产生提供了必要性。因此，有人说城市和百货商店是诞生在工业革命这个摇篮中的"双胞胎"。百货商店最早产生于巴黎，尔后蔓延至整个西方世界，其扩散的基本特征是：哪里爆发了工业革命，哪里就发生了百货商店革命，二者呈现出密切的正相关关系。这意味着百货商店革命形成的动因为：机器革命—工业化生产—城市出现；商品丰富和享乐阶层出现—休闲文化—百货商店革命形成。

例如，百货商店发展必须汇集大量人流，这有两个办法："一个办法是让老百姓去百货公司更加方便；另一个办法是用最新的商品信息，激发人去百货公司的愿望"①。前者与19世纪后半叶出现的城市公共交通由马车改为电车有关，后者与多层百货公司设有升降机和大玻璃橱窗有关，这都与19世纪中叶大玻璃生产技术和蒸汽升降机技术出现有关。可见，工业技术革命是百货商店革命爆发的原动力。

5.1.2 百货商店革命的爆发

对于"谁是世界上第一家百货商店"的问题，在历史学界和零售学界都存在着争论。有加拿大学者认为，在19世纪50和60年代，大西洋两岸同时出现了真正的百货公司：有芝加哥的马歇尔·菲尔德、纽约的梅西和罗德泰勒、多伦多的伊顿、伦敦的怀特利，以及巴黎的卢浮商店（L. B. 帕克特，2010）。

但是法国学者伊夫·史侯兹（Yves Chirouze，1990）和阿尔曼·达扬（Armand Dayan，1973）认为，1852年阿里斯蒂德·布西科（Aristide Boucicaut）与人合伙在巴黎创办的博马尔谢（Bon Marché）②是世界上第一家百货商店，也是第一次零售革命。这种观点得到更多学者的认可。

在19世纪中期，法国巴黎城已初具规模，街道繁华、店铺林立。当时，有一家小店名为小圣托马斯，店中一个年轻人向老板提出一个刺激销售的建议，但遭到拒绝。心高气盛的年轻人开始消极怠工，最终被老板解雇，他发誓一定要按自己的意愿办一家更好的商店。1852年，他与人合伙在巴黎创办了博马尔谢商店，实行一套全新的经营策略，经营面积仅有100平方米，但比传统店铺大得多。这个店就是世界上第一家百货商店，办店人就是百货商店之父——阿里斯蒂德·布西科。

博马尔谢百货商店开业后，立刻获得成功，营业额在1852年为45万法郎，1863年为700万法郎，1877年为6700万法郎。紧接着巴黎相继出现了卢浮百货商店（1855年）、市府百货商店（1856年）、春天百货商店（1865年）、撒玛利亚百货商店（1869年）、拉法耶特百货商店（1894年）。

北美、欧洲和亚洲涌现出一批仿效者，一时间百货商店风靡世界。1858年梅西百货商店在美国创立，开始了美国百货商店的历史。德国在1870年诞生了尔拉亥母、黑尔曼和奇次等百货商店。晚些时候，英国创立了哈罗德等百

---

① ［美］丹尼尔·布尔斯廷：《美国人民主历程》（中国对外翻译出版公司译），生活·读书·新知三联书店1993年版，第119页。

② 常有人将其译为"好商店"，其实是廉价商店的意思。

货商店。1900年中国第一家百货商店,俄国人开办的秋林洋行在哈尔滨成立。1904年日本的三越绸缎庄成立,标志着日本开始引入百货商店业态。百货商店业态的全球扩散,表明百货商店革命开始爆发了。

5.1.3 百货商店的革新性

百货商店之所以被称为人类历史上的第一次零售革命,在于它与传统店铺相比具有很大的革新性,这种革新性并非现代百货商店创造的,在百货商店早期甚至第一家百货商店出现时就已经存在了。百货商店之父——布西科创造了一种全新的经营方式。

(1) 由传统店铺的单项经营改为百货商店的综合经营。传统店铺常常是布料店、鞋帽店、杂货店等,而百货商店将日常用品汇集于一处,不仅卖布料,而且还卖服装、鞋帽及其他女用饰品,受到主妇们的欢迎,被称为妇女乐园。另外,也拓展至文化艺术和娱乐领域,布西科"为了提高民众素养他还在百货公司内提供名画供人欣赏,假日一到,更举办古典音乐会"[①]。

(2) 由传统店铺的购货才能进入改为百货商店的顾客自由进入。传统店铺常常是限制顾客进入,只要你进入店中,如果不买东西就很难出来,至今某些店铺所挂"谢绝参观"标牌大概就是传统店铺的遗风。百货商店提倡顾客轻松地、自由自在的进入,欢迎光顾而不一定购买,因此百货商店又有了一个别称——"免费博物馆",成为了人们的休闲场所,逛百货商店成为女士们不可缺少的享乐活动。

(3) 由传统店铺的讨价还价改为百货商店的明码标价。传统店铺是以讨价还价方式进行销售,价格具有弹性,店员可以按对象不同采取不同的售价,充满了随意性、强制性和欺骗性。百货商店采取明码标价的固定价格策略,做到了一视同仁和顾客选购时的心中有数。目前有些商店采用议价方式进行促销,无疑是一种历史倒退,不可能有长期效果。

(4) 由传统店铺的概不退换改为百货商店的退换自由。在传统店铺,顾客退换货被认为是求人的事情,他们常常受到"货物售出概不退换"的提示。百货商店实行退换商品自由制度,一切顾客感到不合适的商品,一切不符合质量保证的产品,都可以按照买者的意愿换货或退货。

(5) 由传统店铺的高价改为百货商店的低价。在传统店铺推行的是高盈利、低周转的策略,商品价格较高,毛利率在40%~50%。百货商店采取低盈

---

① 辜振丰:《布尔乔亚:欲望与消费的古典记忆》,岳麓出版社2004年版,第57页。

利、高周转率的方针，商品价格较低，毛利率仅为 13.5%。布西科创办的博马尔谢百货商店的法文名称为"BON MARCHE"，就是"廉价"的意义，可见最初百货商店也是以廉价取胜的，现代百货商店有的挂出了"衣冠不整不得入内"的门牌，无疑是提示人们"钱少莫入"，这不是高档的标志，而是对顾客的排斥。

5.1.4 百货商店革命的演化

百货商店不是零售业永恒的霸主，也不是"从始至今"一副面孔。它已走过了 150 多年的漫长历程，经历了兴衰的四个阶段。

概括地说，在这个演化过程中，百货商店由兴旺走向衰落，价格由低价位走向高价位，顾客由普通百姓走向中产阶级，商品由日用品走向高中档品，服务由单一走向多元，柜台由封闭走向敞开，经营由自营走向兼有出租柜台。

（1）由兴旺走向衰落。纵观西方各国百货商店的历史，都已经历了创立、发展、成熟和衰落四个阶段，但它们出现的时代略有不同。总体来说，第二次世界大战后走向成熟与衰落，一些古老的百货商店关门倒闭，未倒闭的也勉强在维持生存，市场份额出现了逐渐下降的趋势。其主要原因是城市中心区人口向郊外转移，郊外新型购物业态比城市中心区更为便利，同时连锁店和超级市场的发展对传统百货商店形成了一定冲击。为了延缓衰落，经营者不断调整百货商店的经营策略。

（2）价格由低价位走向高价位。如前所述，百货商店早期是以廉价取胜的，因此很快在市场上站稳了脚跟，受到主妇们的欢迎。但是，随着一价商店、连锁商店、超级市场的出现，百货商店的价格优势消失了。它一般位于城市中心区，地皮租金昂贵，店堂布置相对豪华，附加服务较多，因此费用较高，不可能在价位上与新型业态竞争，自然地走上了高价位之路，毛利率提高到 25% 以上，而不是早期的 13.5%。

（3）顾客由普通百姓走向中产阶级。早期的百货商店是大众化的，无论是明码标价、进出自由、退换随意，还是低廉的价格，都是对准普通百姓的。由于一大批大众化商店的涌现，百货商店必须寻找另外的生存空间，因此目标顾客转为收入偏高并稳定的工薪女性。

（4）商品由日用品走向高中档品。早期百货商店因为是以普通百姓为目标顾客的廉价店，商品多为人们生活所用的普通商品。由于第二次世界大战以后，新型业态以更为廉价的手段提供这些日常用品，百货商店逐渐调整商品结构，放弃微利商品的经营，中高档商品成为诸多百货商店的重点经营对象。

（5）服务由单一走向多元。早期百货商店享有价格优势，集客力较强，附加服务较少。现代百货商店价格优势丧失以后，必须从服务方面加大力度，随之附加服务越来越多，诸如赊销、退货、代邮、助导选购等。这进一步使流通费用加大，不得不增加毛利高商品的经营。

（6）柜台由封闭走向敞开。早期百货商店采取柜台式售货，柜台将顾客与商品隔离开，由服务员从中穿针引线，这无疑比传统店铺增加了服务工作量。随着社会的发展，个性化消费流行，人们更加倾向于在没有店员的干预下自由选购，超级市场的自我服务受到欢迎。为适应形势，诸多百货商店打开了柜台，实行了开架或敞开式销售。

（7）经营由自营走向兼有出租柜台。早期百货商店都是自己经营，不出租柜台给任何人，直至20世纪80年代我国政府还曾颁布过百货商店不许出租柜台的条例。但是，随着市场竞争的展开，百货商店的经营风险越来越大，单位平方米利润额下降，因此一些百货商店开始出租柜台给名牌厂家，做起了旱涝保收的生意。目前，百货商店出租柜台在东西方都成为较为普遍的现象。

5.1.5 百货商店革命的影响

首先，是对零售业本身的影响。传统店铺的老板将新型百货商店称为"大怪物"，它什么东西都卖，灯光明亮，将传统店铺的客源全部吸引走，迫使许多小店铺关门倒闭。法国著名作家左拉在小说《妇女乐园中》，曾对百货商店与传统店铺的竞争进行精彩描述，展现了第一次零售革命的影响力和冲击力。自从百货商店出现以后，世界零售业就结束了一家一户的"作坊"店铺时代，百货商店展现出大工业化时代的特征，借用社会力量进行更为广泛的零售活动，成为零售业的霸主和一个城市的中心。

其次，推动了大城市的形成与发展。直到今天，百货商店仍是一个城市的标志。从历史上看，一个百货商店诞生后，在其周围马上会云集众多的中小店铺，从而形成繁华的商业街，它以其多样、热闹、有吸引力、充满生气、有刺激性、色彩丰富为特点而存在着。它的存在依赖于交通的四通八达，以承担起城市生活的主要职能。这对男人来说，白天是工作的场所，晚间则是最适宜娱乐的地方。对妇女来说，可以使她们有比较、有选择地挑选商店或商品，同时，又是欣赏商品的地方。

最后，进一步推动了工业革命的深入。百货商店的产生第一次将工业化的产品成果综合性地展现在消费者面前，这些商品是大批量、多品牌、多功能的，很快会得到市场的接受，并且快速、批量化地被售出，这种新型的分销形式推动了生产的批量化，这适应了工业革命带来的流水线作业。

5.2 第二次零售革命：一价商店

把一价商店作为第二次零售革命不是很流行的看法，因为一价商店的普及率和影响力远不及其他几次革命。但是，由一价商店演变出来的杂货商店、折扣商店、品类杀手（以低廉价格专门经营某一类商品）却风靡了全球。这也许就是法国营销专家阿荷芒·达扬（Armand Dayan，1973）把一价商店称为第二次商业革命①的理由吧！

一价商店是实行同一零售价的商店，大多以经营日用小商品为主，采取极为低廉的相同价格，按件销售商品。它出现于19世纪末，适应了当时经济危机中人们追求廉价品的需要。

5.2.1 一价商店革命的原因

一价商店出现于19世纪末的美国。当时虽然经历了工业革命的洗礼，人们收入水平提高，形成了一个休闲享乐阶层，但仍然存在着一大批贫穷的消费者。百货商店通过工业革命创造的漂亮而又丰富的商品，满足了休闲享乐的需要。此时贫穷的消费者的需求似乎受到忽视，大众化商品仍有广阔的市场，一价商店由此而生。

有人把"5美分""10美分"这样的一价商店称为穷人的百货公司。如果说百货商店是消费者之宫，一价商店就是消费者的集市，二者并存产生与发展。美国著名史学家丹尼尔·布尔斯延在《美国人民主历程》一书中曾描述道："这两个地方都能激起人们的购买欲望。百货公司把各种价格、样式、型号和质量的商品都陈列出来；'5分、10分商店'则陈列出一大堆很吸引人而你只要花小额现金就能购买的商品。如果一种商品很吸引人，而且价格便宜，那么，只要顾客需要，他就会购买；但是，如果价格低到用几个硬币就能买到，那么顾客或许不论需要与否，只要一时兴起就会购买下来"②。

可见，一方面工业革命创造了众多的小商品，使单一价格的商品足以布置

---

① Armand Dayan, *La distribution*, Paris, Hachette Littérature, 1973: 114–116.
② [美] 丹尼尔·布尔斯廷：《美国人民主历程》（中国对外翻译出版公司译），生活·读书·新知三联书店1993年版，第130页。

一家商店；另一方面工业革命并没有消除贫穷和人们的节俭意识。此时一个聪明的商人——F. W. 伍尔沃思创造了"5美分、10美分"一价商店。后来的两次世界性的经济危机沉重地打击了消费者的期望，为一价商店的发展进一步创造了条件。这意味着一价商店革命形成的动因为：机器革命——工业化生产——商品丰富和穷人阶层——节俭文化——一价商店革命形成。

5.2.2 一价商店革命的爆发

一价商店革命的核心是价格革命，引发者是美国人伍尔沃思。美国历史史学家布尔斯廷（1993）曾经记述一价商店的创办过程，其他专家也曾经记述他的创业史（纳生·阿森，2000）。伍尔沃思在青年时代，由于讨厌在他父亲的农场里从事单调艰苦的劳动，就到邻近城镇的一家小百货商店里当店员。刚开始工作时，由于不懂售货技巧，老板将其每周10美元的工资降至8.5美元。后来他到纽约州沃特敦一家小的呢绒绸缎商店工作，使他获得了开办一价商店的灵感。

一天，这家商店的老板听说另一个商店销售5美分一块的手绢生意很好，决定搞一个"5分钱柜台"试试。他花100美元买进了许多小商品，有钩针、别针、领扣、脸盆、尿布、顶针、肥皂、口琴、婴儿围嘴等，布置在一条长桌上，用一块牌子标明5美分。结果一天之内全部售光。

伍尔沃思深受启发，他想，5分钱一块手绢畅销，5分钱商品柜台红火，5分钱商店一定也会兴隆。1879年（也有说1878年），伍尔沃思在美国纽约州尤蒂卡市开设了第一家一价商店，店名为"伟大的五分钱商店"，后来因经营失败而于同年6月关闭。但他并未灰心，又慎选店址，同年在宾夕法尼亚州的兰开斯特市开设了第二家一价商店，结果大获成功。不幸的是第三、第四家店相继关闭，1800年宾夕法尼亚州的斯克兰顿市开设的第五家又获成功。尔后逐步走向健康发展之路。1900年已有59家一价商店在运营，1905年组建了F. W. 伍尔沃思公司，1911年已拥有318家商店。

伍尔沃思的成功，冲击了当时的零售业。不少人开始仿效伍尔沃思的做法，一价商店成为时尚。20世纪初，这种零售形式蔓延至欧洲，曾风光一时。1909年英国马莎公司开办了"一和六便士"（one and six pences）商店。在法国，奥迪贝尔（Audibert）夫人完全按着英国商店的模式开办了"五和十法郎"商店，不幸的是该店于1927年关门。1929年后，一些大百货商店涉足一价商店。努韦勒百货商店开办了尤尼普里（Uniprix），春天百货商店开办了普尼聚尼克（Prisunic），拉法耶特百货店开办了莫诺普里（Monoprix）等。每家店里实行统一的四五种价格，最高为 10 法郎或 20 法郎。一场遍及世界的零售革命兴起。

5.2.3　一价商店的革新性

消费者没钱时，会感觉要买的东西很多；一旦有钱时，又不知该买什么。因此价格引导就会起重要的作用，一价商店的革新性在于价格革命。

(1) 不同商品实行同一价格。百货商店开创了明码标价，一价商店引以为鉴，不仅明示价格、固定不变，而且所有商品都是一个价，无论是视觉冲击力和舆论传播力都是很强的。

(2) 同一的价格全部低廉化。在一价商店产生之前，几美分一件物品的现象也存在，但正是一价商店将其扩展化，不是一件物品，而是全部物品低廉化，标价 5 美分或 10 美分。从此，商品价格不是讨价还价的结果，而是商品的一种附加特质，造就了公平价格赖以实现的基础。做到这一点，需要跟厂家的密切合作，按零售价格进行生产。

(3) 用橱窗艺术陈列吸引顾客。伍尔沃思具有陈列商品方面的天赋，早在呢绒绸缎商店当店员时，就曾用红色布头布置了一个十分吸引人的橱窗，效果很好。因此，在开办一价商店时，为维持低廉的售价，努力降低宣传费用，不选择花费较大的报纸杂志做广告，而是充分利用橱窗艺术化展示和店内陈列造型的效应。在 20 世纪初，伍尔沃思曾对他的分店经理说："不，你们不需要通过叫卖来吸引顾客。这个方法对于我们来说是太陈旧了。但是，你们却要让顾客不知不觉地被拉进你们的商店。你们需要漂亮的橱窗陈列把他们吸引进来。他们进来后，你们要让他们看到橱窗里的商品在柜台上应有尽有……请记住，我们的宣传广告是我们的橱窗陈列和柜台"[1]。

(4) 将费用降至最低。实现低价格必须以低成本作为保障，除了进货成本降低外，售货成本也必须减少。一方面聘用最少的店员，带有价签的商品是自行售出的，店员的唯一工作是包装商品和找钱，不必催顾客购买或交钱，因此店员很少；另一方面雇佣低工资的年轻女士，周工资仅为 1 美元 50 美分。伍尔沃思解释说："我们雇用的人员必须是廉价的，否则我们就不能出售廉价的商品。当一名售货员干得很好，能够在别处挣更高的工资时，就放他走——因为销售我们的商品不需要熟练的、有经验的女售货员……有一点必须肯定：

---

[1] ［美］丹尼尔·布尔斯廷：《美国人民主历程》(中国对外翻译出版公司译)，生活·读书·新知三联书店 1993 年版，第 132 页。

我们目前销售这些产品,是支持不起高工资的,我们的售货员都应知道这一点"①。

5.2.4 一价商店革命的演化

一价商店革命的演化具有自身的特殊性,它不是按着一价商店本身的业态模式进行繁衍,而是进行调整、变化,又演化出新的零售业态,即折扣商店(法国称为杂货商店)和品类杀手。折扣商店既是一价商店革命的延续,也是一价商店革命的结果。这也是一些人否认一价商店为一次零售革命的原因。

从法国的情况看,一价商店的成功使其他零售店感受到了威胁,他们渐渐不满起来,埋怨一价商店廉价抛售次品乃至废品,一些地方政府开始用法律限制一价商店的创办。一价商店演化为杂货商店或曰大众商店,也就是国际通称的折扣商店。其定义是:由各种不同商品部组成的商店,至少经营三类专业商品,拥有专业化的人员,品种限于销量大的商品,以满足消费者在非食品方面的日常需要。

折扣商店有如下特征:一是经营的商品是从一般日常消费品中精心选择的,并有较大的周转率。它经营的商品种类一般为5000至6000种,库存周转率为每年7~8次,而百货商店仅为3~4次。二是采用开架式销售非食品,采用自助服务式(超市自选式)销售食品。营业员的工作只是收款、包扎售出的商品和看管商品。这里既不退货,也不送货和赊账,广告也很少。三是限制费用开支,降低利润率,实现最有竞争性的销售价格。一般利润率为22%,而当时百货店的毛利润在33%,传统店铺是40%。因此,它给公众的形象是廉价商店,吸引着顾客的光顾。

1951~1965年是折扣商店发展并成熟的时期,主要是向大城市郊区或小城市中心的低收入顾客低价销售同一价格的商品。后来特级市场的发展,以较低的价格和停车场优势,销售与折扣商店相同的食品及日常用品,使其在1965~1975年期间内增长很快,杂货商店发展缓慢。有些改型为超级市场和专业商店,而那些生存下来的进行了战略调整。一是扩大新的系列产品,放弃低档产品,转营新颖的、价格较高的中档商品,避开与特级市场的直接竞争。同时创造一种更为高雅、舒适的环境,增加电话、导购、赊销等多种服务。二是关闭不盈利的店铺,维持那些位于收入较高地区的盈利店。至今折扣商店已

---

① [美]丹尼尔·布尔斯廷:《美国人民主历程》(中国对外翻译出版公司译),生活·读书·新知三联书店1993年版,第132页。

进入成熟期，但由于其显著的市场地位，仍被称为日不落商店。

5.2.5 一价商店革命的影响

一价商店革命的影响虽不及百货商店那样巨大和深远，但也不容忽视。正是由于一价商店的出现，才开创了按商品价格标志设立的零售商店，如折扣商店、优惠商店、品类杀手等，即人们不是按商品品种开设商店，而是按着价格水平开设商店，掀起了世界性廉价销售的风暴。

一价商店革命促进了连锁制度的完善与连锁商业的发展。无论是一价商店，还是折扣商店都是小规模的店铺，都是大规模的连锁组织，为后来超级市场连锁发展提供了经验和教训。

5.3 第三次零售革命：连锁商店

学者们大多接受"连锁商店为一次零售革命"的说法。连锁商店，是指采取同一业态和相似商业模式，经营管理多家店铺的零售组织形态，一般店铺数量在 11 家以上。连锁商店革命是一种组织形态的变革，源于零售企业规模化发展的要求。

5.3.1 连锁商店革命的原因

百货商店、一价商店、连锁商店等业态都是工业革命的产物。布尔斯廷（1993）认为，百货商店为消费者创造了购物的大宫殿，一价商店开创了货物自销而非人员推销的先河（低价吸引），而连锁商店使一家公司的顾客遍及全国。因此工业革命的产生和发展是连锁商店革命爆发的重要原因。

世界上最早的连锁商店产生于 19 世纪中期，当时工业革命风暴席卷了欧美，工业化大生产和分销手段的更新为连锁商店的发展提供了必要性和可能性。大批量的生产要求大批量的分销，大批量分销要求店铺经营组织化和规模化，而不是让厂商同一个一个分散的店铺打交道。工业化促进了运输和通信条件的改善，物流和仓储的效率大大提高，促进了连锁体系的建立。

从零售形式方面看，整体上处于一个大变革的时期，零售商不断地探寻更为有效的售货形式，核心是使企业规模扩大，从而实现批量销售，获得规模效益。百货商店位于城市中心区，选择了大店铺和开设分店的做法。折扣店、一价店品种有限，店铺规模较小，只好用连锁形成开设更多店铺，扩大整体规模，并探索出一套新的管理方法，最终取得了成功。

百货商店产生于欧洲，很快传播到美国；连锁商店创立于美国，迅速蔓延至欧洲。正是这种空间的延伸才形成世界范围内的零售革命。没有工业革命不仅不会产生百货商店、连锁商店，即使产生了，也不可能扩展至世界范围。

实际上，连锁商店革命的高潮开始于第二次世界大战后，信息生产力起了助推作用，零售业竞争的集中化是直接原因。因此也有人把连锁商店革命开始时间视为1950年，但是更多的学者还是认为始于19世纪末期和20世纪初期。

总之，电力革命使工业生产效率大大提高，导致分销规模的扩大，分销规模的扩大要求店铺经营组织化和规模化，而不是大规模厂商跟一个个小店铺打交道。另外，工业革命进化到电力革命时代，运输和通信技术的改善，物流和仓储效率的提高，为连锁体系建设提供了基础。这意味着连锁商店革命形成的动因为：电力革命——工业生产效率提高、规模扩大——大规模分销——连锁商店革命形成。

5.3.2 连锁商店革命的爆发

在19世纪中叶，连锁商店系统中销售额最大的大西洋和太平洋茶叶公司的产生和发展过程，能很好地说明连锁商店革命的爆发。这家店通常被认为是世界上第一家连锁店铺。

（1）从红茶店到食品店。1859年，来自缅因州的乔治·吉尔曼（George Gilman）和乔治·亨廷顿·哈特福德（George Huntington Harford）在纽约市的维齐街开了一家专售红茶的小店，取名为"大美茶叶公司"。他们直接从中国和日本进货，售价30美分1磅，而其他店要卖1美元1磅。当时红茶的分销渠道是从代理商到批发商，从批发商到零售商，三者加价比例分别为50%、40%和50%，大美茶叶公司则采取直接采购的方式实现了低廉的售价。

同时，他们采取了诸多原始且有效的促销方法，如幸运抽奖、收银柜台像中国的宝塔、大厅中放着一只绿色的鹦鹉、周六有乐队演奏，甚至还用八匹马拉着一辆红车在街上游行，若有人能猜到车与车上的人加起来的重量，可得2万美元奖励。

他们获得成功之后，在同一条街上开了第二家、第三家分号，6年就发展到25家店铺。1869年公司名称改为"大西洋和太平洋茶叶公司"（即A&P），商品由红茶扩展到咖啡、面包、奶油、发酵粉、肥皂等日用品，但仍以食品为主。1880年连锁商店达到100家，1900年达到200家。

（2）从食品店到折扣店。从 1912 年起，A&P 打出廉价商店的招牌，其特征为：停止过去送货上门和赊账的做法，将商品售价降至最低点；每一家店铺的面积虽小，但整洁、卫生，把减少的流通费用用于降低物价。在推行这种廉价商店之前，公司创办人的儿子约翰·哈特福德花 3000 美元进行了办店实验，效果极佳，尔后迅速进行推广，形成连锁店系统。1912 年至 1915 年之间，每三天就有一家店铺开张，总数已超过了千家。

（3）掀起全球连锁浪潮。1878 年（有说 1879 年）伍尔沃思兄弟开办了廉价杂货连锁店；1887 年巴尔的摩杂货批发公司和纽约曼哈顿药品联合公司的连锁店创建；1898 年辛辛那提杂货批发公司等一批连锁店产生。1900 年，全美连锁公司已达 58 家。与此同时，欧洲一大批连锁店产生，英国伦敦成立的无酵母面包公司被认为是欧洲第一家连锁店，随后这种形式发展至德国、法国和瑞士等国，形成了世界范围的零售革命。

5.3.3 连锁商店的革新性

连锁商店的革新性主要表现在零售组织方面，其他革新性都是组织革新的派生。

（1）组织连锁化。连锁商店运用了工业大生产原理，按照标准化运营和统一管理的理念建立零售组织。工业的标准化生产和流水线作业，使批量生产成为可能；店面的标准化和管理的一致性，使连锁商店可以快速地进行复制，扩展至广泛的区域。

（2）经营规模化。由于有了连锁化发展模式，就使小店铺通过多店铺发展迅速达到经济规模，分销大量的商品，满足社会化大生产和消费者个性化的要求。传统店铺或者小而分散，或者大而集中，连锁商店正是通过分散的小店铺汇集成大规模的配送中心，很好地解决了大规模生产和小规模零售之间的矛盾。

（3）运营省钱化。连锁经营规模化的结果，是降低运营成本，成本降低一方面有能力降低零售价格，另一方面有能力花钱为顾客提供更好的服务。前者创造了一种商业循环，即用规模效益实现较低售价，再用低售价吸引顾客来扩大规模，如沃尔玛公司就是采取这种战略。后者创造了另外一种商业循环，即用规模效益实现较低成本，有能力为顾客提供更好地服务和便利，如 7 - 11 便利店就是采取的这种策略。不过前者是主流形态。20 世纪初，美国连锁商店最为流行的一句口号是"一手交钱，一手交货"（cash - and - carry），言外之意是："不赊账，不送货"，而将商品售价降至最低。百货商店却一直发展分期付款和送货上门业务，提供多种附加服务，其费用自然转嫁到商品价格中。这是两种不同的经营观。

5.3.4　连锁商店革命的演化

早期的连锁商店，无论在范围上、规模上，还是在内部管理上都是不完善的。随着店铺形态的扩展，连锁商店显示出更大的生机与活力。在西方国家，连锁商店涉及了百货商店、超级市场、折扣商店、仓储商店、便利商店等多种业态，市场份额已经超过1/3。

（1）连锁商店的发展。连锁商店是指连锁组织自己投资开设了若干店铺，这些店铺实施统一的品牌、采购和运营管理。一般认为经历了第一次世界大战之后和第二次世界大战之后的两个时代。第一次世界大战后，连锁商店的发展曾出现一个高潮，造就了一大批传统型的连锁店，它们主要是生产商和批发商分销体系的延伸，店名相同，经营商品一致，规模不大。

第二次世界大战后，连锁商店急速发展。1930年，日本出现了高岛屋连锁店，店铺达100多家。1960年以后连锁店转变为以超级市场为主，向连锁百货店、连锁专业商店等方面扩展。现代人的消费生活已经离不开百货商店、专业商店、超级市场和杂货商店，但无论哪种形式，都与连锁经营密切地结合在一起。

（2）自愿连锁的发展。自愿连锁店是指店铺拥有自己的所有权，但是这些店铺依附于或是联合出资建立统一采购组织，采取了联购分销的运营模式。欧美一些中小零售店为了对抗大企业开办的超级市场，自行组织起来联合采购，实现规模效益，最终导致自愿连锁组织的形成和发展。曾有一个时期，美国自愿连锁组织在食品和药品领域势力特别强大。美国职业高尔夫球运动员协会的食品商店和雷克索尔药物杂货商店都是自愿连锁组织。法国自愿连锁组织是由聚集在批发商周围的独立零售商组成，通常是批发商发起的连锁形式，集团内可以包括若干批发商，分别成为各个连锁组织的龙头。龙头向零售商提供相同商品、服务和建议。主要涉及食品、家庭设备、服饰用品和药品等领域。1990年，法国有15家全国性的自愿连锁组织，集中了300家批发商和8000家零售商。

（3）特许经营的发展。特许经营，是指特许经营组织（特许商）将品牌、运营方法、盈利模式特许给加盟者使用的模式，加盟者开设的为特许店，拥有相应的店铺产权，合同终止后，加盟者不能继续使用特许者的店牌。特许经营最早源于美国，在马车时代已有雏形，1910年汽车制造业资金不足，1930年的世界性经济危机,都推动了特许经营的发展。第二次世界大战后,这种特许经营组织遍及全世界。1991 年美国已有 2000 家特许公司和 60 万家特许商店。同期,法国有 700 家特许公司,3 万家特许商店,实现了大约 1000 亿法郎的营业额,占全法国商业零售额的 7%。日本特许公司在 20 世纪 80 年代中期也超过了 400 家。

5.3.5 连锁商店革命的影响

连锁商店革命的影响是巨大的,不仅限于商业方面,而且产生了深远的社会意义,毫不夸张地说,它推动了人类社会的历史进程。

(1) 为大零售集团的形成创造了条件。工业的集中化带动了商业的集中化,但零售店铺的规模并非越大越好,单体规模超过了顾客的生理与心理极限就会出现效益滑坡。连锁商店是多店铺体制,即使单体店规模不大,也能形成销售及营业总面积的巨型化,加之连锁需要完整的物流配送体系,极易造就适应市场竞争环境的大零售集团。

(2) 推动了工农业生产的标准化。工业化创造了连锁化,连锁化又反过来向工业生产提出了更高的要求,如严格的质量保证、清晰的标识系统、高比例的条码应用,这使工业部门不得不进行适当的技术更新和商品改良,农业生产也是如此,否则难以进入大量商店销售,极易被市场淘汰。

(3) 顾客购物空间和时间节省。由于连锁店开到了家门口,居住在乡村的人不必到城里购物,郊区居民不必到城市中心区购物,增加了人们的休闲和享乐时间,生活得更加丰富多彩。同时,它使城市的交通结构、信息结构发生变化,新产品的普及速度加快,淘汰率提高。

(4) 社会服务结构呈现出新的变化。连锁革命不局限于零售业,已经渗透到餐旅业、快餐业、娱乐业、培训业、洗相业、出版业,对社会的影响与冲击令人震惊,无疑会加速社会的变革与更新。

5.4 第四次零售革命:超级市场

前三次零售革命都与工业革命有关,但超级市场革命的爆发或曰真正发展却与信息革命紧密相连。超级市场伴随着信息产业的出现而趋于完善,电脑得到了广泛的应用,内部管理和收款作业都十分简捷、便利,为顾客构筑了一个舒适、自由的购物空间。

超级市场是实行敞开式售货、顾客自我服务、在出口统一付款的零售商店。其主要特征包括：一是敞开式售货，自我服务代替营业员服务；二是广泛采用定量包装，明码标价，分门别类摆到货架上，适合一次购买较多数量的商品；三是由电子计算机结算代替人工结算，减少差错，缩短顾客等待的时间；四是占用售货人员少，劳动效率高，节约用费开支。

5.4.1 超级市场革命的原因

超级市场产生于20世纪30年代，但真正大发展是在第二次世界大战以后，探索超级市场革命的原因不能脱离开这个大背景。

（1）经济危机是超级市场革命的导火索。在20世纪30年代初期，西方世界还未摆脱经济危机的阴影，各行各业都处于不景气的状态，零售商店纷纷倒闭，未倒闭的也是勉强维持生存。这就逼迫着零售商人寻求新的生机，而不是延续现成的模式。

在经济危机期间，生产和就业下降，家庭收支减少，居民购买力不足，零售店摆脱困境的最好办法是降低费用和商品价格。当时，消费者需要廉价的商品，而生产的萎缩又使许多建筑出现闲置，使店铺租金大大降低。同时，采取节省人工成本的自主式购物方式，实现了低廉的售价，迎合了消费者的需求。

（2）一价商店革命和连锁商店革命为超级市场革命奠定了基础。超级市场革命是一价商店革命和连锁商店革命的继续。早期的超级市场许多是由杂货（一价）商店演化而来，创新在于采取了自助服务和开架售货的方式，没有杂货商店的发展，就难有超市的繁荣。在超市产生之前的20世纪初，就出现了自选式购物的食品杂货店。至于连锁，更被专家认为是超级市场的本质特征之一。独立的超级市场并没有产生较大的零售业震荡，而连锁后的超级市场几乎统治了全世界的食品销售，才当之无愧地被称为一次零售革命。没有连锁革命的预热，超级市场革命爆发极有可能推迟。不仅超级市场需要连锁，连锁也需要导入更适合的业态，超级市场也推动了连锁商店的发展。

（3）信息革命是超级市场革命的助推器。超级市场革命的延伸基本是处于第二次世界大战后的新生活开始和信息革命爆发时期。

从整体社会面貌看，战争的结束，激发了人们对美好生活的向往，寻求变化的心理增强。小汽车的普及和冰箱进入家庭，极大地推动了超级市场的连锁化发展。人们开车购物习惯的形成，使超级市场店铺地址的选择空间大大扩充，并可以实现"一次购买一周消费"。家用冰箱的出现使商店储存演化为家庭储存，刺激了消费者的一次购买量。1931年美国冰箱销售量为100多万台，

1950年90%的家庭拥有冰箱，1972年30%的家庭拥有冷冻柜。当然最根本的原因还是由于战后越来越多的女性走出家庭，参加工作，无暇购物。她们渴望进一次商店，停一次车，在周末买全全家一周的用品。这种动机的出现受到小汽车和冰箱普及的更强烈刺激，或者说，消费者方面已经具备了一切必要条件。

超级市场发展与完善恰好遇到信息革命的帮助。他们利用电脑化收银系统、订货系统、核算系统和现代化的交通手段，保证了顾客方便而又省时地买到所需物品，使超级市场成为最受主妇们欢迎的商店。

这意味着超级市场革命形成的动因为：工业革命—轿车、冰箱进入家庭——一次购买多日消费的商品；电脑革命—零售公司电子化管理—自助式购物—超级市场革命形成。

5.4.2 超级市场革命的爆发

同其他几次零售革命一样，超级市场革命也有一个孕育过程。其轨迹是从自选商店向超级市场转型，接着超级市场大发展，进而爆发超级市场革命。除了百货商店革命之外，其他几次零售革命几乎都是在美国启动，超级市场也不例外。

（1）自选商店产生。1909年伍尔沃斯就取消了柜台后的货架，而直接把货物放到顾客可以直接接触到的柜台上（莎朗·左京，2011）。有记载的世界上最早的自选商店开业于1912年，地点在加利福尼亚州，店铺为两家食品商店——阿尔法·贝塔·福德和瓦兹·格罗斯塔利亚。几乎在同时，贝伊·西蒂茨·马金塔尔公司在该州成立了无人售货食品连锁店。当时，顾客还要到柜台处交款，不能称为超级市场。

（2）超级市场雏形出现。提起超级市场，人们不能忽视两个人——克拉伦斯·桑德斯和米切尔·卡伦。前者建立了超级市场雏形，后者将超级市场完善。

1916年，桑德斯在田纳西州孟菲斯市开办了一家新式食品杂货店，店名为"皮格利·威格利"，最早地使用了回转式入口和出口的支付柜台，顾客从旋转门的入口进店，按着预定的线路浏览，可以看到全部的商品并进行选择，最后走到唯一的出口，付款后，走出另外一个旋转门（丹尼尔·布尔斯廷，1993）。顾客是自取，想买什么就拿什么，不必通过任何人；商品是自销，全凭陈列和包装吸引顾客，不需要售货员。因此，后来也被称为无人售货，实际上还是有理货员和收银员的。

(3) 现代超级市场诞生。具有符合现代超级市场观念的，拥有较大营业面积（1000 平方米以上）的超级市场，是米切尔·卡伦在纽约州长岛创办的金·卡伦食品店。

直到 1930 年，家庭主妇们购买食物还是提着兜袋从这家商店跑到那家商店，需要花费大量的时间。她们需要到面包铺买面包，到肉铺买肉，去乳品店买黄油、奶和奶酪，去食品杂货店买蔬菜和水果。当时，米切尔·卡伦在美国伊利诺伊州的一个连锁食品店当职员。为了提高营业额，他向老板提出了革新的建议——开办自选商店。由于采用顾客自我服务，废除了传统零售商店一直存在的营业员，可以节省人力费用，降低商品价格，扩大销售。

但这个建议没被该店老板采纳。卡伦来到纽约，在牙买加街以很低的租金租了一间被废弃的车库改装为商店。他把自主式售货与顾客要求一次购齐所需食品的愿望结合起来，创办了金·卡伦超级市场，营业面积达 6000 平方英尺，而传统的食品杂货店仅为 800 平方英尺，销售利润率为 9%～10%，仅为当时传统食品杂货店的一半。开业时，在报纸上登了 4 页广告，声称商品价格之低是世界罕见的，而且商店宽敞通风，备有停车场。由于营业面积大、经营品种多、价格低廉、选购方便，为顾客节省了大量的时间，开张以后生意异常兴隆。金·卡伦超级市场也由此成为今天超级市场的先驱。

20 世纪 30 年代以后，超级市场普遍建立起来。1935 年美国 17 个城市中已有 600 多家超级市场。1937 年以后，随着超级市场规模的扩大，顾客使用手提篮的购物方式已不相适应。俄克拉荷马城一家超级市场的店主西·哥尔特曼设计了一种新型的购货手推车，推动了超级市场的进一步发展。再加上交通运输和冷藏技术设施的发展，保证了停车场所和商品的低廉价格，使超级市场日趋定型。

20 世纪 40～50 年代，英、法、日等国也相继出现了超级市场并迅速蔓延开来，标志着世界性的超级市场革命爆发。

5.4.3　超级市场的革新性

人们常用超级市场中的"超级"二字来说明革新性，但是"超级"在哪里，有着不同的看法。其实，任何一次零售革命的革新性都是相对于以前店铺的差异来说的。

（1）自我服务性。这是超级市场的本质特征，它一改过去营业员站守柜台的状况。原有的零售商店是顾客传递购买信息，营业员传递商品；营业员在交易活动中起着决定作用，顾客无法直接接触商品。频繁的挑拿商品既增大了营业员的工作量，又限制了顾客的自由选择。超级市场使顾客成为商店的主人，他们自由来往、任意挑选，伸手就可以拿到商品并仔细查看，他们挑选商品的自由度和范围扩大了，创立了一种顾客与商品的直接关系。不过，顾客不可避免地受商品陈列及包装的影响，也常有不知所措之感。

（2）一次购足性。传统的商店尽管逐渐增大营业面积和扩充商品，但只有超级市场出现后，才使主妇们真正实现了一次购足，即只要进一家店铺就能买全日常生活所需，而不必分头采购。当然，超级市场的一次购足性只是针对食品和日常用品而言，并非能买足生活一切所需，特别是对于选购性、耐用性商品来说，远没有达到购物中心那样的综合性。

（3）店址边缘性。在超级市场产生之前，一切店铺形式都围绕着城市中心进行设置，因为城市中心与居民区近乎结为一体。第二次世界大战以后，城市中心区与居民区逐渐脱离，大量住宅区在城郊地区兴建，与此相适应，众多超级市场远离城市中心区，向居民住宅区渗透，冲破了城与市一体化的传统格局，塑造了一种全新的郊区商业格局。正是超级市场边缘化的成功，掀起百货商店、仓储商店、折扣商店、购物中心城郊化的热潮。

（4）设备现代性。每次零售革命的过程，都是新兴技术在流通中的应用过程。超级市场的运营应用了最现代化的电脑系统，科学地管理购、销、运、存各个环节，使流通速度和周转效率大大提高。因此，超级市场革命不仅是一场销售形式的革命，也是电脑技术在流通领域应用的一场革命。

5.4.4 超级市场革命的演化

超级市场出现后，一直处于不断变化与完善过程中，演化的轨迹呈现为：经营商品由食品走向综合日用品，规模由小到大，服务由单一走向多元。

（1）商品由食品扩展至日用品。超级市场出现时，基本上是经营食品，即只是满足食品方面的一次购足，蔬菜、肉、蛋、奶、米、面、点心、糖果一应俱全。但人们购买日用品时，还需要到其他的商店，这为主妇们带来了很大不便。为了满足主妇们对日常生活用品一次购足的要求，超级市场增加了非食品经营。

对食品经营也有一个逐渐扩充的过程，由干鲜食品扩充至生鲜食品。1940年大西洋和太平洋公司，试用玻璃纸包装鲜肉进行销售，开创了生鲜品经营的先河，使生鲜食品实现的利润额越来越多。

今天的超级市场已经演化为一个生活化的大广场，日常生活所用的吃、穿、住、行商品无所不包，人们已无法找到食品商店的旧貌。

（2）规模由小店铺到大市场。这由美国超级市场定义的变化可见一斑。超级市场的店铺年营业额早期规定不应低于25万美元，1936年改为50万美元，1975年提高为100万美元，80年代后又提高至200万美元，达不到这个标准则称为超级小型自助售货店（superette）。

1963年法国首创了特级市场，营业面积超过2500平方米，随后一大批大型超级市场在欧美各国发展起来，很多超级市场已超过了1万平方米。

（3）服务由单一走向多元化。早期的超级市场为了使价格降低，拼命地减少流通费用，因此基本没有附加服务。随着零售业竞争的激烈，超级市场不断地增加了一些服务项目，如分期付款式的信贷服务、灵活的送货服务、自由随意的退货服务等。随着服务项目的增加，超级市场的价格也有上升的趋势。

5.4.5 超级市场革命的影响

从根本上说，超级市场革命的核心是售货方式的革命，它打开了货架，让顾客自行选购。这一变化对零售业的革新与发展具有深远的意义与影响。

（1）开架售货流行。超级市场创造了自选购物形式，不仅冲击了原有的零售业态，而且也影响了新型的零售业态，整个社会的服务水平大大提高。过去百货商店正是以设立豪华、漂亮的柜台来体现售货员的服务，而今天把开架售货作为一个重要的竞争手段。后来出现的折扣商店、仓储商店、便利商店，甚至饮食店都采取了开架自选或完全的自我服务方式。

（2）购物环境改观。最干净和卫生的店铺应该是食品店、鲜菜店、鱼店等，但是长期以来却混乱不堪、异味弥漫。商人们认为百货店可以有舒适的购物环境，而食品、副食店不可能做到。然而超级市场以整齐的货架、干净的冷柜创造了经营食品、副食品最舒适的购物环境，使人坚信任何商店都能构造舒适的购物空间，从而有一大批舒适、整洁、干净的店铺产生。

（3）购物时间节省。在工业革命以前乃至工业革命时代，人们把到商场购物当作一种享受。人们闲暇时、郁闷时、兴奋时都去商店。然而第二次世界大战后，女性的工作时间增多，闲暇时间减少，同时各种娱乐活动增加，人们已不把购物当作休闲方式。超级市场恰好满足了人们这种新要求，大大节省了人们的购物时间，而将有限的闲暇用于旅游、娱乐、健身等活动，适应了一种全新的现代生活方式。

（4）商品包装提升。在超级市场产生之前，商品包装受到忽视，因为柜台售货主要靠售货员进行促销宣传，包装装饰与文字说明粗糙，食品、副食品存在着大量的散装。超级市场产生后，商品包装成了无声的推销员，顾客自选时完全依赖于商品包装，逼迫着厂商进行全新的包装设计。产品之间展开包装、标识等方面的竞争，出现了大中小包装齐备、装潢美观、标识突出的众多品牌。这也使店堂显得整洁、漂亮和美观，营造了良好的购物环境。

5.5 第五次零售革命：购物中心

购物中心是聚集若干零售商店的场所，由房地产商独立或大零售商与房地产商合资建立一整套设施出租给其他零售商，随后还扩充有保育室、娱乐室、健身房、旅馆等设施，附有较大的停车场。人们到购物中心，不仅可以买到一切生活用品，而且还可以得到吃喝玩乐的综合享受。因此，它不仅是购物场所，而且是生活化的场所。有人曾夸张地比喻说，在购物中心生活几年，既不会挨饿受冻，也不会感到精神苦闷。

美国国际购物中心协会在1960年定义的购物中心具有下列特征：（1）购物中心计划、设立、经营都在统一的组织体系下运作；（2）适应管理的需要，产权要求统一，不可分割；（3）尊重顾客的选择权，使其实现一次购足（one stop shopping）的目的；（4）拥有足够数量的停车场；（5）有更新地区或创造新商圈的贡献。购物中心常常由土地开发商进行统一筹划，自己或委托商业管理公司进行管理，招租客户，进行整体而统一的促销活动。

5.5.1 购物中心革命的原因

购物中心革命起源于美国，蔓延至整个西方世界。20世纪20年代，美国出现购物中心雏形，但真正发展在第二次世界大战以后。

购物中心革命的原因主要是由于消费水平的提高，中产阶级离开城市中心区去郊区居住，小汽车的发展为他们在郊区生活和居住提供了便利。从20世纪初开始，西方国家小汽车逐步普及，工业化主宰着城市，环境污染、喧嚣和噪音搅乱了人们原有的平静生活。中世纪马拉车时代留下的城市结构，高密度的城镇人口和居住环境，使噪声污染等问题随着交通拥塞变得异常突出。车道不断加宽，自行车道被取消，人行道越来越窄，早期形成的商业大街与现代化生活不相协调。总之，地价昂贵、街道狭窄、空气污染、噪声骚扰、生活不便、停车困难，使原来居住在城市中心的中产阶级产生厌倦情绪，纷纷迁住郊区的僻静地带。城中地皮昂贵和中心区的萧条使零售商难以发展，开始向郊区渗透。这样，就在郊区产生了购物中心，其综合性功能使居住在郊区的中产阶级能便利地享受原有城市里的清净生活。

这意味着购物中心革命形成的动因为：工业革命—城市病—回归自然文化—郊区居住—城郊购物中心革命形成。

5.5.2 购物中心革命的爆发

有人认为具有悠久历史的乡村杂货商店是购物中心的前身，因为购物中心的"一次购足"就是由乡村杂货商店引申而来。但杂货商店无论在组织结构上，还是经营品种和范围上都与购物中心有着重大的不同。实际上，购物中心更像一个特殊的集贸市场，只不过它出租的不是摊位，而是店位；入租的不是小商贩，而是大小不一的各类商店，并进行统一的规划与管理。

第一家购物中心产生于何时说法不一，但都认为美国是购物中心的发源地。1907年爱德华·H.布通（Edward H. Boulton）在巴尔的摩建造了一个商业建筑——罗兰帕克（Roland Park），面向街道一侧为零售店面，户外设有停马车的场地（后改为机动车停车场），这种经过整体规划的建筑物被认为是大型购物中心的雏形（刘念雄，2001）。

1923年，杰西·尼克尔斯（T. C. Nechols）在堪萨斯城创建了乡村俱乐部广场（Country Club Plaza），实行统一的经营策略、广告规划、店铺环境设计和停车场规划（刘念雄，2001），被认为是购物中心的开端。

1931年，休·巴桑氏（Hugh Prather）在得克萨斯州达拉斯，以几家商店为基础进行道路规划，开发了高原广场购物城（Highland Park Shopping Village），其特征是所有店铺都背对着道路开设，按地势特征修建停车场，购物中心由单一所有权人进行管理（刘念雄，2001）。它被视为第一个标准的购物中心。

第二次世界大战以后，购物中心才迅速发展起来，因此人们通常认为购物中心革命是50年代爆发的。进而有人认为世界第一家郊区购物中心是美国北陆购物中心（Northland Mall）——创建于1954年，作为主体的百货商店占地5.6万平方米，周围分布着6.6万平方米的各类专业和专卖店。

5.5.3 购物中心的革新性

购物中心之所以称为一次零售革命，主要是因为其功能的综合化，使一次购足、一次吃足、一次玩足达到了历史上最完美的程度，人们身居期间可以方便地购买和享受。

（1）齐全的售卖功能。已有的店铺基本是某一方面商品的经营，尽管超级市场努力追求一次购足，但受多种限制，不可能达到吃、穿、用、住、行全方位的一次购足。购物中心将百货商店、超级市场、各类专业商店汇集于一个建筑体内，非常容易地实现了功能高度综合化。从价格档次上也可以遍及高、中、低档，使每一位顾客在购物中心都能买到所需商品。

（2）创新的生活功能。已有的店铺基本是满足人们购物需求的，尽管一些百货商店增加了餐饮功能，向综合化发展，但极容易冲淡自身特色，而购物中心天生就有生活化的功能。购物中心除了设有供人们购物的商店之外，还设有满足人们日常生活所需的休闲、娱乐或运动设施，定期提供音乐、戏剧表演和艺术展览等活动，居民们开始习惯在购物中心中漫步、闲聊、约会、集会等，它已成为现代生活之城。

（3）综合的管理功能。已有的店铺常是各自独立的建筑体，要花费较大的精力进行物业方面的管理，同时单体店铺财力有限，难以进行大规模的促销活动。购物中心汇集若干店铺后，进行综合性的物业管理、店铺结构管理，并采取联合统一的促销活动。这不仅可以使各家店铺集中精力进行商品促销行为，还可以节省大量的广告、促销及其他方面的费用。对顾客的吸引力也相当大，他们不必为买一件称心的商品而跑遍全城，因为购物中心为他们提供了足够的选择空间。

5.5.4　购物中心革命的演化

一般认为，第二次世界大战后，随着西方住宅郊区化、公路网络化及小汽车的迅速普及，购物中心的概念才真正形成并得到较大的发展。它被大家认可为由土地开发者事先规划，将专卖店、餐饮店或休闲娱乐设施等聚集在同一建筑体中，并在统一管理的原则下，共同推动商品的销售。

（1）购物中心形态的演化。从社区购物中心发展成为多种多样的购物中心，但是其典型形态还是指郊区购物中心。

1954年，美国第一家区域型购物中心冒险离开市中心在郊区开业，名为北陆购物中心（Northland Mall），占地5.6万平方米的百货公司为主题店，周围分布着占地6.6万平方米的各类专业店、杂货店和家具店等。

1956年，第一家密闭式、装有空调的区域型购物中心在明尼苏达州的明尼阿玻利斯城郊的艾迪那（Edina）开业，名为南谷购物中心（Southdale Mall），它为两层建筑，并设有两个百货商店作为主题店，一改一层楼面、一个主题店的传统。

1970年前后，购物中心的建设已经开始考虑交通、绿地保护、城区景观问题，综合多方面专家进行市场、环境、土地规划以及建筑设计等方面的可行性研究。到20世纪70年代中期，大型购物中心已经成为一种新型的投资形态，并向综合化发展，除了提供商品服务外，还提供休闲、娱乐等多种服务，被人称为节庆型购物中心。70年代晚期，大型购物中心已成为社区文化的一部分，人们社交与聚集之地。

现代的购物中心一般有一条或几条两旁商店林立的步行走道，初期这些走道是露天的，后来发展为有玻璃顶棚、完全封闭式的和有温度调节的走道，叫作"封闭的林荫道"，或称之为"商业走廊"，这些走廊是大理石或地毯铺就的地面。聚集的店铺有百货商店、超级市场、专业商店、饭馆、咖啡厅及电影院等。

从购物中心产生至今，已经演化出多种类型，零售学者一般将其分为社区购物中心、实力购物中心、大型综合购物中心、生活购物中心、时尚购物中心、奥特莱斯购物中心、主题/节日购物中心等。我们在零售学者归纳的相关表格基础上，补充典型案例，形成购物中心的演化类型表（见表5-2）。

表5-2　　　　　　　购物中心类型演化

类型	规模（万平方英尺）	商圈（英里）	年租金（美元/每平方英尺）	购物便利性	人流量/车流量	主要店铺	典型购物中心
社区型	3~35	3~7	8~20	高	小/大	超市、折扣店	1938年在马里兰开设的银色春天购物中心，为第一家沿街社区购物中心
实力型（Power）	25~60	5~10	10~20	中	中/中	各类专卖店、专业店	1986年在加州科洛马开设的购物中心，为第一家实力购物中心
综合型（Mall）	40~100+	5~25	10~70	低	大/小	百货商店、服饰商店	世界上最大的综合购物中心是加拿大阿尔伯塔省的西埃德蒙顿购物中心，占地超过520万平方英尺
生活型	15~50	5~15	15~35	中	中/中	服饰店、家庭用品店、餐馆	位于美国科罗拉多州利特尔顿市的Aspen Grove购物中心为生活型购物中心

续表

类型	规模（万平方英尺）	商圈（英里）	年租金（美元/每平方英尺）	购物便利性	人流量/车流量	主要店铺	典型购物中心
时尚型	8~25	5~15	10~70	中	大/小	高端时尚专卖店	位于美国亚特兰大的菲普斯广场为时尚型购物中心
奥莱型	5~40	25~75	8~15	低	大/大	厂家商店、低价专卖店	1970年在美国宾夕法尼亚州里丁市开业的名利场购物中心，为较早的奥特莱斯购物中心
主题或节日型	8~25	不确定	20~70	低	大/小	专卖店、餐馆	20世纪70年代末，在美国波士顿历史悠久的法尼尔大厅开设的节日市场，属于早期的节日型购物中心

资料来源：［美］利维和韦茨等，《零售管理》（第6版）（俞利军译），人民邮电出版社2016年版，第192~203页；利维和韦茨等，《零售管理》（第9版）（刘亚平译），人民邮电出版社2018年版，第183页。

（2）购物中心数量的增加。1950年以前，美国只有少数购物中心营业。1950~1960年的10年间，成立了近4000家大小不等的购物中心。1961年底，美国大约有5500家购物中心，其零售额占全国市场零售额的25%。新的购物中心以每年大约1000家的速度增长。1957年美国和加拿大总的统计数字为2700家，到1973年就已经达到17000家。

法国购物中心源于20世纪60年代，但是初期规模很小，仅为1000平方米左右。20世纪60年代末和70年代初，较大规模的郊区购物中心出现。1969年在巴黎附近开办的第一家区域型购物中心代表着购物中心的真正繁荣。仅在1973年就有43家购物中心开业。但接着就出现了不景气状况，每年开业数减至15~30家。在1968年，2/5的购物中心没有停车场，可见其不成熟。20世纪90年代，巴黎出现许多购物中心，法国人称之为商业中心。每个商业中心如同一个综合型商业城，集中了各种类型的专业商店和文化娱乐设施，并常以一个特级市场为核心。商业中心一般都配有较大的停车场和加油站。其建设为多家投资，所有者有银行、商业协会等，商人向所有者购买或出租场地设备。每个商业中心的商店构成常常类似。例如，在许多商业中心都会看到家乐福特级市场、C&A 专业服装店、拉哈杜邮购商店和麦当劳快餐店等。

20 世纪 80 年代初，联邦德国、英国、意大利、荷兰、瑞士、法国共有购物中心 195 家，其中，法国 63 家，联邦德国 54 家，英国 41 家。6 个国家居民平均千人拥有购物中心面积 36 平方米。

总体上说，美国购物中心的发展在 20 世纪 70 年代进入停滞阶段，西欧在 80 年代发展趋于缓慢。仅以美国为例，2008～2011 年，社区购物中心增长了 1.3%，综合型购物中心增长了 1.1%，实力型购物中心增长了 2.8%，生活型购物中心增长了 6.9%，奥特莱斯购物中心增长了 1.9%，主题/节日型购物中心增长了 1.2%。①

5.5.5 购物中心革命的影响

购物中心革命产生的影响是巨大的，它不仅改变了零售商店的传统布局，而且改变了人们购物与休闲的方式，同时也造就了城郊新型的商业景观。

（1）提供了商业发展的新空间。随着社会与城市的发展，中心区交通拥挤而购买力弱化，商人无法在租金昂贵的中心地带进行店铺扩张，独立设店又有较大风险。购物中心的开办可以使商人减除建店之苦，直接建店到人流旺盛的购物中心中。百货商店、各种业态的连锁商店都涌入购物中心，大大促进了零售商业，特别是连锁商业的发展。

（2）推动了城市的外延发展。城市的发展与扩充是一个社会进步与文明程度的标志。购物中心在发展过程中大多建立于城郊住宅地带或空旷地带，使萧条地区变得繁华和充满生机，大大缓解了城市中心区的紧张状况。一个个购物中心伴随着一座座新城的兴起，对郊区城市化的发展起到了巨大的推动作用。

（3）丰富了人们的日常生活。现代的购物中心已成为人们生活不可缺少的空间。在 20 世纪 90 年代初，美国购物中心实现的销售额为 7000 亿美元，占全美零售商店销售总额的 40%，有 900 多万人在购物中心供职，18 岁以上的美国公民 90% 每年至少光顾购物中心一次。人们已经接受了这一形式，在购物中心里工作、购物、游览、娱乐、就餐，甚至学习上课，极大地丰富和便利了人们的日常生活。

---

① ［美］利维和韦茨等：《零售管理》(第 9 版)(刘亚平译)，机械工业出版社 2018 年版，第 179 页。

5.6 第六次零售革命：步行商业街

当人们出行时，最渴望有良好的交通工具，而不太在乎这些交通工具带来的副作用。但是，当人们散步时，最渴望有安全舒适的环境，而不喜欢穿行不断的车辆。商业街的繁华常与交通的便利相伴随，它常常是各种车辆通行的交通大道。在商业街上，人们对身边的汽车开始生厌，渴望能像在公园中散步一样游览，步行街的重现就是人们这种愿望的一种反映。步行商业街是指只允许步行者通行的商业街区，它由步行通道和两旁的商店组成。步行商业街的出现，是零售商业布局的又一次大变革。

5.6.1 步行商业街革命的原因

从第二次世界大战后到20世纪70年代初，西方各国出现了由都市中心向城市郊区转移的高潮，与此相适应，郊区购物中心发展起来。其结果是，一方面由于居民的外迁，使位于城市中心区的商业街客流减少，另一方面由于商业设施陈旧，一些居住在城里的人也到郊区去购物。这导致城市老的商业区开始萧条，出现了社会、文化、景观、商业活动各方面的危机，威胁着城市的繁荣与发展，"历史形成的内聚力消失了，城市的活力受到了一定的影响"[①]。传统商业街是城市的名片，也是吸引旅游者的重要景点，一旦传统商业街萧条，旅游者也会明显减少。加之20世纪70年代初，西方爆发了能源危机，石油价格暴涨，依靠小汽车到郊区购物中心购物已显得不便，且成本增加。因此，欧美各国政府都实施了复兴城市、商业区重返城市的战略。但这种回归，需要被赋予新的内容，而不是传统意义上的装修和改造，否则难以实现真正复兴。因此，最能体现消费者主权的步行商业街产生并迅速发展起来，给城市中心商业区带来了新的生机和活力。美国一位建筑师将其称为"步行者革命"，也有学者将步行商业街称为步行的"购物天堂"[②]。

可见，工业革命造成大城市病，人们到郊区去居住和生活，加之郊区购物中心的发展，城市中心区商业街出现了"空心化"现象，变得萧条，为了复兴城市中心区商业街，城市街区管理者和经营者采取了"公园化""休闲化"

---

①② 李雄飞、赵亚翘、王悦等：《国外城市中心商业区与步行街》，天津大学出版社1990年版，第2页。

的步行化改造。这意味着步行商业街革命形成的动因为：工业革命—城市病—回归自然文化—郊区居住—城郊购物中心—城市中心区空心化—步行商业街革命形成。

5.6.2 步行商业街革命的爆发

在古代没有汽车的时代，商业街大多是步行化的，同时也是交通重要道路的一部分（街路合一），步行商业街革命使街路分离，还原到步行化的时代，尽管步行商业街古已有之。现代步行商业街被认为产生于20世纪初，但是其革命高潮期大约为1967~1980年，稍晚于购物中心革命。

在20世纪60年代，由于城市中心商业区的衰落与萧条，使"黄金地带"贬值，历史与文化遗产遭受冷落。欧美一些社会学家、历史保护主义者和市政建设当局就曾提出四种措施予以补救：一是在商业方面发展步行街，二是在环境方面建设公园，三是在文化方面设立露天博物馆，四是在社会方面增加聚会空间。虽然60年代已有步行商业街的设想，但直到70年代初的石油价格上涨，才为其真正实施提供了环境条件，重新复兴城市中心区出现了机会。

究竟谁是世界上第一条现代步行商业街，比较一致的看法是在欧洲，但具体是哪一条街，是一个有争论的问题。有学者认为，早在1927年，联邦德国埃森市政府就将贝克大街封闭交通，应该是欧洲最早的一条步行商业街（李雄飞等，1990）。但是，在荷兰的旅游攻略上却标注，建于1953年、位于鹿特丹的莱恩班街是世界上第一条步行商业街，全长800米，初始设计时就是步行化的，至今仍然是鹿特丹重要的购物区。我们认为，现代商业步行街特征是应对郊区购物中心发展带来的城市空心化，采取的是老街复兴策略，因此应该诞生于购物中心之后，一般认为诞生时间为20世纪60年代。早在60年代初期，哥本哈根市政府就在一条中世纪产生的古老商业街上开始了步行化尝试，并取得了成功（丁绍莲，2007）。英国小城诺里奇（Norwich）1967年7月对本城最繁华的伦敦街实行了全封闭的交通方式，拆除了街道两侧高起的人行道，铺装了新的路面，并改造了货运车道路，其他仍然保留原有结构和环境（李雄飞等，1990）。1967年美国明尼苏达州尼古莱步行商业街的开辟，把商业区"重返城市"的运动逐步推向高潮。直到70年代，西方各国掀起了步行街修建的高潮，甚至在城市中心也建立了若干步行化的购物中心，使步行街和城市中心的区购物中心融为一体。

5.6.3 步行商业街的革新性

步行街既不同于古代的步行街道,也不同于现代的购物中心,是在二者相结合的基础上进行的一场变革。

(1) 从零售形态看,它是当代经济生活中的商业形态。尽管在古代,城市就有步行的商业街道,但那时是因为没有发明汽车,店铺也是小店铺,与今天的步行商业街不能同日而语。今天的步行商业街是为限制车流而开辟的自由购物区,街道两旁已经云集现代化商店,甚至增加了娱乐和休闲等功能。

(2) 从街区布局看,它是步行的商店街。所谓商店街,就是在马路两边有很多店铺,实行松散联合经营的街道,各家商店紧密连接,各有特点,经营着各种各样的商品。最原始的步行街就是将商店街的车路封闭,只让人通行。后来,出现了重新改建和装潢的步行商业街。可见,步行是这一形态的核心特征。

(3) 从场地管理看,它具有松散性特征。购物中心一般位于城郊,场所实行租让管理,全封闭形态,店铺结构由中心统一协调和规划。步行商业街一般位于城市中心区,场所不实行统一管理,所有权分散,街道常是露天形态,店铺结构虽有统一规划但基本上拥有自由权。因此,步行商业街不是购物中心,也不是普通的商店街。

总之,城市中心区由无车到有车,由有车到无车,并不是简单的回归,而是"顾客至上"被确认的产物,是商店街的现代化发展。

5.6.4 步行商业街革命的演化

在没有汽车的时代,商业街都是步行的,但是现代步行街出现于20世纪60年代,在此之后经历了不断变化的过程,但新的形式并非对旧的形式的替代,而是二者并存发展。

第一阶段,重点在于安全自由环境的构造。在20世纪60~70年代的步行街,大多为传统商业街的改造,这些街道历史悠久,路面狭窄,改造相对简单,不用大兴土木,仅仅是封闭交通,禁止车辆通行,只允许人员步行,顾客可以在商业街上自由穿行,任意浏览街道两旁的店铺。在封闭交通初期,大多都曾受到街上店铺的反对,担心顾客来店铺不方便,影响店铺生意,结果恰恰相反,店铺的销售额大大提升。这种步行街的改造,主要目的还是人本主义回归,关注人的安全和自由,大多用于城市中心区比较狭窄的商业街的改造。

第二阶段，重点在于休闲游览环境的构造。在20世纪80年代，城市管理者发现，仅通过步行化无法抑制传统商业街的萧条，以及实现城市中心区商业街的繁荣。因此，就在城市中心区比较宽阔的商业街上，增加休闲和娱乐功能，扩大商圈范围和吸引旅游者光顾。这种类型的步行街更具有时代感和现代性。它们大多不仅是购物场所，还是人们休闲享乐、饮食、文化交流的场所，着重于功能的综合化和城市景观的修缮与创立。

第三阶段，重点在于整体城市环境的构造。在20世纪90年代，步行街的建设与城市的发展密切结合，不仅是非旧城的改造，而且一些新城建也设立了步行商业街，种类方面也是室外步行街和室内步行街并存。例如，美国"室内商业步行街在规划设计过程中力求室内外空间渗透、新鲜空气流通、绿化和光线引入甚至是室外水源的引入，来尽量削弱室内外环境的差异，改善室内环境质量；室外商业步行街则注重周边区域的经济联系，提高土地的复合利用率，引入大型的主力店作为商业步行街的锚固点，提供多样化的停车服务和购物服务，并通过大量的遮蔽设施来改善步行街环境，实现街道空间内外渗透和相互联系，使商业步行街的发展集中了室内外两种步行街的发展优势"①。

5.6.5 步行商业街革命的影响

步行商业街的出现与发展，无论对城市商业的发展，还是对城市中心区的复兴都具有重大的历史意义。

（1）它使萧条的城市重新复活起来。步行商业街的出现，使流失的人流又回到城市中心区，人们在那里购物、散步、闲谈，商人们又把生意部分地转移回城，伴随着由城郊向城市中心区的转移，人们已经感到城市又重现了往日的繁华。人多了是嘈杂，人少了是垂暮，现代城市必须寻找适宜的生存点，步行街较好地解决了这个矛盾，不允许汽车通行减少了嘈杂，吸引更多的人流以避免萧条感。

（2）它使商人找到了新的发展空间。城市的萧条使商人们深受其害，他们只好随人流去郊区，有些成功了，如超市、廉价商店等；有些却失败了，郊区一些百货商店关门倒闭。城市中心区步行商业街的建立，对顾客产生了综合性的向心力，不仅可以购物，而且可以娱乐。人流回归城市，为商业回归创造了条件。

---

① 丁绍莲：《欧美商业步行街发展演变轨迹及启示》，载于《城市问题》2007年第3期。

(3) 它使顾客的生活更加便利。步行商业街一般位于城市中心区,比邻众多文化古迹。它的出现不仅可以使人们在欣赏城市景观的同时,就可以买到称心的商品,而且无形之中增加了浏览城市文化景观游人的数量,人们可以得到购物、观光、欣赏等多种享受。

步行商业街集中了各种类型的商业设施,又有综合性的服务功能,人们容易在城市中心区实现一次购足。最重要的意义在于人们是在游览、娱乐的同时完成了购物行为,他们不必担心来往的车辆,不必忍受噪音和污染的侵扰,真正成为了自由自在的购物。

5.7 第七次零售革命:自动售货机

自动售货机,是指无人值守的售货装置或机器,顾客向其投币、刷卡和移动支付后,机器会自动向顾客交付货物。简单机械装置的自动售货机已经具有两千多年的历史,但是"二战"以后,自动售货机采用了电脑技术,才引发了一场遍及全球的零售革命。

5.7.1 自动售货机革命的原因

自动售货已有两千多年的历史,在手工生产力时代它仅是一个简单的装置;在机器生产力时代成为一种机器;在信息生产力时代发展为一种电脑控制的"机器人",使自动售货机遍及全世界。因此,自动售货机革命开始于20世纪50年代,其爆发原因主要有三个方面。

(1) 从购买方面看,顾客产生了便利的需求。第二次世界大战以后,人们从战争的阴影中走了出来,渴望和平,追求美好的生活,加之战后经济的复兴,使人们的就业率大大提高,这不仅使主妇们走出厨房,而且使家庭购买能力增强。户外活动(包括工作与休闲)的增多使人们产生随时随地购买的愿望,夜生活的普及化又使人们盼望随时能满足偶然产生的需要。自动售货机恰恰能设置在任何一个空间地点,并在任何时间都处于营业的状态,售卖完全突破了时空上的限制。

(2) 从售卖方面看,企业找到了新的市场机会。第二次世界大战之后,世界零售业进入空前激烈的竞争阶段,各种业态出现,传统业态进入成熟和衰落期,零售企业迫切需要寻找新的零售方式,以在市场上占据一席之地。而自动售货采取的是顾客自我服务方式,省去了货款计算、收款等作业,无须大量的人工费用，受到一些投资商的欢迎。

（3）从机器方面看，电脑应用使其普及化成为可能。实际上，放置于街头、无人看管的自动售货机应用了电脑技术，这使自动售货机的功能逐渐扩大，可容纳及销售多种商品，市场空间不断延伸，适应性增强，因此导致全球自动售货的兴起。

可见，电脑应用的普及化及计算智能化使原有的自动售货机效率更高，更加安全，得以在更大范围内（商品和地域）推广。从需求方面看，人们需要更加便利化，24小时购物成为常有的需求，这些都与信息革命和智能革命有关。这意味着自动售货机革命形成的动因为：电脑革命—机器自动供货和收款；城市夜生活文化、便利需求增加—自动售货机革命形成。

5.7.2 自动售货机革命的爆发

自动售货机具有悠久的历史，但是作为一次零售革命，还是第二次世界大战之后的事情，为了理清其爆发的脉络，我们从革命前开始描述。

（1）自动售货机革命的历史铺垫。据史学家分析，在公元纪元时，古希腊科学家希罗就在教堂里设计了一个圣水壶，人们向内投入5德拉克马的硬币，圣水壶就会自动流出一定量的圣水，这被视为世界上第一个自动售货机（抒鸣、锐铧，1990）。1615年，英国酒馆里出现了自动售烟机，顾客投入一便士，烟丝箱打开，顾客自取一份烟斗的烟丝，为避免顾客取烟丝超量，常将售货机设置在店主看得到的地方（李飞，1995）。1857年，德纳姆在伦敦获得了自动售邮票机的专利，1个便士的硬币顺着斜槽滚下，便会触动一个弹簧，推出一张邮票，这时机器还不能识别投入的是硬币还是金属垫圈。1883年英国人帕希巴尔·埃贝利特设计的明信片售货机设置于宅邸、公寓和地铁车站；1887年，他创办了砂糖点心自动售货机公司，售货范围扩展至纸烟、鸡蛋、饼干、香水、手帕、浓缩牛奶、浴巾，等等（李飞，1995）。

美国最早使用售货机售货是在1888年，主要是销售口香糖，后来因其有助于防盗，一些店铺开始用其出售香烟，后来又扩展至茶点。在20世纪30年代初期，自动售货机增设了冷藏设施，用以出售瓶装的软饮料，40～50年代末，它被广泛应用于出售各种刚做好的和预先包装好的食品和饮料。

（2）自动售货机革命的爆发。虽然自动售货机起源比较早，但是直到第二次世界大战后，由于电脑的应用才使自动售货机普及开来。美国自动售货机实现的销售额，1954年为6.6亿美元，1967年上升至12亿美元，1972年为

30亿美元，1977年为39亿美元，也有人认为1977年实际超过了100亿美元[①]。20世纪50年代，英国就出现了自动售货机，70年代有40多万家香烟、饮料店使用，80年代超过50万家，年销售额达到8.81亿英镑[②]。在20世纪初，日本就有了自动售货机，销售邮票、香烟和牛奶等商品。1955年之后，以清凉饮料为核心的自动售货机快速发展起来，1960年纸币兑换机出现在银行柜台，1967年100日元单位以下的货币全部改为硬币，从而促进了日本自动售货机产业的发展。1975年在东京国分寺市出现了纯自动售货机组成的无人商店（江尻弘，1986），店堂里摆放着67台自动售货机（田伟，1991）。因此，日本学者认为，1962年日本出现了以自动售货机为主体的流通革命（权国华，2000）。

可见，在20世纪60年代，自动售货机出售的商品由最初的口香糖、香烟、罐装清凉饮料和酒精饮料，扩展到各种食品和日用百货，而且延伸到服务领域，如自动点唱机、自动洗衣机、自动提款机等。同时在全世界进行扩散，遍布城市的各个角落，包括企业、团体、办公室、商店、加油站、影剧院、学校、医院、展览馆等场所，表明自动售货机零售革命的爆发。

5.7.3 自动售货机的革新性

自动售货机不仅是无店铺售卖，而且还是无人售卖，是对传统零售业的重大变革，它承担了店铺与营业员的双重功能，是前所未有的零售现象。

（1）用机器代替了人。顾客完成购买行为时不必有营业员进行服务，从挑选、付款、取货完全由顾客自己完成，不仅节省了人力资源，而且也避免了营业员服务质量弹性化的现象，实现了一视同仁的标准化作业。

一方面，节省人力。人是社会最宝贵的"东西"，也是价格最为昂贵的"一架机器"。随着市场的发展和通货膨胀的不可避免，人力成本并没有随着生产率的提高而降低，反而呈快速上升趋势。店铺零售通过开架售货和顾客自选的方式，减少柜台营业员，降低费用；也有的商店采取弹性工作制，使劳动效率达到满负荷，按小时为营业员计酬。这一切都会减少人力成本，但是仍然花费较大。自动售货机是用机器完全代替了人，机器的维持费用也比较低廉，这样就可以更大幅度地降低成本。

另一方面，忠于职守。商场营业员常常由于受到上司和顾客的双重制约而

---

① 江尻弘：《直接行销技术》，前程企业管理公司1986年版，第78~79页。
② 马建珍：《上海发展自动售货机业态正当其时》，载于《上海商业》2002年第6期。

感到不自在。虽然商店管理纪律严格，但违反纪律的现象也常有发生，擅离职守，顶撞顾客的事并不罕见，以至于较低的服务质量已成为商店难以克服的顽症。即使是责任心极强的营业员，也难免在紧张的工作时间去喝水、上厕所、看病等。而自动售货机与之不同，它像一头老黄牛，再苦再累也不会抱怨，始终坚守岗位。

（2）突破了时空的限制。传统的店铺售卖受地价与房租的制约，不可能到处开设。同时，员工受生理与心理的影响，不能连续地开门营业。高质量的自动售货机恰恰使这些都成为可能。

一方面，昼夜营业。人类有自然的生物规律，白天工作，晚上休息和睡觉。人们在休息时，常常有某种消费需要，或是想抽支烟，或想喝杯饮料，可手头又没有，于是渴望着商店 24 小时持续工作。自动售货机恰恰能 24 小时不停地向人们供应日常用品，即使刮风下雨或天寒地冻也不例外，它能忍受人类不能忍受的一切恶劣环境。

另一方面，空间无限。店铺售卖有选址的难题，城市地皮越来越昂贵，店面房价格近乎天文数字，开办一家商店常常受没有合适店址问题的困扰。首先，资金投入是一个重要的考虑砝码，地址选在商业区，虽然顾客人流有一定保证，但租金高不可攀；地址选在非商业区，租金倒是便宜了，但是生意又很难红火。同时，即使有钱，由于商业区过于拥挤，也难以找到一片开店的地方。而自动售货机仅需 1 平方米左右的地盘，与街旁立一个邮筒无异，因此，几乎在任何地方都能找到它的落脚之地。也许正因如此，日本东京的自动售货机才达到无所不及的程度，举目而望，到处都有它的身影，光是卖可口可乐的自动售货机就曾经有 5 万台。

5.7.4 自动售货机革命的演化

自动售货机革命爆发之后，迅速在全球范围内进行扩散，同时随着信息技术的发展，也不断进行着完善。

（1）在技术方面，从计算技术到认知技术。在第二次世界大战之后，信息技术应用到自动售货机当中，但在早期主要是计算技术的应用，识别钱币大小，决定吐出商品多少。后来，信息技术不断发展，并随时在自动售货机上应用。1980 年，电子组件装备自动售货机。1985 年，信用/借计卡消费在自动售货机上实现。1993 年，自动售货机机器数据无线传输实现。2000 年，手机购物在自动售货机上实现。2010 年之后，人脸识别的感知技术和大脑记忆、学习的认知技术逐渐在自动售货机上得到应用。2011 年，卡夫食品公司推出了针对成年人的自动售货机，能通过扫描客户脸部，测量眼睛和耳朵之间距离等特征，如探测到儿童，机器会关闭并叫他离开，拒绝卖布丁给他们。2017年，InnovaPOS人脸识别自动售货机已经在西班牙和法国购物中心、大学、健身房和酒店出现，如果你是老顾客，它不仅能识别你的身份，也可以记忆你的购买和消费习惯，从而提供你喜欢的产品，以及给出优惠奖励。

（2）在功能方面，从1.0时代到3.0时代。自动售货机的基本功能是提供购买商品和服务的便利化，在此基础上又出现了计算功能、感知功能和认知功能三个层级的自动售货机，这样就使顾客购买的便利化达到了一个非常高的水平。在1.0的计算功能时代，人们仅仅是便利地在任何时间和方便的地点买到应急性商品，支付现金或者刷银行卡，获得机器里的任何商品。在2.0时代，什么都不用带，自动售货机自带的人脸识别系统就能识别出你，按下所买商品的按钮，商品就会到你的手中，后台系统会从你的账号中把钱划走，只带"一张脸"就可以完成购买的全过程。在3.0时代，你不必担心在商品选择时不知所措，或许也不用再发到朋友圈去讨论，自动售货机会根据你的购买记录、当时天气、季节等外部环境，以及你的情绪、心理等内部状况，向你推荐合适的商品，可能比一般商店里的营业员还专业呢！

（3）在分布方面，从小店铺内到广阔空间。早期的自动售货机大都设置于酒馆、小店铺之中，处于半独立状态，店员需要关照它们。现在自动售货机处于独立运营状态，几乎达到了无处不在的程度，如车站、码头、机场、运动场、影剧院、工厂、学校、办公大楼、人流必经的要道。可以看出，自动售货机从过去靠近商店的地方，已经转向靠近顾客的地方，未来极有可能靠近顾客家庭，成为家庭冰箱和储物柜的部分替代者。

（4）在商品方面，从即时产品到一切产品。自动售货发生了三次大的飞跃。第一次实现了咖啡、蛋糕点心、糖果、香烟等售卖的自动化；第二次实现了食品供应的完全自动化；第三次是非食品售卖的自动化（马建珍，2002）。随着科技的发展和自动售货机的完善化，今天自动售货机出售的商品与服务越来越广泛。从商品种类上看，有冲动购买品，如香烟、软饮料、糖果、报纸和热饮料、小食品；有日用品，如化妆品、袜子、书籍、唱片、胶卷、T恤衫、鞋油等；从提供服务上看，有桌上弹珠机、老虎机（赌具）、投币式电唱机和电脑游戏机，还有自动出纳机等。2017年，一家新加坡汽车经销商曾计划与InnovaPOS人脸识别自动售货机生产商合作，推出一种超大的自动售货机，可以直接销售汽车。

5.7.5 自动售货机革命的影响

自动售货革命的爆发,对顾客、零售行业和社会都产生了重大影响,了解这些影响对于我们选择应对策略具有一定的参考意义。

(1) 为顾客带来了便利。一方面,它进一步体现了"以顾客为中心"的零售理念,消费者选择、付款、取货的整个购买全过程完全成了独立自主的行为,不受外界干涉,也不受时间和空间的限制,使消费者主权得到更大程度地实现;另一方面,自动售货机的简洁性,大大节省了人们的购物时间,购物过程的人与人对话,变为人与机器对话,不用说话就可以完成交易,大大节省了沟通的时间成本。在顾客购买过程中,服务便利包括决策便利、地点便利、交易便利等,自动售货机几乎在每一个方面都强化了顾客的便利感知。

(2) 为智能商店奠定了基础。无人商店是建立在自动售货机基础上的,而智能商店的外观形态就是智能化的无人商店,严谨地说,是无机人商店或者说是机器人商店,因此自动售货机是智能商店的重要基础。自助洗衣店就是建立在自动洗衣机基础上的。1975 年,日本东京的国分寺市出现了世界上最早的无人售货商店,就是建立在店里设有 67 台大型自动售货机基础上的[①]。因此,最终自动售货机演化出了无机人操纵的智能商店,推动第十次零售革命的爆发。

(3) 为街道创造了文化景观。邮筒的产生不仅便利了人们邮寄信件,省去了跑邮局的烦恼,而且还成为城市的一道风景线。自动售货机的出现也是如此,其具有"潇洒的外观、高雅的造型、明亮的商品展示窗和闪动的电子显示窗"[②],为城市街道创造了一个新的文化景观。试想,如果用竹林七贤、金陵十二钗、七个小矮人等形象作为自动售货机的外观形态,也会起到娱乐大众和文化传播的作用。同时,这些自动售货机也是顾客的信息接触点,是一个个路牌或灯箱广告,会产生巨大的商业价值。

5.8 第八次零售革命:网上商店

人类社会进入了信息的时代,互联网渗透到人们日常生活的各个方面,迅

[①] 田伟:《自动售货机 我国的待垦地》,载于《商业科技》1991 年第 6 期。
[②] 朱军:《自动售货机的社会应用价值》,载于《商场现代化》1995 年第 8 期。

速改变着人们的生活方式。出现于1922年的收音机花了38年才达到5000万听众；发明于1946年的电视机，花了约20年达到同样规模的观众市场；而互联网只花了短短4年的时间，就达到了7000万的用户。① 互联网给世界零售业带来了巨大的影响，直接引发了网上商店革命的爆发。所谓网上商店，又称为虚拟商店（virtnal stores）或线上商店，或电子空间商店（cyber stores），商家在互联网上自设网站，展示、销售商品，顾客通过进入互联网，浏览展示的商品，进行选择与购买，然后通过线下物流配送的方式将商品送到顾客手中。

5.8.1 网上商店革命的原因

网上商店革命的爆发原因，有学者认为具有技术、需求、竞争和法规四个方面的驱动力，以及社会、个人、环境和商业四个方面的潜在影响，构成了一个驱动力模型（麦戈德瑞克，2004）。我们认为主要在于消费者的购买需求、行业竞争日趋激烈以及互联网技术的发展。

（1）消费者越来越追求便利的购物。正如美国商业集团的劳拉·佩特露茜所说："70年代时，购物是一种娱乐；80年代时，购物是为了寻找时髦的商品；90年代，购物则成了一种任务；找到它，买下它然后扭头就走"②。之所以如此，是因为城市生活节奏加快，工作环境充满紧张、竞争的气氛，人们渴望利用闲暇时间去旅游、休闲，而不愿把宝贵的时间过多地花费在购物上。

传统的店铺销售很难大幅降低人们的购物时间，相反，越来越拥挤的城市交通和日益扩大的店面使人们的购买时间延长，商品多样化又使人们在选择时犹豫不决，耗神费时，因此，迫切地需要一种全新的、快速便利的购买和服务方式出现。网上商店恰恰满足了这种需求。

（2）低成本成为商家竞争的利器。在竞争激烈的市场环境下，无论是制造商还是零售商，都进入了一个微利的时代。在微利时代获取理想的利润，必须将成本压至最低，或是让顾客享受低价格，或是将降低的成本转化为更好的便利服务，而潜力最大的是分销成本的降低。

网上商店可以获得一举两得的效果：对于制造商来说，可以及时地了解消费需求，按市场变化进行生产，减少商品积压，降低风险；对于零售商来说，不必开设大量线下店铺和储备大量库存，降低了库存成本和店面费用，加速商品周转，其结果既可以使消费者享受较低的商品价格，或是更好的便利服务，

---

① 杨艳妮：《电视动了网络的奶酪——关于电视台网站的研究报告》，华中师范大学，2005年。
② 李飞：《信息时代的分销模式》，载于《商场现代化》2000年第11期。

同时使商家获得理想的利润。

（3）互联网的发展使网上商店发展成为可能。一方面，信息技术进入了网络化的时代，只要能够上网，就可以得到网上的一切信息并进行双向交流；另一方面，家庭电脑的普及使网络商店延伸至每一个家庭和每一个人，真正实现在家随时购物，打破了传统购物的时空限制。如果没有互联网技术的发展，这一切都是不可能发生的。互联网技术的发展，使在线搜取信息的人数飞速增加，自然催生了庞大的线上购买人群，而零售业设店的规律就是"哪里有人流，就在哪里开设店铺"，线上有人流，就推动线上商店的发展。这从另外一个角度解释了"零售业第一是店址，第二是店址，第三还是店址"的说法。

这意味着网上商店革命形成的动因为：互联网发展—电脑进入家庭—人们停留在网上时间增加—线上人流产生—现金流变为信息流—网上商店革命形成。

5.8.2 网上商店革命的爆发

网上商店的基础是互联网。互联网由美国国防部初建于1969年，当时称为阿帕网（Arpane），发明者为贝诺斯－李（Berners－Lee）。互联网开发的目的是把美国各大院校中互不兼容的电脑连接起来从事军事研究。后来因特网（Internet）取代了阿帕网。随着网络服务的完善化和信用信息运输的安全化，人们开始尝试着在网上从事商业活动，如卖广告、向进入网站者收订阅费、直接在网络上出售商品等。

一般认为，网上商店1994年诞生于美国，该年度美国互联网用户增长率为2300%，许多网上商店都在这一年建立。最著名的当属亚马逊（Amazon）网上书店，其创办人杰弗瑞·贝索斯（Jeffery Bezos）毕业于普林斯顿大学计算机和电子工程专业，后成为华尔街投资银行 D. E. Shaw 公司历史上最年轻的高级副总裁。1994年互联网使用率的飞速增长，使他感到一个新的机会将要来临，他辞去了工作，列出了20种有可能在互联网上销售的产品，逐渐缩小范围至书籍和唱片。随后，他在西雅图的郊区租下一幢房子，用从私人投资者在那里筹集到的几百万美元，于1995年7月在万维网上建立了亚马逊网上公司，又称网上书店。最初，公司利润每2~4个月就翻了一番，第一年的赢利就达到500万美元。

1994年开通的网上商店还有销售加州葡萄酒的维切葡萄酒公司（Virtual Vineyards），以及销售旅游服务和机票的领先旅游公司（Preview Travel）等。

随后，网上商店从美国向全球扩展。1997年，法国专营图书和音像制品的 FNAC 公司花费 50 万美元在互联网上开辟了网址，1998 年日销售额达 20 万美元，35% 访问网址的人不居住在法国，而是在美国、日本或南美。1996 年，日本新开设网上商店 2200 多家，1997 年新开设网上商店 4200 家，到 1998 年 3 月底，网上商店总数达 8900 多家①。全球著名网上商店经历了 1996~1999 年的投资阶段、2000~2003 年的负债阶段，2004 年之后逐渐进入回报阶段，开始盈利②。这一切表明网上商店革命已经爆发。

5.8.3 网上商店的革新性

网络商店之所以称为一次零售革命，是因为它与实体零售和传统的无店铺销售相比，具有很大的革新性，其核心是凝聚了店铺销售和无店铺销售双方的一些优点，使购物比以往更加便利。

（1）创建了在线交易流程。顾客旅程包括售前的信息获取和商品选择、售中的交易和售后的使用评价三个阶段，相应的零售商也需要有匹配的售前信息提供、售中的售卖服务和售后服务反馈三个阶段。然而，过去这三个阶段的工作都是在实体店或是传统媒介实现的，而在网上商店时代，几乎所有事情都可以在线上完成，大大提升了前述三个阶段的效率和顾客的体验。我们在参考已有零售旅程的成果基础上，得出了网上商店零售营销旅程图（见图 5-1），这是网上商店根本的革新性。

（2）交易过程高效化。网上商店，既可以降低制造商、零售商的分销成本，也可以节省顾客购买成本，使顾客在便利的条件下买到廉价的商品。分销成本的节省主要源于两个方面：一是店铺费用的节省，网络商店将有形店铺进化为无形店铺，故不必支付店铺的土地和房屋租金、装修费用、水电费用等，只需支付自设网站、软硬件、网络使用及维修等费用即可；二是库存费用的节省，网络商店采取店铺储存和仓库储存合一的方式，其运行特点是接到顾客订单后再向制造厂家订货，无须将实物商品陈列出来，只须在网页上打出商品目录和图片供顾客选择即可。

（3）交易突破空间限制。电脑屏幕＝商店卖场，商店与顾客之间的空间距离为零，只要手中有电脑上网的终端设备，就可以在世界上任何有网络的地方完成购买。同时，商品一进入网络商店，就等于进入了世界上的任何国家，

---

① 陆耀华：《日本电子商务发展的特点及对我国的启迪》，载于《现代日本经济》2001 年第 1 期。
② ［美］斯特劳斯和弗罗斯特：《网络营销》（时启亮等译），中国人民大学出版社 2010 年版，第 11 页。

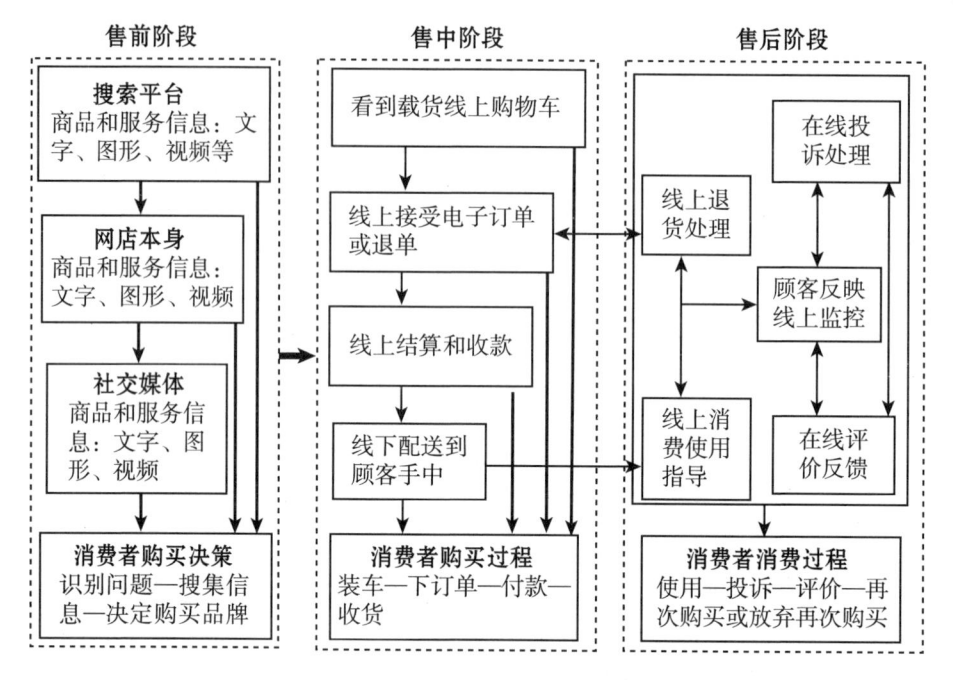

图 5-1　网上商店零售营销流程

资料来源：［德］海涅曼、塞弗特、［中］刘杰，《新在线零售创新与转型》（黄钟文等译），清华大学出版社 2013 年版，第 31 页；李飞，《迎接中国多渠道零售革命风暴》，载于《北京工商大学学报》（社会科学版）2012 年第 3 期。

瞬间就成为全球顾客可以浏览到的品牌，是低成本扩张的好方法。

更为有意义的是网络虚拟购物中心（cyber mall）的形成。它是把若干商店的网页集中起来，组合成一个网上综合性购物场所，使顾客实现一次购足。其优势在于顾客可以十分便利地比较产品的品质和价格，只需轻点鼠标就可以由一家商店跳到另一家，而不必像传统购物方式那样到处奔波。

（4）交易突破时间限制。顾客时间＝营业时间，在传统的店铺销售中，都有固定的营业时间，顾客只有在商店营业时间才能进店购物，可商店营业时间也常常是顾客上班时间，十分不便；在目录销售、电话销售和电视销售中，时间主动权都掌握在商家手中，因为商品信息是定时定期发布的。网上商店打破一切时间上的限制，它不需要像店铺那样雇佣导购员，也不需要像目录销售那样安排电话接听员，这样一方面不受劳动法的限制，另一方面避免了员工因劳累或缺乏训练而伤害顾客。它完全可以一天 24 小时，一年 365 天地持续营业，顾客随时可以上网，上网时间就是商店营业时间，似乎营业时间是由顾客控制的。从此，零售商店淡化了营业时间的概念。

（5）顾客能追踪购买旅程的全过程。在传统无店铺销售，如邮购、电话销售、电视销售等下了订单和支付货款之后，你不能及时知道订单和货款是否被收到，也不知道何时发货，更无法知晓到货的具体时间。但是对于网上商店你都可以即时性地知道这些，还可以及时了解和关注有购买和消费经验的人进行在线评论，甚至可以追踪货物出库的时间、地点、配送过程，以及具体到达的几时几分几秒。有时，还可以渗透到生产过程，通过网络视频连接，知晓你购买商品的生产全过程，这在原有实体店铺零售旅程中是无法实现的。这是顾客的购买旅程扩展为生产和销售的体验过程。

5.8.4　网上商店革命的演化

网上商店并非凭空而降的零售业态，它是直效营销的一种高级形态，这个高级形态形成之后，又演化出多种多样的网店类型。

（1）媒介演化的结果。网上商店是直效营销（direct marketing，又译直复营销）的一种高级形式，其划分标准是利用的媒介不同，但是都属于无店铺形态（其实是指无实体店铺形态）。

美国直效营销协会认为，直效营销是指使用一种或多种媒体，使顾客产生反应和达成交易的一种相互作用的营销系统。直效营销媒体最初为印刷目录、信函和报纸，后演化为电话、电台和电视，直至发展至20世纪90年代中期的电脑互联网媒体。依运用的媒介不同，可以将直效营销分为低级、中级、高级三个发展阶段：纸媒为第一阶段（19世纪中后期），电话和电视等为第二阶段（20世纪中后期），互联网为第三阶段（20世纪末期以后）。它们的共同特征是，营销者把商品和服务信息通过媒介直接告知顾客，顾客看到这些信息之后，进行选择，而后采取一定的订单、付款和收货方式完成交易。它们的不同点是，传递信息的媒介不同，带来了不同的交易效率。

（2）不断扩大商品的范围。最初在网上商店销售的商品非常有限，如图书、光盘、电脑配件等，时至今日，几乎无所不包了，服装、化妆品、酒类、花卉、食品、运动器材、二手汽车、飞机票、演出票，等等，你在任何一家商店买到的商品，都可以在网上商店买到；你在商店买不到的东西，也可以在网上商店买到。最典型的案例是亚马逊从一家网上书店发展成为几乎无所不包的网上沃尔玛公司。不可否认的是，"适合网上零售的商品会越来越多，早期认为只有标准化产品才适合网上销售的观点已经过时了。近几年快餐等即食性产品和价值比较昂贵的奢侈品都成为网店销售对象，连薯条这种要求几分钟送到的产品，都成为麦当劳网店的主打产品。城乡冷链物流的发展及3D打印机的应用拓展，会使网店和实体店铺销售的产品越来越相似"①。

（3）不断创造网店的类型。网店最早局限于书店、音像店、电器店等标准化产品的专业商店，后来随着信息技术的发展和物流配送效率的提高，拓展至几乎所有的零售业态形式，即有什么样的实体零售业态，就有什么样的网店零售业态，如网上超级市场、网上便利商店、网上百货商店、网上购物中心等，这些网店业态类型与实体店业态类型一样，都是并存发展。当然，也有一些网店从专业店演化为综合性购物中心，如 1995 年开业的亚马逊仅仅是一家自营书店（通常被称为垂直电商），后来拓展至其他媒体商品的经营，包括音像制品等，再后来拓展至玩具、工具、保健品、美容品、药品、家居品、电子品、服饰品，这些非媒体商品销售额在 2009 年已经占到网店销售额的 34%。最终，亚马逊开放网店空间，吸引塔吉特（Target）和梅西百货（Macy's）等实体店铺入驻，他们向亚马逊缴纳租金、代理费或者按销售额提成，使亚马逊完全实现了"一次购足"，成为名副其实的网上购物中心。

5.8.5 网上商店革命的影响

网上商店的出现与发展，对消费者、生产商和零售商都产生了深远的影响。正向有人所言："当万千商品被小小的屏幕一网打尽，当电脑前的手指代替了逛街的脚步，当快递员的车轮免去了购物时的舟车劳顿，人类延续几千年的商业行为正在发生着前所未有的改变。"②

（1）消费者购物更加便利。网上商店的最大受益者是顾客。顾客可以在任何时间、任何空间买到全世界任何地方的任何商品或服务。无疑，这可以大大地提高人们的生活质量，消费世界上最好的商品，同时节省购物时间，使顾客可以腾出时间从事更利于身心健康的休闲活动。另外，网上商店也使顾客部分参与生产过程，以及清晰地追踪他们购买（也是所购商品移动）的全部旅程，这在假货充斥市场的环境下部分地实现了所购商品的安全保障性，也可以建立起顾客与商品之间、顾客与品牌之间的独特情感，因为很多情感源于关注或牵挂。当然这也会耗费顾客一部分时间和情感精力，关注了一些过去没关注，也没有必要关注的商品移动旅程的某些环节，如在途环节等。

---

① 王霞、李飞：《网上商店和实体商店的营销异同点研究》，载于《北京工商大学学报》（社会科学版）2014 年第 3 期。

② 吴晓波：《商战 电商时代》，湖北教育出版社 2014 年版，第 1 页。

(2）生产商有了更多渠道选择。网上商店的出现，一方面厂商可以利用网上商店宣传自己的产品，有效地分销自己的产品，同时可以及时了解市场信息，准确地调整公司的营销活动；另一方面也会强化品牌之间的竞争，不得不对原有分销模式进行变革和调整，增加动态变革的成本。同时，也会增加选择分销模式失误的风险，线上线下分销方式融合策略本身就是一种复杂的企业决策行为。

（3）线下零售商遭受重大打击。消费形式是多种多样的，有人喜欢游览商业街，徜徉于店铺之间；有人则喜欢大门不出，二门不迈，在家完成购物。零售商在实行店铺经营的同时，开办网络商店，就会使市场空间扩大，启动新的发展增长点。但是这并非易事，网上商店的出现，还是给实体零售商重大的打击。我们在参考已有研究成果的基础上，进行分析和梳理，发现主要有三个方面的打击。一是加剧了价格博弈。网上商店无论是否降低了成本，发展初期几乎都是以低价格作为吸引顾客的噱头，甚至不惜烧钱和亏本，尽管后来生存下来的网上商店寥寥无几，但是对实体零售产生了很大的冲击，为了吸引客流不得不频繁进行促销和降价活动。二是激化了行业竞争。实体零售业本来已经进入激烈竞争的微利时代，网店以低价策略进入，使本以相当激烈的行业竞争更加激烈，或是提供更低廉的价格，或是提供更好的服务，或是提高产品的质量等。三是业绩持续下滑。原本在实体商店发生的购买行为，由于网上商店更加便利，或者价格更加低廉，就转化为在网上商店购买，大大地影响了实体商店的销售额和利润额，甚至关门倒闭。例如，亚马逊网店的运营使美国图书连锁公司 Borders 倒闭，巴诺公司面临困境，加之其他网上商店的发展，家电连锁公司百思买、梅西百货等大规模地关店。这在全世界已经是一个普遍的现象。

（4）零售业发生了巨大变革。无论是新网上商店的开设，还是旧实体店铺的调整，还是二者的结合，都使全球零售业发生了巨大的变革。直至催生了后来的线上线下融合的全渠道店铺的革命。

5.9 第九次零售革命：全渠道商店

全渠道商店是指一家零售商店融合了线下和线上两种形态，这两种形态是无界的，逛实体店也就等于逛了它的网店，反之也是如此。这是全渠道零售的高级形态，其低级形态是线下和线上两种店铺形态并非完全无界，在顾客购买的旅程中仍然存在着某些环节的隔离。

5.9.1 全渠道商店革命的原因

全渠道商店革命的高潮期始于 2012 年,何时结束还无法做出准确判断,主要是移动网技术发展和完善的结果。对此,我们曾经进行详细的讨论(李飞,2013),为了便于大家阅读,在此进行若干精简后重述。

(1)移动互联网发展延伸了信息传播功能。在第 1 代互联网 Web 1.0 时代,是把人和计算机联系在一起了,人机对话成为日常行为;在第 2 代互联网 Web 2.0 时代,是把人和人联系在一起了,形成了一个社交的网络;在第 3 代互联网 3.0 时代,是把人与人、人与机器、机器与机器移动地联系在一起,形成了无界网络,信息规模巨大且传递速度更快,信息传递移动和随身化、24 小时全天候化、文字和图像的多元化。因此,从 2012 年开始人类进入了全渠道信息传递的时代。

(2)信息传播功能延伸催生出全渠道购物者。顾客购买旅程,大量地是信息的传递过程,或者说是顾客搜集、分析、比较、接受和反馈信息的过程,只有物流不是信息传递,但这项活动对于购买过程来说可有可无,即是可以游离于购买过程之外的购买后的行为。因此在今天,信息渠道就是购物渠道,二者归一了,自然全渠道信息传递时代的来临必然导致顾客全渠道购物者群体的崛起。艾司隆欧洲、中东和非洲战略咨询与高级分析总监珊娜·杜巴瑞(Sana Dubarry,2012)认为,全渠道购物者已经崛起,他们同时利用包括商店、产品名录、呼叫中心、网站和移动终端在内的所有渠道,随时随地浏览、购买、接收产品,期待着能够贯穿所有的零售渠道和接触点的一屏式、一店式的购物体验。

还有一点需要强调的是,全渠道购物者不仅意味着他们通过尽可能多的渠道完成购买过程,更重要的变化是他们的生活方式与购物过程融合在一起,人们已经把越来越多的工作时间和休闲时间放在互联网上,换句话说,现代人在互联网上工作、休闲,信息的搜索、浏览、分析、传递成为人们生活方式越来越重要的、不可缺少的一部分,而购物简化为信息流转过程,自然可以轻易地完成购买。

(3)全渠道购物者导致全渠道商店革命爆发。由于人们所有生活几乎都寄生在互联网和手机等信息媒体上,同时决定购买时不必看到实物,付款时也不必现场交现金,付款后也不必立即自提货物,因此谁拥有与顾客交流的信息接触点,谁就可以向顾客卖东西,零售简单化和社会化了,进入了一个新的"全民经商"时代,准确地说是"全民零售"的时代。近几年网商优胜劣汰,逐渐规范，催生了一大批"电子商务组群"，寄生于社交网站、网店、手机、电视、户外、报刊等媒体，采用文章、谈话、聊天、直播、微信、E-mail、博客等形式，向寄生在这些媒体的顾客零售产品和服务，自然会取得不错的业绩。在这种激烈竞争的环境下，实体零售店必须迎合顾客全渠道购物的挑战，一方面赢得顾客的"芳心"，另一方面应对电子商务公司的蚕食。对策是增加有形店铺的现场体验，以及进入电子商务零售领域。反之，一些网上商店为了弥补自己线下体验的不足，也开始开设线下实体店铺，这就形成了全渠道零售革命。

总之，一方面网上商店的出现已使人们逐渐形成网购习惯，另一方面，移动网时代手机代替电脑可以随时、随地、随身上网，浏览所有文字、图片和视频信息，互动和现金支付。移动生活方式出现，使零售交易过程变成了信息交流的过程，催生一种信息渠道就等于催生了一种零售渠道，诸多的线上线下渠道出现，顾客期望全渠道购买，导致商家不得不考虑全渠道零售。这意味着网上商店革命形成的动因为：移动网发展—手机可以上网—人们随时随地停留在网上—信息渠道成为零售渠道—顾客期望全渠道购买—全渠道商店革命形成。

5.9.2　全渠道商店革命的爆发

无论是从厂商的角度，还是从零售商的角度分析，零售渠道都经历了从单渠道到多渠道再到跨渠道，最终到全渠道的发展过程。单渠道零售，是指企业选择一条渠道，将产品和服务从某一销售者手中转移到顾客或者消费者手中的零售行为。例如，一种珠宝仅在线下百货商店销售，或是仅在自己专卖店销售，或是仅在线上自己的网店销售等。多渠道零售，是指企业采用两条及以上完整的零售渠道向顾客进行零售的行为，顾客一般要在一条渠道完成全部购买旅程。例如，美国西尔斯公司在20世纪初期就开始了店铺和邮购相结合的多渠道零售方式。跨渠道零售，是指企业采取多条非完整的零售渠道向顾客进行零售的行为，每条渠道仅完成零售旅程的部分功能。例如，利用电话与顾客进行商品介绍，通过实体店完成交易，通过上门方式进行售后服务等。至于全渠道零售，美国著名零售专家给出的定义为：协调多渠道零售产品和服务，并在所有的购物渠道上向顾客提供无缝的购物体验[1]。我们认为，全渠道零售是与移动网密切相关的概念，它是指企业采取尽可能多的零售渠道类型进行组合与整合（跨渠道）销售的行为，以满足顾客购物、娱乐和社交综合体验无缝连接的需求，这些渠道类型包括有形店铺（实体店铺、服务网点）和无形店铺

---

[1]　[美]利维和韦茨：《零售管理》（第9版）（刘亚平译），机械工业出版社2018年版，第59页。

（上门直销、直邮和目录、电话购物、电视商场、网店、手机商店），以及线下信息媒体和线上信息媒体（网站、呼叫中心、社交媒体、E-mail、微博、微信）等①。

贝恩公司咨询顾问达雷尔·里格比（2011），在 2011 年曾经为我们描绘了全渠道零售时代一位顾客的购买过程。2016 年，芝加哥，一个飘雪的星期六，28 岁的艾米打算买夏装去加勒比海沿岸度假。她坐在家里的沙发上，通过视频和达内拉商城的私人购物助理聊了一会儿（上个月她曾经在这家商店买过两套衣服），购物助理向她推荐了几件衣服，并在网上用替身向她进行了展示，艾米对其中几件有了购买意愿，但没有下订单。随后，她点开浏览器，搜寻顾客对这几件衣服的评论，比较各商家的报价，发现有的衣服在另外一个商家更便宜，她便在便宜的商家直接下了订单。比较后，她在达内拉商城定了一件衣服，然后开车来到离家较近的一家达内拉实体店铺，想试穿一下自己购买的衣服。一走进商城，一位店员迎上前来，叫出了她的名字，带她到更衣室，里面摆好了她刚刚在网上挑选的衣服，以及私人助理另外搭配的几双鞋和一件晚礼服。艾米很喜欢其中一款鞋，用手机扫描了它的商品条码，搜索到另一家店要便宜 30 美元，店员马上向她表示可以给予她同样的低价并建议她试穿晚礼服。艾米试穿后拿不定主意，就拍了一段视频发给自己的三个闺蜜征求意见，结果全部反对。艾米确定了自己要购买的商品，又在互联网上搜索了一张 73 美元的优惠券，用手机结了账。当她离开走到商店出口时，一块真人大小的自动识别屏认出了她，以非常优惠的价格向她推荐了一款夏装上衣，艾米没有拒绝，用手机扫描了屏幕上的二维码，下单并付款，这件衣服第二天就送到了她的家。

实际上，全渠道零售在 2016 年之前就已经出现了，它是建立在线上线下商店并存发展、多渠道和跨渠道发展的基础之上的，而不是局限于线下或是线上一种形式的多渠道或跨渠道。早在 1999 年两位英国渠道专家就曾经提出了线上线下融合的多渠道和跨渠道的思想（弗里德曼、弗瑞，2000）。法国管理软件公司施易得（Cegid）产品零售主任蒂埃里·伯丁（Thierry Burdin）认为，2000~2009 年是线上商店和线下商店融合的多渠道时代，2010~2011 年是线上和线下融合的跨渠道时代，2012 年伴随着移动网的发展，是零售渠道极速扩张，开始了线上线下融合的全渠道零售时代。这个时代始于线下零售商开设网店，并与移动网相结合，进行跨渠道零售。而后，又有线上零售商开设线下

---

① 李飞：《全渠道零售的含义、成因及对策——再论迎接中国多渠道零售革命风暴》，载于《北京工商大学学报》（社会科学版）2013 年第 2 期。

店铺，实现线上线下的全渠道融合，目前这种业态形式仍然在不断实验探索和拓展过程之中，但是已经在全世界得到发展。

总之，全渠道商店革命爆发的过程是：1995 年之前的线下多渠道和跨渠道，发展至 1995 年开始的线上多渠道和跨渠道，发展至 2000 年开始的线上线下融合的多渠道和跨渠道，直到 2012 年开始了线下线上融合的全渠道零售。最为重要的标志应该是线上店铺开设了线下店铺，改变了过去线上店铺将取代线下店铺的认识误区。

5.9.3 全渠道商店的革新性

全渠道商店之所以称为一次零售革命，是因为它凝聚了线下店铺和线上店铺双方的一些优点，使顾客的购物体验实现无缝连接，大大提高了购买和销售效率。

（1）创建了线上线下融合的交易流程。在实体店铺，顾客购买旅程主要通过线下实体店铺完成，在线上网店则是完全在线上网店完成的，而全渠道商店是线上店和线下店融合为一家商店，不仅催生了顾客线上线下"跳转式"[①]（我们称为"跳跃式"）购物的特征，而且也创建了线上线下融合的顾客旅程。这会大大提升售前、售中和售后三个阶段的效率与顾客体验。我们在参考网上商店零售营销流程图（见图 5-1）的基础上，形成全渠道商店营销流程（见图 5-2），它体现了全渠道商店革命的主要革新性。

（2）可以降低零售商的零售成本。各种零售渠道方式都有着自己的优势和劣势（海涅曼、塞弗特、刘杰，2013），因此各自完成顾客的整个购买旅程都不是最为经济的方式，或者零售商花费成本过高，或者顾客体验不够好。全渠道商店在本质上是聚集了线下线上各种各样的渠道方式，顾客会根据自己的需求和偏好，将购买旅程的各环节分配到各个渠道类型之中，利用多种渠道功能组合来完成自己的整个购买旅程，在某个环节上还可能有折返。对于零售商来说，需要针对顾客的全渠道购买旅程，提供全渠道（即多渠道有机组合）的零售旅程，可以有计划地为顾客设计和安排这个旅程，让那些在购买旅程某个阶段成本低、效率高的渠道方式承担这个阶段的功能，这会大大降低成本和提高效率。例如，一项 5000 元的商品销售额，仅通过实体店单渠道方式完成寻找顾客（100 元）、确认顾客（100 元）、售前沟通（100 元）、售中收款递

[①] [德]海涅曼、塞弗特、[中]刘杰，《新在线零售创新与转型》（黄钟文等译），清华大学出版社 2013 年版，第 139 页。

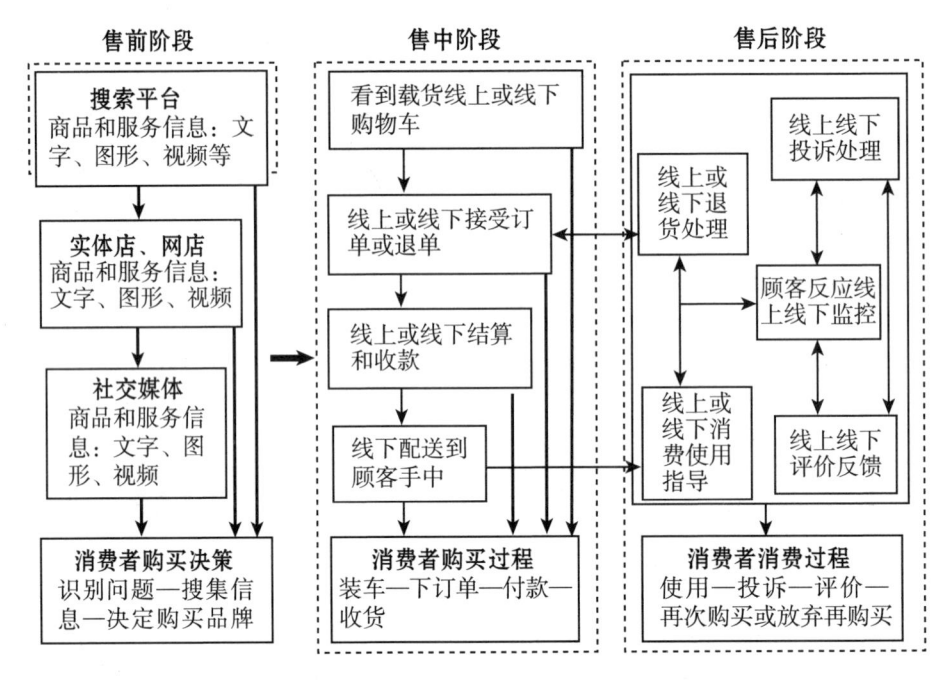

```
售前阶段                    售中阶段                    售后阶段

┌─────────────┐       ┌─────────────┐       ┌─────────────┐
│  搜索平台   │       │ 看到载货线上或线下 │       │   线上线下   │
│ 商品和服务信息：│       │   购物车     │       │   投诉处理   │
│ 文字、图形、视频等│       └─────────────┘       └─────────────┘
└─────────────┘              ↓           ┌─────────┐        ↑
        ↓              ┌─────────────┐   │线上或   │   ┌─────────────┐
┌─────────────┐       │ 线上或线下接受订│←→ │线下退   │   │顾客反应线   │
│ 实体店、网店 │       │   单或退单   │   │货处理   │   │上线下监控   │
│ 商品和服务信息：│       └─────────────┘   └─────────┘   └─────────────┘
│ 文字、图形、视频│              ↓                             ↑
└─────────────┘       ┌─────────────┐                  ┌─────────────┐
        ↓              │ 线上或线下结算│                  │  线上线下   │
┌─────────────┐       │   和收款     │                  │  评价反馈   │
│  社交媒体   │       └─────────────┘   ┌─────────┐   └─────────────┘
│ 商品和服务信 │              ↓          │线上或   │        ↑
│ 息：文字、图 │       ┌─────────────┐←→ │线下消费 │
│ 形、视频    │       │ 线下配送到   │    │使用指导 │
└─────────────┘       │ 顾客手中     │    └─────────┘
        ↓              └─────────────┘
┌─────────────┐       ┌─────────────┐       ┌─────────────┐
│消费者购买决策│       │消费者购买过程│       │消费者消费过程│
│识别问题—搜集信│       │装车—下订单—付款│       │使用—投诉—评价│
│息—决定购买品牌│       │—收货         │       │—再次购买或放弃│
└─────────────┘       └─────────────┘       │再购买        │
                                              └─────────────┘
```

图 5-2 全渠道商店零售营销流程

资料来源：[德]海涅曼、塞弗特、[中]刘杰，《新在线零售创新与转型》(黄钟文等译)，清华大学出版社 2013 年版，第 144～145 页。

货（100 元）和售后服务（100 元）五个环节，需要花费 500 元，占销售额的 10%。改为全渠道零售，就可以通过线上社交媒体寻找顾客（50 元）、网店确认顾客（50 元）、售前微信沟通（50 元）、实体店收款递货（100 元）和电话售后服务指导（50 元），需要花费 300 元，仅占销售额的 6%。可见，全渠道零售不仅可以降低零售商成本，还可以更好地实现顾客价值。

(3) 可以满足顾客的多种体验需求。由于网上商店的出现，使线下商店和线上商店并存，有些习惯自己决策，有些喜欢倾听别人的评论，有些顾客习惯于线下店购买，有些偏好实体店购买，有些则喜欢在线下线上商店穿行"跳跃性"购买，如果零售商仅提供了一种方式，或者两种方式具有清晰的界限，就会流失很多顾客和销售额。例如，顾客在网上购买的商品不能在实体店退货，或者在实体店购买的商品不能在网上付款，或者无法看到别人对该品牌的评论，都有可能导致顾客放弃购买。全渠道商店可以很好地解决这个问题，满足前述三种顾客的需要。特别是很好地满足偏好"跳跃式"购买的顾客的需要。这些顾客就像走在步行商业街一样，可以只逛左侧的店铺，也可以只逛右侧的店铺，也可以左右两侧自由地穿行。英国和美国的一项调查结果显示，线下线上融合的全渠道零售比线下单一渠道获得营业额高出200%~400%，同时并没有影响实体店的业绩，反而增加了顾客的价值（海涅曼、塞弗特、刘杰，2013）。

5.9.4 全渠道商店革命的演化

有前述可知，多渠道商店、跨渠道商店演化的结果是全渠道商店，其特征一是以移动网络为基础，二是零售渠道的类型大大增加了，如移动电话、短信、微博、微信、邮件、网店等都可以通过智能手机操作和浏览。因此，全渠道商店是多渠道商店的高级形态。

（1）初级阶段是线下店开设网上店铺。网上商店产生之后，实体零售店面临着逐渐增大的冲击，同时又有专家预测它们将最终被网上商店取代，因此一些实体店铺开始进行线上零售的尝试。大体经历了一个从网站到网店，再到线上线下融合的转变过程。

例如，创办于1858年的美国梅西百货早在1996年就开通了公司网站（macy.com），当年仅获得3万美元收入，2000年之前网站卖的只是图书和光盘，2006~2008年投资进行信息系统基础设施建设，而后网站具有了网店的特征，顾客既可在梅西实体店购物，也可在网店购物。有趣的是，顾客在网店花费1美元，10天里会带来实体店铺6美元的收入。[1] 这一阶段，更多的零售商店还是将网站或线上商店作为商品展示的窗口和促销信息的发布平台。例如，内曼·马库斯（Neiman Marcus）百货商店利用网站展示设计师的作品，以及表演虚拟的时装秀；杰·克瑞（J. Crew）时装店则通过网站来测试新产品的市场接受程度，这些被测试的产品包括婚纱、首饰、服饰等。

又如创办于1875年的德国鞋业零售公司路德维格·高斯（Ludwig Gortz），是以实体零售店铺起家，1996~2002年开设了网站，2003年提升为网上商店，2007年开始了线下线上的多渠道零售战略，努力实现一体化的无缝连接。结果是，在线上线下两种渠道购物的顾客带来的利润是在一种渠道购物的两倍。[2]

这里需要提醒的是，线下店不仅是指实体店铺，也包括线下无店铺形态开设网站或网店。例如，目录零售公司麦考林1996年进入中国，目录零售遇阻，1999年开设网上商店——麦网，2006年又开设了线下实体店铺。

---

[1] 王小燕：《梅西百货：多渠道融合的力量》，载于《富基商业评论》2012年第1期。
[2] ［德］海涅曼、塞弗特、［中］刘杰，《新在线零售创新与转型》（黄钟文等译），清华大学出版社2013年版，第144~145页。

回顾一下历史会发现，1996~2000年是线下零售由网站发展至网店的时代，当时网店的主要功能是作为宣传媒介使用，销售额占比较小，大多处于不盈利状态；2000~2010年，线下零售公司进入线下线上并存并融合的多渠道和跨渠道时代。该时代早期存在着线上线下店铺分别由两家公司运营的情况，后期大多合并为一家公司，实现了顾客购买旅程更多环节的无缝连接，但是仍然存在着大量的缝隙，如商品不一致、价格不统一、促销不同时，等等。

（2）中级阶段是线上店开设实体店铺。到2010年，网上商店销售额仍然快速增长，但是盈利的店铺并非像人们预想的那样多，反而一些实体店铺运用网络工具，持续地保持销售额和利润额的增长，这使网络零售商确认必须将自己的网上商店与实体店铺融合发展。其实，走街串巷的行商发展至店铺零售是一种进步，即使有了送货到家的目录零售，顾客仍然需要近距离看到他们的店铺才能放心，因此无店铺形态的目录零售公司也通常在购物中心开设服务驿站，接受订单和处理顾客抱怨等问题（李飞，1995）。可见，实体店铺的某些体验功能是网店无法替代的。

1996年平台电商一出现，就是与线下制造商和很多线下零售商密切合作的，那时电商仅是提供一个网络平台，商品供应和物流配送等常常由入驻平台的零售商完成。后来一些垂直电商的盈利模式难以形成，纷纷采取垂直和平台相结合的模式，可见从古至今虚拟店铺都无法脱离与实体店铺的合作。

2001年5月19日，苹果公司的两家直营店在美国同时开业，虽然被称为体验店，但是后来证明也贡献了20%的销售额。从此，线下体验店成为零售商关注的一个焦点。

2011年，一些网上商店开始尝试开始实体店铺，但不是用于销售，而是为了拉近与顾客的距离，吸引顾客在网上完成购买。例如，2011年House of Fraser在英国阿拉丁开设一家实体店，仅有一排电脑，提供免费咖啡，店员帮助顾客从其网店购物。随后，eBay也在英国伦敦市中心开设了实体店铺，只有商品展示，不进行现场销售，鼓励顾客在其网站上购物。这是在移动网还没有普及的情境下，实体店作为上网购物的空间。在这个阶段，网商开设实体店一直被认为是线上店的体验店，主要业绩是通过开发客户来考核，而不是通过销售业绩考核。

2015年之后，网商开设实体店铺的目的则是为了销售额，而不仅是线下体验馆，他们大多是从食品或生鲜超市入手。亚马逊早在2007年就开始在西雅图试运营Amazon Fresh（生鲜快递业务品牌），但进展缓慢。2016年6月亚马逊斥资137亿美元收购了美国全食超市（Whole Foods Market），它有440个冷冻仓库，有400余家直营店铺，为亚马逊线上线下融合创造了条件。

（3）高级阶段是线上线下店铺无界体验。当网商开设线下实体店的时候，就有了线上和线下融合、实现无界体验功能的追求。反过来也启发了线下商店与线上商店的深度融合，形成了全渠道商店的雏形。例如，美国梅西百货经过2006~2008年信息系统基础设施建设之后，2010年前后就建立了全渠道零售雏形，实现线下线上的无缝连接，线上购物也会有线下购物的体验，线下购物也有诸多线上服务并举。2017年初，阿里盒马鲜生首家店铺在上海金桥开业，后来店铺数量不断增加，这些店铺线上订单超过50%，营业半年以上的成熟店铺更是可以达到70%。2012年的一项调查结果显示，在全渠道战略实施效果方面取得了一定成效，但是也有诸多改进的空间，在"线上购买，实体店退货"表现好的零售商为70%，"线上购买，实体店取货"表现好的零售商为50%，"移动网络购买"表现好的零售商为30%，"社交媒体购买"表现好的零售商也为30%[①]。

未来全渠道商店的高级形态是线下店和线上店为一家店，逛其中一种形态，就等于同时逛了两种形态，这才算是真正的无缝连接。当然，这种高级形态并非全渠道商店的唯一形态，它会与全渠道商店的中级和低级形态并存发展。

5.9.5 全渠道商店革命的影响

全渠道商店革命的爆发，对消费者、生产商和零售商都产生了重大的影响，最为关键的是给消费者带来的独特购物体验，以及为零售商带来了新的挑战和机会。

（1）促进了消费者主权时代的来临。通俗地讲，消费者主权就是消费者购买和消费的自由化，这种思想萌芽于19世纪后半期，提出于20世纪30年代，但是这个时代真正来临是伴随着全渠道零售时代的出现，全渠道零售阶段推动了商品供过于求、买方市场、信息对称、顾客商品知识丰富、居民收入水平较高这五个方面特征的同时出现，这是消费者主权实现的五个基本条件（李飞，2015）。在这个时代，消费者可以随时随地地得到丰富的商品和服务信息以及客观地评论，自由地穿行于线上或线下的店铺，没有时间和空间的限制，面临着丰富的商品和服务选择，自主地决定选择购买的品牌、支付的价格、付款方式及收货的地点，而后还可以自由地发表自己购买、使用后的感想和评论。在这个时代，消费者才有可能体验到购买旅程的无缝连接，才有可能

---

① ［美］利维和韦茨等：《零售管理》（第9版）（刘亚平译），机械工业出版社2018年版，第72页。

体验到顾客旅程各个环节所带来的快乐和幸福的感受。

（2）给零售商带来新的挑战和机会。通俗地讲，全渠道零售有"馅饼"，也有"陷阱"。从机会方面讲，全渠道零售战略会更好地满足顾客便利化和体验化的双重需求，以及在线下线上店铺之间跳跃式购物的偏好。这种战略弥补了线下店铺和线上店铺各自的不足，又汲取了二者的优势，形成一种相对完善或完美的购买旅程，如果零售商抓住了这个机会，适时实施全渠道零售战略，就会获得理想的回报。但是，思想旳龙种可能产生现实的跳蚤，当零售商转型速度滞后，或者没有转型能力之时，就会面临被淘汰的危险。因此这场全渠道商店的革命，一定会使一些线下零售商或是线上零售商关门倒闭。线上零售商也并没有天然的免疫力而躲避全渠道商店革命的冲击，不过对于线上零售商的冲击会更大，因为它们更加缺乏互联网经验，原有的信息系统转化为全渠道信息系统也会花费巨额的费用。正如有专家所言：现在应该采取什么不同做法？还有没有必要增加新门店？如果答案是肯定的，那么这些新店与以前的门店有什么不同？我们应当怎样调整自身，去适应一个价格透明度更高的世界？当吸引客流的商品转为在网上销售，而不再吸引顾客进店销售，我们又该如何应对？这一系列问题，都需要我们一一给予解答（Darrell Rigby，2011）。

5.10 第十次零售革命：智能商店

智能商店是指全渠道商店的一种类型，它不仅是线下线上零售的融合，也是有形商店和无形商店的融合，现象形态就是无人（无有机人）商店，或曰智能人或机器人（有无机人）商店。具体地说，它是指运用人工智能技术，为顾客提供完成购买旅程服务的无人（无机人）店铺形态，通常采取线下线上全渠道的零售方式。

5.10.1 智能商店革命的原因

近些年，智能商店革命出现了萌芽，预计2020年开始爆发，何时结束还无法做出准确判断。它是伴随着移动网络技术、人工智能技术、全渠道零售技术和自动售货机技术等结合而产生的。

人工智能经历了计算智能、感知智能两个阶段，分别出现了自动售货机和当下的无人商店，未来人工智能将进入认知智能阶段，其特点是"认知事物"，进而采取恰当的行动，机器会像人一样思考，全面辅助或代替人类工作，如无人驾驶汽车、自主行动的机器人等。我们预测，这次智能革命会带来智能商店的零售革命，其核心特征是部分或全面取代零售企业售货员、服务员、理货员、收银员、配送员，以及相关部门管理者的工作。这种取代将推进零售决策的数据化、科学化和及时化，应用于线上线下的全渠道购买旅程和零售旅程，但与顾客的重要接触点是无人化的智能商店。

这意味着智能商店革命的动因为：认知智能革命—代替人计算、感知和认知—零售企业降低成本和给顾客带来更好体验—智能商店形成—更多竞争者模仿—智能商店革命形成。

5.10.2 智能商店革命的爆发

我们预测智能商店革命将在 2020 年前后爆发，目前仅是具有一些征兆，因此我们还无法描述其爆发的具体过程，只能描述一下这场革命出现的征兆。

20 世纪下半期，电子信息系统应用之后，商家将诸多自助洗衣机、诸多自助取存款机、诸多自助售货机分别集中放在一个无人值守的店铺中，这样就形成了无人洗衣店、无人银行和无人商店等，它们都属于计算智能的无人商店，采用投币和刷卡的付款方式，现场无人值守，顾客自主完成服务或交易。

2010 年之后，移动网发展，全渠道零售出现，无人商店进化到感知智能阶段。2016 年 12 月，亚马逊宣布将开设 Amazon Go，顾客在进门时用手机刷一次二维码，店内人脸识别系统自动识别消费者身份，顾客拿取要购买的商品，"不用交款"就走出商店，因为当其穿过特别设立的"交易区"时，智能系统会算出商品金额并从顾客亚马逊账户中自动扣款，这是与移动支付技术发展相伴随的变革。几乎同时，在 2016 年底至 2017 年 7 月份，在中国市场，缤果盒子、罗森、便利蜂、阿里无人便利等无人便利店纷纷开业。2018 年 1 月 19 日，微信支付首家无人快闪店在上海正式开业，腾讯首次涉足无人零售领域，采取微信支付的方式。该阶段无人商店的特征为，计算智能机器人负责自动收银扣款，感知智能机器人代替保安员识别顾客身份和代替理货员进行货物整理。

预计 2020 年前后将进入认知机器人时代，无人商店中的机器人通过深度学习会了解顾客所需，分析当时的心理和情绪，以及过往的购买记录，进而为顾客购买、选择商品提供参谋和建议。此时标志着智能商店革命的爆发，换句话说，认知智能无人商店的出现表明了智能商店革命开始爆发。

5.10.3 智能商店的革新性

智能商店的最大革新性，就是用无机人代替了有机人，从而改变了商店的零售旅程，以及相应的顾客购买旅程。

（1）无机智能机取代了有机店员。自动售货机时代，是计算智能机器人取代了固定地点（摊贩）式的人员售货，主要代替了收款员的计算及收款功能；目前的无人便利商店时代，是感知智能机器人取代了便利店店员，包括理货员部分理货功能、安保员的识别人脸功能，以及收款员的计算和收款功能；未来的多业态智能商店，是认知机器人取代了店铺的全部店员，包括理货员部分理货功能、采购员的采购功能、安保员的安保功能、销售顾问的咨询服务及送客功能，甚至店长的店铺数据分析和管理功能等。未来也会出现依据商圈目标顾客不同，而在店铺设置真人型（有情感、有表情、有名字、有生日、有家庭，如同芭比娃娃一样）的机器人，为顾客进行现场服务，那样可能比真人体验还会好。

（2）购买旅程更加便捷和智能化。在感知智能无人商店阶段，主要是使顾客的购买旅程更加便捷，并没有让顾客智能地进行商品选择，也没有让顾客感受到"人情味儿"。例如，在缤果盒子便利店，顾客扫描店门上的微信 QR 码进入店中，选择、拿取商品，付款（也有采取后台自动划账方式），然后离开。但是，进入到认知智能无人商店阶段，除了前述这些便捷功能之外，还会增加帮助顾客智能化地进行商品选择的功能。如应用数据分析手段，根据顾客以往的购买记录和其他行为数据，以及当时的天气、时间、顾客面部表情、情绪等，提供顾客购买的商品建议，同时还可以推出真人智能机器人，提供人情化的服务。

（3）后台运营系统智能机器人化。无论是感知智能商店，还是认知智能商店，都必须有零售商后台运营系统的职能化，因此必须带来运营系统的智能化革新。未来的运营系统革新可能出现后台的智能自动补货系统，智能仓库会分拣出相应的产品，智能物流系统自动装车，通过无人驾驶的智能物流车，配送到各个无人商店；同时，零售商会聘用智能化的无机人店铺经营分析师、买手、营销经理、财务经理、人力资源经理等。2018 年 6 月，彭博社发表了一篇名为《亚马逊高管离职的背后 传统零售团队不敌 AI》，指出亚马逊早已使用机器人在物流过程中搬运商品，但是现在公司的智能化浪潮已经从取代蓝领到取代白领，机器人的算法会越来越多地取代零售运营人员，如品牌引进、促销谈判等，这是近来亚马逊高管离职的主要原因。这仅仅是开始，我们不知道零售人员岗位有多少可以被机器人代替,但是我们知道它取代的岗位一定会越来越多。

5.10.4 智能商店革命的演化

我们难以准确预测智能商店革命未来的演化轨迹,只能进行方向性地猜想,会有多业态化和多水平化两个方面的发展趋势。

(1)智能商店的多业态化扩散。目前,无人商店大多数为无人便利店,满足人们即时或应急性需求,未来将会出现多种业态形式的智能商店,如不仅有智能便利店,还会有智能超市、智能咖啡店、智能服饰店、智能百货商店等。毫不夸张地说,也会出现智能商业街、智能购物中心等,顾客置身其中,仿佛走进了一个工厂,看到的都是一台台"车床",或是仿佛走进了一个"赌场",看到的货架都是像"老虎机"一个模样。

(2)智能商店的多水平化扩散。一方面,无人智能商店本身就是多水平化的,有计算智能店、感知智能店和认知智能店等,这三种形态将会并存发展。另一方面,有人商店也会采取智能化技术进行零售创新,店铺人员和后台运营系统人员采取有机人和无机人相结合的方式,进行一系列顾客、竞争对手等多方面的大数据分析和零售决策等。这种结合也是相对水平化的。未来一定是无机人智能商店和有机人智能商店长期并存发展,这本身也属于不同水平的扩散。

5.10.5 智能商店革命的影响

智能商店革命带来的影响是多方面的,主要是优化了顾客体验、提升了管理效率和冲击了传统零售业态。

(1)优化顾客购买体验。由于智能商店改变了顾客的购买旅程,一方面使店铺形成售货(70%)、娱乐(20%)和社交(10%)等综合功能的格局,娱乐和社交体验比例增大,这会优化顾客的购买体验;另一方面,顾客利用各种智能技术完成选择、下单、付款的过程,会产生更加便利的体验;同时,在设置了认知智能的商店,还会给顾客提供购买建议,甚至关注顾客当时的心情,必然会给顾客带来诸多超越期望的惊喜。

(2)提升零售管理效率。顾客会跟各种人格化的机器人接触,不仅会有更有趣的体验和便利,也会减少零售企业的人工成本,提高零售管理效率。智能无人商店占地面积较小,可以灵活地设置在各个人流密集的地方,节省房屋租赁成本及人工成本,这两项在零售成本中占有很大比重。另外,完善智能化的运营系统,根据科学的数据分析进行商品采购、库存和配送等行为,也会大大降低运营成本。

(3) 带来了智能零售大变革。由于智能机器人的大量使用,零售人员需要从利用机器转换到被机器利用,从指挥机器到被机器指挥,这是观念和运营系统的重大变化。同时,在零售企业中会出现有机人和无机人成为同事,不仅是线上线下融合的全渠道零售,也是"真人"和"假人"合作的"全人类零售"。这会使一部分来不及转型的小型店铺关门倒闭,也可以使一些没有利用智能技术的传统零售店铺面临挑战。

5.11 小　结

西方国家共爆发了十次零售革命,依次为百货商店、一价商店、连锁商店、超级市场、购物中心、步行商业街、自动售货机、网上商店、全渠道商店和智能商店。本章分别对上述十次零售革命进行详细讨论,包括革命的原因、爆发过程、革新特征、演化以及影响程度等维度。这十次零售革命持续将近170年的时间,分别与机器革命、信息革命和智能革命等技术革命息息相关,技术革命有时直接导致零售革命形成,如网上商店革命、智能商店革命等,有的则是通过"宏观环境—微观环境—企业决策机构"等因素间接导致零售革命形成,如百货商店革命等。虽然这些革命都是店铺形态的革命,但是特征不一,百货商店革命体现为店铺规模扩大,一价商店则是定价的革命,连锁商店是零售组织的革命,超级市场是自选购物的革命,购物中心是店铺位置的革命,步行商业街是功能革命,自动售货机是无人售货的革命,网上商店是虚拟商店的革命,全渠道商店是线上线下店铺融合的革命,智能商店是无机人的革命。这十次零售革命,几乎都对顾客购买旅程、零售行业发展以及零售企业产生重大影响,改变了顾客购买习惯,丰富了零售业态,冲击了原有的零售格局。

第 6 章

中国的八次零售革命

在第 2 章的分析中,我们得出西方国家共爆发了十次零售革命,依次为百货商店、一价商店、连锁商店、超级市场、购物中心、步行商业街、自动售货机、网上商店、全渠道商店和智能商店,而中国没有爆发一价商店和自动售货机革命,而是爆发了其他八次零售革命,但由于连锁商店、超级市场、购物中心、步行商业街四次零售革命几乎是同时爆发的,因此按时间划分也可以理解为爆发了五次零售革命。为了便于与西方零售革命的对比分析,我们按照十次业态变革和八次零售革命进行分析(见表 6-1),选择的维度与西方零售革命分析一样,包括革命的原因、爆发过程、革新特征、演化以及影响程度等方面。

表 6-1　　　　　　　　　中西方零售革命次数对比

革命名称	革命次数		业态开始时间		高潮期	
	西方	中国	西方	中国	西方	中国
百货商店	1 次	1 次	1852 年	1900 年 (秋林洋行)	1860~1940 年	1900~1928 年 1950~1995 年
一价商店	2 次	不是	1878 年	1930 年 (先施百货)	1880~1930 年	20 世纪末期
连锁商店	3 次	2 次	1859 年	1990 年 (美佳超市)	1920~1930 年	1995~2005 年
超级市场	4 次	3 次	1930 年	1981 年 (广州友谊商店)	1935~1965 年	1995~2005 年
购物中心	5 次	4 次	1931 年	1990 年 (北京国贸中心等)	1950~1965 年	1995~2010 年

续表

革命名称	革命次数		业态开始时间		高潮期	
	西方	中国	西方	中国	西方	中国
步行商业街	6次	5次	20世纪60年代初	1997年（哈尔滨中央大街）	1967~1980年	2000~2010年
自动售货机	7次	不是	1880年	1992年	1960~1985年	1995~2005年
网上商店	8次	6次	1994年	1999年（"8848"、阿里巴巴）	1995~2010年	2003~2010年
全渠道商店	9次	7次	2011年	2011年	2011年至今	2011年至今
智能商店	10次	8次	2020年	2020年	2025年至今	2025年至今

6.1 第一次零售革命：百货商店

起源于西方的百货商店革命，直接影响了中国百货商店革命的爆发及演化，它曾经是中国零售业最具影响的零售业态，深入地影响着人们的文化和生活。中国百货商店发展史，就是中国人的现代生活史，它是中国人消费文化的一个标签。

6.1.1 百货商店革命的原因

在我们的过往研究中，通过扎根分析，已经建立了一个中国百货商店产生的机理模型，这个模型可以很好地解释中国百货商店革命的原因，这里仅是进行一下重述（见图6-1）。在机器革命和东西方文化交汇的宏观环境下，出现了富有阶层和西方百货商店业态，这为中国的传统零售业带来变革的机会和挑战。这些驱动因素综合作用的结果，改变了零售企业的顾客层面、供应商层面和内部层面等内容，最后导致百货商店业态的形成。这些新的百货商店冲击了旧有的杂货店、洋货店等，使他们不得不进行模仿和创新，最终导致中国百货商店革命的爆发。我们可以推论：中国与西方基本上是同时爆发第一次零售革命，即百货商店的革命，它具备革新性、冲击性和广延性的"革命性"特征。因此，有学者认为，近代上海百货商店的发展，已经从零售革命拓展至消费革命，进而形成了上海滩独特的城市文化（连玲玲，2008），这种文化至今还有一些留恋者和向往者。

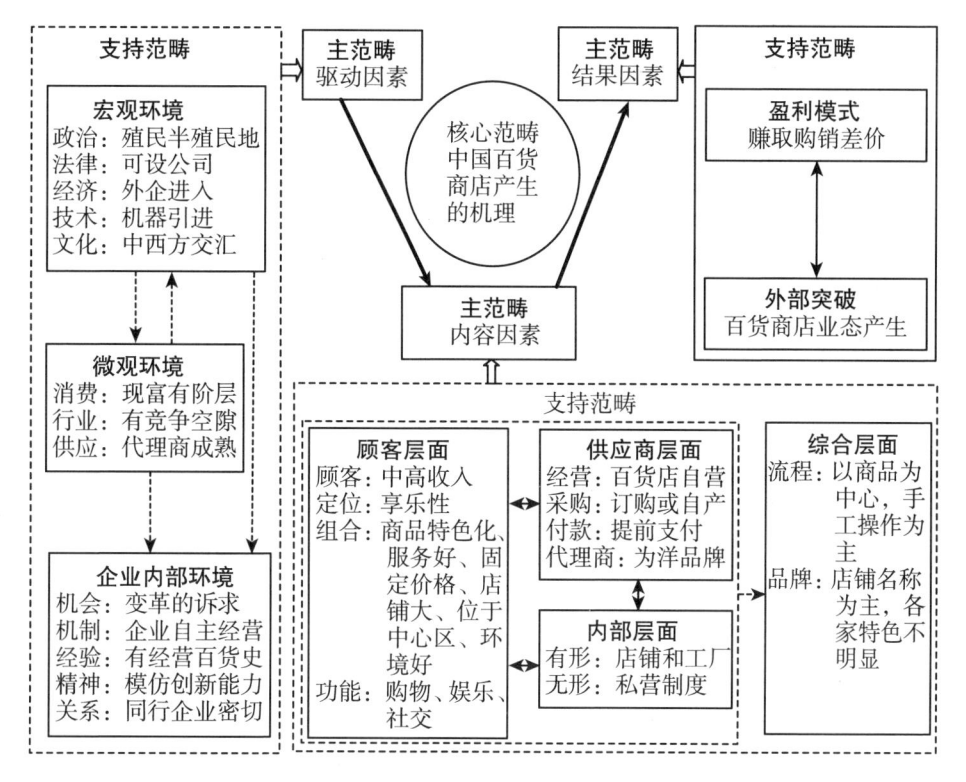

图 6-1　中国百货商店革命爆发的原因及机理

资料来源：李飞等，《中国百货商店演化轨迹研究》，经济科学出版社 2016 年版，第 98 页。

6.1.2　百货商店革命的爆发

在中国，百货商店产生之前就已经存在着百货零售业，主要经营日常生活需要的小百货，有一些小百货零售店逐渐演化为百货商店，其形成轨迹为：杂货店—京货店—广货店、京广杂货店、洋广杂货铺—百货商店（李飞等，2016）。

对于"谁是中国第一家百货商店"的问题，在学术界存在着不同的看法。但是，绝大多数学者认为 1900 年俄国资本家在哈尔滨开设的秋林公司，是中国境内的第一家百货商店[①]。1867 年，俄国人伊·雅·秋林与同乡尼古拉和瓦

[①] 中国商业编辑委员会：《中国商业百科全书》，中国大百科全书出版社 1993 年版，第 4 页。

里力宾采夫兄弟共同组"伊·雅·秋林公司",在尼古拉耶夫斯克开业。1898年中东铁路修建伊始,伊·雅·秋林无限公司即派员到哈尔滨筹划设立分支机构,主要服务于筑路员工。1900年在俄侨聚居的哈尔滨香坊军政街(现在的香政街)与草料街(现在的香坊大街)交叉处设立了"秋林洋行",输入大量俄国商品出售,当年5月14日正式开业,1902年迁到新城区秦家岗(现在的南岗)新商务街的临时房营业①。但是北方秋林公司并没有产生模仿效应,也有人认为它不是标准的百货商店。

在中国南方,外国华侨掀起了中国百货商店革命的面纱,这些华侨创办了类似于欧洲百货商店的一些店铺。澳洲华侨商人马应彪1900年在香港创办先施公司,1911年在广州设立了分店,1917年10月20日上海先施公司正式开业。1918年9月5日,郭乐先生创办的永安公司在先施百货对面开张。随后,新新公司也于1926年1月23日开张,形成了上海南京路上百货商店三足鼎立的局面。1928年1月1日,天津的中原公司开张。随后,重庆、武汉、广州等地的百货商店都有一定发展。这表明中国百货商店革命已经爆发。

6.1.3 百货商店的革新性

中国百货商店革命的革新性,基本是继承了西方的特征,主要表现在规模大、功能全、商品多、价格实、店铺美等方面。这由上海先施公司于1917年刊登在《申报》的公告可以看出端倪:"本公司创自香港,继设广州,于兹十有余载,物品之精美,价格之低廉,久以名誉卓著,商界蜚声。今复设上海,集资数百万元,自办环球货品,建筑宏敞,布置壮丽,洵唯一最大之百货店也。举凡外洋物品中华国货,类皆搜罗丰富,直接订购,故价廉物美,尤为别家所不及。现已落成,与东亚旅馆同时开幕,敦请各界巨公名闺淑媛光临赐顾,出入无须门票,升降特备电梯,货物任客选购,包件随时寄送,迅速妥当,堪称独步。至屋顶花园,开幕有期,当在公告"②。这一段公告至少包含着以下信息:核心目标顾客群为"巨公名闺淑媛",营销定位点为"购物、社交和娱乐"的综合体验,产品丰富至"外洋物品中华国货",价格低廉诚实,店铺环境"建筑宏敞,布置壮丽",服务"自由出入",负责邮寄,等等。

当时上海有四大百货之说,另外三家为永安公司、新新公司和大新公司,

---

① 姜朋:《秋林公司百年回望》,载于《清华管理评论》2016年第5期。
② 上海市档案馆和中山市社科联:《近代中国百货业先驱》,上海书店出版社2010年版,第1~2页。

其革新性与先施公司有相似性,这些百货商店与中华人民共和国成立后、改革开放前百货商店的最大不同是功能的综合化。仅以1936年1月10日开业的大新公司为例,这是一座包括十层楼的营业场所,一至四层为百货商场,四层设有茶室、画廊、商品展厅,五层设有舞厅、酒家、音乐厅、书场、滑冰场,六至八层为包括影剧院的娱乐城,楼顶和先施、永安和新新一样设有屋顶花园[①]。这其实就是购物中心的格局。

6.1.4 百货商店革命的演化

中国百货商店革命的演化,同西方国家一样都经历了导入期、成长期、成熟期和衰退期四个阶段,但是由于战争和制度的影响,存在着明显的起伏和滞后,用一个词来描述,就是"慢半拍"(见表6-2)。

表6-2　　　　　　　美国、法国、日本、中国四国百货商店演化

国别 \ 年代 \ 阶段	革新阶段	发展阶段	成熟阶段	衰落阶段
美国	1850~1899年 约50年	1900~1929年 约30年	1930~1979年 约40年	1980年以后
法国	1852~1880年 约28年	1881~1914年 约33年	1915~1950年 约35年	1951年以后
日本	1904~1922年 约18年	1923~1937年 约14年	1938~1973年 约35年	1974年以后
中国	1894~1949年 约55年	1950~1995年 约45年	1996~2015年 约30年	2016年以后
中国与西方国家距离	距美法50年 距日本30年	距美法60年 距日本60年	距美日50年 距法国75年	距美日40年 距法国65年

资料来源:李飞等,《中国百货商店演化轨迹研究》,经济科学出版社2016年版,第91页。

(1)共性:中国百货商店演化的四个阶段。第一个阶段为导入期(1894~

---

① 上海市档案馆和中山市社科联:《近代中国百货业先驱》,上海书店出版社2010年版,第7页。

1949年），该阶段外国资本和华侨将百货商店这种业态引入中国，引发了中国第一次零售革命，也给小店铺带来了较大的冲击。但是由于战争和金融危机的影响，导致店铺扩展速度受到制约，不过百货商店当时主要满足有闲有钱阶层的需要。第二个阶段为成长期（1950～1995年），该阶段百货商店店铺数量和规模快速增长，成为中国零售业的主导业态。前半段属于计划经济体制，商品短缺，百货商店主要满足人们日常生活需要；后半段属于市场经济体制，商品丰富，主要满足人们生活质量提高的需要。第三阶段为成熟期（1996～2015年），该阶段出现了大量亏损的店铺，销售和店铺增长大大趋缓，为了生存和发展，百货商店进行了转型，或是购物中心，或是专业商店，还有的转型为小商品批发市场。第四个阶段为衰退期（2015年以后），该阶段百货商店不仅不是中国零售业的主导业态，而且出现了百货商店关门倒闭潮，销售额不仅不增长，而且大幅度下降，其黄金时代已经过去。

（2）个性：中国百货商店演化的独有特征。首先从时间方面看，中国百货商店起步几乎与日本同步，落后美、法等国家40年左右，中国百货商店生命周期的各个阶段都落后他们50年左右，这应成为政府与企业进行百货商店决策时的重要参考。其次从演化过程方面看，西方国家四个阶段会形成一个比较规整的抛物线，但是中国百货商店发展的四个阶段有停滞，也有反复，会出现一定的曲线。例如，网络商店的发展首先冲击了重点经营服饰的百货商店，中国政府的反腐策略也抑制了利润贡献较大的奢侈品经营。最后从店铺经营方面看，经历了从购物、社交和娱乐综合功能向购物单一功能，再回归到购物、社交和娱乐综合功能的演化等。

有学者将中国百货商店革命的开始和完成时间确定为1985～2000年（李俊阳，2018），由前述分析可知，这个结论是不符合实际的，它忽略了20世纪初期中国百货商店的革新阶段，也忽略了20世纪后期中国百货商店的成熟和衰退阶段。

6.1.5 百货商店革命的影响

中国百货商店革命的影响，同样类似于西方百货商店革命的影响，比如推动了零售店铺的变革，刺激了大城市的发展，以及推动了工业革命的深入。当然，中国百货商店革命的影响也有自己的着重点。

（1）催生了一种新的零售店铺模式。在百货商店产生之前，中国零售店几乎都是家庭经营的小店铺，规模小，合伙制，单一商品经营（通常被称为业种店），大多关注的是购物功能的满足。百货商店革命带来了中国"业态"

店（不以经营品种划分，而是以满足顾客需求划分）的产生，它"以外国人和中国人富裕阶层以及新兴的资本家们、都市中产阶级为顾客"①，将售卖、社交和娱乐功能的满足有机地结合在一起，这种店铺功能组合，以及公司制实验、分店运营等特征分别为后来购物中心混合连锁店的发展奠定了一定的基础。同时，也使百货商店周边的一些小店铺关门倒闭。

（2）奠定了传统商业街的城市核心地位。在百货商店产生之前，中国的传统商业街不仅是拥挤的交通道路，而且云集的都是十几平方米和几十平方米的小店铺，黑暗、低矮和潮湿，并非游览的景观。百货商店出现之后，如同将商业街部分商店移至室内，内部布置美轮美奂，外部建筑霓虹灯闪烁，大玻璃橱窗成为街道的独特风景线，也部分取代了传统小店铺的幌子，"街道不再只是到达目的点的通道，它本身就是目的"②。例如，当时上海大新公司一楼外墙设置了连续的18个大玻璃橱窗，使所在街道令人流连，人流聚集。一家百货商店就可以使所在街区繁华起来，上海南京路云集四大百货公司，自然成为上海人流聚集和享乐的街区，成为一个城市的中心，也创造了街道文化。因此，"南京路的百货公司用商业文化功能促进中国人社会的大众社会化，在使南京路成为上海第一商业街、娱乐街和'海派'文化中心的过程中，做出了巨大的贡献"③。

（3）打造了一种独特的都市文化。"百货公司作为现代城市的象征，能够满足旅客对现代上海的好奇心——而百货公司富丽堂皇的建筑及令人惊艳的橱窗，便是外地人对摩登上海的第一印象"④。王府井大街在没有百货商店的时代仅是一条商业街，有了王府井百货大楼之后，才显现出现代城市的模样，成为北京城的一张名片。1910～1920年上海百货商店纷纷建立，1930年之后上海人口就超过350万人，成为名副其实的世界大都市，推动上海消费文化和都市文化的形成，进而被称为"摩登上海"⑤。因此，有专家认为，"这些商业设施虽然以百货公司名义运营，但不仅销售商品，还通过提供与娱乐、文化相关的各种服务和消费，发挥了都市社会的多种重要机能"⑥。

---

① ［日］菊池敏夫：《近代上海的百货公司与都市文化》（陈祖恩译），上海人民出版社2012年版，第166页。
②④ 连玲玲：《从零售革命到消费革命：以近代上海百货公司为中心》，载于《历史研究》2008年第5期。
③ ［日］菊池敏夫：《近代上海的百货公司与都市文化》（陈祖恩译），上海人民出版社2012年版，第103页。
⑤ ［日］菊池敏夫：《近代上海的百货公司与都市文化》（陈祖恩译），上海人民出版社2012年版，第7页。
⑥ 同上，第72页。

6.2 非革命：一价商店变革

由前述可知，一价商店在西方零售历史上被认为是一次零售革命，但是在中国不具备零售革命的特征，仅是一次零售业的变革，主要是冲击性和广延性不够，并未对中国零售业产生重大影响。因此，这里不再详细分析，仅描述它在中国发展的简况。一价商店在中国的发展分为两个阶段：20世纪30年和90年代。

（1）一价商店在中国的产生期（20世纪30年代）。最初，一些小商店为了处理积压品或者吸引客流，在店内设置一价商品柜台，取得了很好的效果，因而很多小商店模仿。1878年，美国商人伍尔沃斯开办了世界上第一家一价商店（不仅是一价商品柜台），成功之后得到扩散，例如，英国马莎公司推出了"一和六便士商店"，法国春天百货商店和老佛爷百货商店都设立了一价商店，价格为10法郎和20法郎。后来，由于一价商店出现了商品质量问题，这些欧美一价商店演化为折扣商店。

通常认为，中国的一价商店出现于20世纪90年代，其实不然，在30年代，伴随着中国百货商店的发展，出现了跟西方非常类似的一价商店。其演变过程与西方国家类似，由一价商品柜台到一价商店。惠罗公司率先在百货商店中设立了"一元货"柜台，使商店每天销售额由三四千元增至近万元，引得其他百货公司效仿，最终导致先施公司在1933年创办了两家"一元商店"，全店商品仅以五角或是一元的价格销售①。

（2）一价商店在中国的重生期（20世纪90年代）。一价商店在中国的重生源于日本一价商店的发展和影响。20世纪70年代，日本就出现了百元店（折合人民币7元），但是规模较小，90年代之后开始连锁化发展，出现了较大的公司，如日本大创公司创办于1977年12月，在2003年就已经有2400多家百元店连锁店铺，销售额达2420亿日元。受其影响，在90年代初期，香港曾经流行"10元商店"，店主将一件或几件商品捆绑在一起，都以10元的价格出售，受到了顾客的欢迎，直到90年代后期也是生意兴隆的。在90年代后期，这种一价商店出现在大陆，创办者主要是一些经营小商品的商人，销售的商品都是日常生活用小商品，质量不高。1996年西安出现了十元店，但由于商品品质限制没能获得较大影响，后转型为折扣商店。2004年日本大创公司在厦门开设了"富有

---

① 连玲玲：《从零售革命到消费革命：以近代上海百货公司为中心》，载于《历史研究》2008年第5期。

百货 10 元店",随后也有其他公司采取了"一价商店"的业态经营战略。至今仍然有一些一价商店生存和发展着中,有些则采取折扣商店和一价商店混合的模式,如上海农工商超市公司开设的"伍缘馆"就属于这种类型。

6.3　第二次零售革命:连锁商店

连锁商店发展对于中国零售业和制造业的影响都是巨大的,这一零售组织的变革使零售企业的规模可以扩展到无限大,无论是大店铺,还是小店铺,连锁经营都是他们实现规模经济的一条重要路径。

6.3.1　连锁商店革命的原因

在分析西方连锁商店革命的原因时,我们提到了"电力革命—工业生产效率提高、规模扩大—大规模分销—连锁商店革命形成"。然而,中国连锁商店发展的原因具有自己的特殊性。

(1) 呈现出连锁经营发展的必要性。这个必要性初期主要是为了解决国有小副食店、小粮店、小食品店、小杂货店等面临的生存困境。1978 年中国开始了改革开放,集市贸易得到快速发展,商品供求紧张状况得到缓解,这就使集市贸易和小商品批发市场商品日益丰富。到 20 世纪 90 年代初期时,居民发现原有社区内的小副食店、小粮店、小食品店和小杂货店等变得可有可无,商品品种少、价格贵,店铺黑暗、杂乱等,纷纷转到集市贸易和小商品市场购物。这一方面导致国有小店铺面临着生存困境,另一方面由于集贸市场和小商品市场的假货、环境等问题,也让居民购买的安全性和便利性受到影响。此时,一些国营食品、副食品公司开始进行连锁经营尝试,实现小店铺的规模化发展,取得了一定效果,进而在 90 年代初期中央政府决定推广连锁经营模式。

(2) 具备了连锁经营发展的可能性。第一,收入水平达到连锁发展要求。根据国际连锁发展经营的经验,一国人均年收入达到 250~600 美元时,连锁经营开始发展,达到 600~850 美元时,大规模、国际化连锁商业出现。1994 年我国城镇人均收入达到 3179 元人民币,约折合 370 美元。第二,市场要素达到连锁发展要求。主要表现为商品丰富,供求实现基本平衡;生产发展,可实现产品、包装、规格的标准化,这是连锁经营的基础;零售新技术广泛应用,计算机可以渗透至顾客购买和店铺销售旅程的每一个环节。第三,零售网点提供了连锁基础。当时,国有和合作社系统零售网点数以万计,1800 多万名职工，在居民区形成了便民的零售店铺网，也有相应物流、仓储配套设施，这为连锁经营发展提供了一定的基础和条件。

（3）政府是连锁经营发展的发动机。中国连锁店革命的爆发在本质上是由政府推动的，这与当时国有和合作零售企业占比重较大有着密切关系。早在1985年，李岚清副总理在天津工作时，曾在国际商店开幕仪式上提出发展连锁经营的建议。1992年底，原商业部长胡平在该部经研中心关于考察日本连锁商业的报告上批示，要求有关司局认真研究在中国如何发展连锁经营。1993年国内贸易部成立以后，正式提出要把发展连锁经营作为流通体制改革的一项重点任务。当年李岚清副总理在听取内贸部部长张皓若等人汇报工作时，曾意味深长地说，你们这届领导如果能把中国的连锁商业发展起来，功德无量！在1994年1月召开的全国商品流通工作会议上，内贸部提出了大力发展连锁经营的战略目标，并专门成立了连锁商业办公室。1994年3月，国家经贸委、国内贸易部在广州召开了连锁商业座谈会，提出既要防止一哄而起，又要积极创造条件，搞好试点，强调必须打破行业和地区界限；同年6月，国内贸易部成立了一个连锁店发展指导小组。1995年3月，国家经贸委、国家体改委、国内贸易部联合在上海举行了部分省市连锁经营座谈会。李岚清副总理到会发表了《发展连锁经营，推动商业体制改革和流通产业现代化》的重要讲话。同年，国务院决定将城镇国有粮油零售网点的房产划转粮食部门管理，全国工商银行系统共向各地连锁商店贷款12亿元，这些措施大大推动了全国连锁经营的发展。1995年6月26日，内贸部颁布了《全国连锁经营发展规划》，明确提出了我国连锁经营发展的指导思想、原则、发展规划、任务和措施。从此，连锁经营以前所未有的态势轰轰烈烈地发展起来。截至1995年底，全国实行连锁经营的公司已达400家，各种形式的连锁门店6000个以上。在规模扩大的同时，注意了连锁企业的规范化管理。1997年3月，内贸部经过长时间的调查研究，并报经国务院李岚清副总理同意，发布了《连锁经营管理规范意见》，它对我国连锁经营的规范化以及健康发展具有重要意义，成为我国连锁经营健康发展的保障。①

6.3.2 连锁商店革命的爆发

中国连锁商店的萌芽出现于20世纪初，一些老字号开有若干分店，但是规模小、管理手段落后。现代连锁经营的探索始于20世纪80年代，当时一些

---

① 《中国连锁经营年鉴（1990~2000年）》，中国商业出版社2000年版，第12~25页，第67~79页。

国际著名的企业以直营或联营、独资或合资的方式进入中国开设分店。1984年8月意大利纺织金融集团以商标特许者身份确定了在北京的首家皮尔·卡丹专卖店。1987年肯德基在北京前门开设了中国大陆第一家店铺，1990年10月麦当劳在深圳也开设了中国大陆第一家店铺。

同时，在20世纪80年代，一些本土企业开始出现联营、建分店的现象。上海一百、王府井百货大楼、东安集团等设立了分店。狗不理包子店在1980年、全聚德在1985年以输出品牌和技术等形式建立了分店。这些尝试可视为连锁经营的萌芽。

在20世纪80年代末和90年代初，随着人们生活水平的提高和豪华精品店的出现，零售店铺掀起了装修改造的热潮，原有的小副食店、小粮店、食品店在综合商店和农贸市场的双重夹击下，面临着生存困境，而居民又普遍感到日常生活用品购买不方便。政府和国有企业开始寻求国有小店铺的生存和发展之路。

1990年12月26日，中国第一家连锁超市诞生，为广东省东莞市糖烟酒公司创办了美佳连锁超级市场，营业面积200~300平方米，经营商品3000多种，实行高度集权的总部管理。1991年9月，上海联华超市挂牌；1992年8月，北京希福连锁店正式营业。它们是中国连锁经营的先驱，美佳、希福着重于旧商业网点的改造，联华立足于开发新网点。他们的有益探索为国有零售企业改革提供了新的思路，政府明确提出了发展连锁店的设想，从而带动了连锁店发展的高潮，最终连锁商店革命的爆发。

6.3.3 连锁商店的革新性

中国连锁商店革命的革新性保留了西方连锁商店革新性的特征，如组织连锁化、经营规模化和运营低成本化等，但更为突出的是规模化发展和制度创新两个方面。

（1）规模经济的实现。这是连锁商店根本的革新，在网上商店之前，零售经济就是规模经济，规模经济就是店铺数量集合而成的规模效益。在传统的计划经济体制下，国有零售店铺很多，但是实行分配制度，无法体现规模效益，后来经济体制改革之后，采购和经营权利下放，各个店铺又开始独立经营，也无法体现规模效益。连锁经营使一个一个店铺串联起来，最终可以实现规模经济。有一个形象的比喻，一个一个珍珠虽然美丽，但是串成珍珠项链才能更加美丽，连锁化就是串珍珠的过程。1999年，上海华联连锁超市公司销售额达到74亿元人民币，名列中国零售百强之首，超过了长期处于第一位置的上海第一百货商店。

（2）经济制度的创新。这是中国连锁商店的独特创新。连锁商店的革命，是零售组织的变革，涉及总部和店铺之间、店铺与店铺之间、店铺与分销商之间利益的重新调整。当时中国正处于所有制改革、经营体制改革的时期，因此这些复杂的因素交织在一起，使中国连锁经营发展必须进行本土创新。例如，如何打破地方封锁，如何实现总部统一纳税，如何跨区域发展等问题，都是政府政策和企业创新不断进步的结果。早在1997年7月，李岚清副总理在全国连锁经营工作会议上的讲话中提道："一定要打破行业、区域和经济成分的界限，在对现有连锁企业进行调整、兼并、重组的基础上，增加连锁企业中店铺的数量，扩大经营规模。不然，总是搞割据、小而全、小天地、躲进小楼成一统，我们的连锁店是没有前途的"[①]。可见，没有制度的创新，没有政府政策的推动，就不会有当时中国连锁商店革命的爆发，可能会晚若干年的时间。

6.3.4 连锁商店革命的演化

中国连锁商店革命的演化同西方国家一样，都经历了导入期、成长期、成熟期和衰退期四个阶段，但是由于生产力发展水平和社会经济制度的影响，存在着滞后现象，具体演化过程也有着自己的一些特征，除了表6-3反映的一些特征之外，中国连锁商店革命的演化还具有连锁业态、连锁类型和所有制多样化的特征。

表6-3　　　　美国、法国、日本、中国四国连锁商店演化

国别 \ 阶段年代	革新阶段	发展阶段	成熟阶段	衰落阶段
美国	1859~1900年 约40年	1901~1970年 约70年	1971~2010年 约40年	2011年之后
法国	1866~1900年 约35年	1901~1960年 约60年	1961~2010年 约50年	2011年之后
日本	1926~1960年 约35年	1961~1971年 约10年	1972~2010年 约40年	2011年之后
中国	1990~2000年 约10年	2001~2010年 约5年	2011~2015年 约5年	2016年之后
中国与西方国家距离	距美、法100年，距日40年	距美、法、日40~50年	距美、法、日40~50年	几乎同步发生

资料来源：李飞，《零售革命》，经济管理出版社2003年版，第111页。

---

① 中国连锁经营协会：《中国连锁经营年鉴（1990~2000）》，中国商业出版社2000年版，第21页。

（1）从单一业态向多业态扩散。在20世纪90年代初期，以"便民、利民、为民"为宗旨，着重发展了便利店和超级市场，其他业态，如专业店、仓储式商店以及餐饮业、服务业连锁也有一定发展。到了90年代后期，超级市场成为主力业态，仓储店、家居中心等成为尝试型业态，便利店是最具潜力的业态，百货商店连锁成功者较少。不过，到21世纪初期，几乎所有零售业态都采取了连锁经营的方式，例如在当时中国连锁经营协会发布的连锁百强排行榜中，包括了超级市场、百货商店、仓储商店、餐饮店、电器商店、便利商店、家居商店等业态。

（2）从直营连锁向特许经营扩散。中国连锁经营起步于直营连锁，麦当劳和肯德基进入中国之后，采用特许经营方式的零售企业也越来越多，并且从零售业、餐饮业逐渐扩展到汽车销售、干洗、电脑、家电、石油、食品等行业。1998年12月8日，中国连锁经营协会成立了特许经营委员会。据中国连锁经营协会的一项调查显示，中国连锁经营协会已有40%的会员单位开展了特许经营业务，60%的特许经营企业有了较为规范的加盟手册和运营手册。同时，特许经营的形式也日益多样化，从直接特许向合资特许、区域特许扩展。该协会的另外一项调查结果显示，2010年底中国特许经营体系超过4500个，覆盖的行业和业态70个。

（3）从单一所有制向多种所有制扩散。在20世纪90年代初期，国有流通企业成为连锁经营的主体，随着我国经济体制改革和对外开放的逐渐深入，集体、私营、股份制、外资等其他资产主体的连锁企业比例呈现出逐年增加的趋势。美国、法国、德国、英国等国家的世界著名零售集团在1996年之后，纷纷采用连锁经营的方式进入中国。2001年在全部限额以上连锁企业中，国有及国有控股企业为366个，占全部连锁零售企业的比重为42.1%，连锁门店数占总店数的59.4%，营业面积占48.8%，从业人数占47.6%，零售额占58.4%；私营企业、外商投资企业、股份合作制企业、集体企业等所占比重为57.9%。[①]

有学者将中国连锁商店革命的开始和完成时间确定为1990~2013年（李俊阳，2018），由前述分析可知，这个结论是不符合实际的。它以美国快餐公司肯德基在中国开设第二家店铺为中国连锁革命开始的起点，以2013年中国连锁企业销售额达到的最高点作为革命的完成点，前者不能说明中国连锁革命的开始，后者至多表明革命进入了成熟期，"完成"一次并非零售革命描述的准确概念。

---

① 国家统计局贸易外经司课题组：《我国连锁商业的发展现状与趋势分析》，载于《经济研究参考》2003年第20期。

6.3.5　连锁商店革命的影响

中国连锁商店革命，不仅改变了零售业传统的经营方式，且还改变了生产企业的分销方式，使居民购买更加放心和便利。其核心还是围绕着零售商主导地位的确立。

（1）造就了巨型规模的零售集团。在中国连锁商店革命之前，零售企业大多是单店运营，因此最大的零售企业都是单体百货商店。1990年上海第一百货商店位居第一位，销售额仅为7.8亿元，但是到了1999年，上海联华超市公司就以74亿元的销售规模位居中国零售排行榜的第一位，超过1亿元的连锁公司达到15家[1]。到了2010年，中国连锁百强企业销售额规模达到1.66万亿元，门店总数达到15万个，苏宁、国美和百联销售额都超过1000亿元，成为国际级别的零售巨头公司。[2]

（2）助推零售商取得主导市场地位。由于零售连锁企业规模巨大，成千上万的网点渗透到每一个顾客容易接触的地方，加之中国市场出现了供过于求的态势，因此在工商博弈过程中，改变了过去（商品短缺、零售规模小）制造商主导的局面，零售商起着越来越大的主导作用。不仅决定着如何销售，还决定着如何生产，因此出现了零售商向制造商、代理商收取进店费、上架费、促销费、人工费等现象。

（3）提高了零售连锁企业的绩效。在中国流通体制改革的前十年，部门分割、地区封锁的状况并没有根本改善；国有企业机制不顺，效益低下的问题也没有明显好转。1990年开始的连锁商店革命，一方面提出通过规模化降低成本、提高效益，另一方面私营企业、外资企业纷纷涌入连锁领域，这对我国旧有的流通体制构成威胁，形成压力。国有企业要想生存和发展，必须改善经营机制，实现规模效益，同时政府必须提供与发展要求相适应的政策与法规。新的机制、新的政策、新的市场地位，使零售企业经营效益大大提高。

（4）便利了顾客购买和消费。中国连锁经营的发展，促进了多种业态的出现与完善，它们针对顾客需求提供丰富多彩的商品与服务。同时，诸多连锁企业启用了电脑信息管理系统，对顾客需求信息可以及时地进行收集、分析与运用，真正实现按需组织商品供应。连锁企业店铺的分散化、店面及商品的标准化，使顾客可以就近完成购买行为，统一的商品管理保证了商品质量，减少

---

[1] 马军：《我国百货商店发展历程及展望》，载于《现代商业》2016年第1期。
[2] 《2010—2011中国零售行业研究报告》，www.chinabgao.com/report/253301.html。

了顾客选择商店的不确定性。连锁企业店铺明亮、清洁、整齐化管理，并依照顾客购物心理进行动线规划，为顾客提供了更加舒适的购物环境。另外，中国连锁经营发展一直强调"为民、便民、利民"的宗旨，与"菜篮子""米袋子"工程相结合，通过统一采购和规模经营起到了稳定市场的作用。

（5）促进了相关产业的快速发展现代化。随着中国连锁经营的发展，一些现代化的流通技术得到了广泛运用。到1995年全国大型商业企业有60%建立起或开始建立计算机信息系统，一大批大中型零售企业和饭店服务业还专门建立了金融商业POS系统，支持信用卡的受理运用。有条件的企业建立和完善了自己的配送系统，诸多企业开始尝试网上交易。供应链技术、品类管理技术开始得到应用。

同时，连锁企业现代化水平的提高带动了相关产业的发展。它促进了食品等行业的标准化生产，以及农副产品和养殖业的规模化发展；促进了商品开发、加工、包装、储运等行业的技术进步；促进了货架、冷藏设备、电脑设备等商用设备制造业的发展；促进了商业管理咨询业及软件业的兴旺，对我国经济的繁荣和稳定做出了巨大贡献。

6.4　第三次零售革命：超级市场

中国超级市场革命有一个曲折的过程，直到20世纪90年代，伴随着连锁经营的发展，才真正开始爆发，显然与西方超级市场革命有着不同的轨迹。

6.4.1　超级市场革命的原因

在分析西方超级市场革命的原因时，我们提到了"工业革命—轿车、冰箱进入家庭——一次购买多日消费的商品；电脑革命—零售公司电子化管理—自助式购物—超级市场革命形成"。中国超级市场革命的原因基本是与上述分析相匹配的，但也有自己的独特原因。

（1）经济环境发展提出了发展超市的需要。世界超级市场发展的历史表明，它生存的条件是人均国民收入1000美元，家庭电冰箱普及率50%以上，千人拥有小汽车100辆以上，生产和包装实现标准化等。以此为标准，上海市政府当时认为，1992年人均国民生产总值达到9700多元人民币，接近国外连锁超市发展初期的经济水平，1996年达到14500元人民币，达到国外连锁超市大发展的水平。当时，北京、广州、深圳的经济水平也与上海接近，这是超级市场革命于20世纪90年代在中国爆发的重要原因之一。① 在这个经济环境之下，产生了一次购买几天所用食品的需求，同时顾客主权意识有一定觉醒，偏好便利地自选购物。

（2）连锁商店革命起到了重要的助推作用。1978年中国开始了经济体制改革，经过十多年的发展，市场上的商品丰富起来，居民收入也明显增加，推动了城乡集市贸易和小商品市场的发展，这使位于居民区的国有小店铺走向萧条，为超级市场的发展提供了机会。加之政府推动国有小店铺的复兴和连锁化发展，有政策支持、有连锁机制，还有现成的、位置良好的零售店铺，因此大大地推动了超级市场的发展。在中国，超级市场和连锁经营像连体婴一样一起发展起来，缺少任何一方，都会导致另一方的零售革命受到影响，至少会推迟其爆发。

（3）零售技术的发展提供了运营方面保障。由于信息系统的发展，零售企业开始运用条码技术、电脑收银系统、电脑订货系统、电脑核算系统、电脑监控系统等，这些技术一方面可以提高后台管理效率，另一方面也使前台的自选购物旅程变得可行和容易。仅以销售时点信息管理系统（POS）技术为例，1981年国家商业部从日本进口了4000台528收款机，分配给全国各大商场使用，主要作用是收银。直到1994年，全国电子收银机数量还是有限的，1995年随着连锁超级市场的发展，该年销售的收银机就为3万台，但是真正的POS机不到1/3。到了2000年以后，综合性的电子信息系统得到广泛应用，超级市场发展出现高潮。

6.4.2 超级市场革命的爆发

在20世纪80年代中国就出现了超级市场，但是并没有引发零售革命，其革命的爆发则是在20世纪90年代中期。

（1）超级市场革命的萌芽阶段（1980~1985年）。中国大陆第一家超级市场出现于1981年4月12日，即广州友谊商店附设的小型超级市场，占地270平方米，出口处设有3台收款机。1982年底，北京第一家超级市场在海淀区正式营业，创办者为海淀区蔬菜公司，营业面积为215平方米，另有135平方米的加工车间，主要经营蔬菜，兼营干菜、酱菜、肉类、蛋禽、水产、调料和豆制品等共260多个品种。商品全部经过加工，分成小包装，包

---

① 冯柔：《对我国经济发达地区中小城市发展连锁超市的几点思考》，载于《北京商学院学报》1996年第6期。

装袋上标明价格，顾客可以进店自取自选商品。商店则把售货所用的人力转移到对商品的加工上，大大减轻了顾客的家务劳动，节省顾客购物时重复排队的时间，计算机计价收款，1983年元旦这一天销售额就达到了11200元。到1983年底，北京市超级市场达到22家。上海在70年代末曾出现过小型自选商场，但由于商品缺乏和高失窃率而夭折了。1985年开始向北京学习，将菜场和粮油商店转型为自选商场，较著名的有杨浦环球自选商场、南洋桥粮食局自选商场、天山菜场自选商场和陕北菜场自选商场等，当年上海自选商场就达20多家。中国三大城市的商业变化，一直起着某种示范作用。1985年，全国已有超级市场140家左右，但是由于一些凭票证供应的商品可以自由购买，超级市场垄断紧俏商品货源的优势消失了，使超级市场面临困境。据统计，全国140多家超级市场中，有75%以上亏损。北京的28家有17家盈利，11家亏损，盈亏相抵后仅盈利16.91万元，大大低于传统商店的盈利水平。1986年2月，北京第一家超级市场——海淀超市关门倒闭。同年，广州的9家超市关闭了5家，天津的5家超市关闭了3家。随后，全国超级市场发展出现停滞。[①]

1986~1990年，仍以超级市场形式经营的商场寥寥无几，比较著名的有广州友谊商店附设的超级市场，北京的京华自选市场等。

（2）超级市场革命终于爆发（1990~1995年）。超级市场在中国沉寂了5年后开始复苏，仍然率先在广东、上海、北京发展。

1990年12月26日，中国第一家连锁超市——广东东莞美佳超市公司的第一家门店在广东省东莞市虎门镇开业。到1996年底，其门店总数达到40个，销售收入达到1.4586亿元。

1991年9月2日，上海联华超市商业公司第一家真正意义上的超级市场在一个居民区开业了，即联华超市曲阳店。该店营业面积800平方米，经营3000种日用工业品和副食品，开业一个月内顾客天天要排队进店购物。到1996年底，其店铺总数名列中国第一，达108个，销售额达8亿元。

1992年1月28日，北京希福连锁总店的6家门店在北京同时开业。"希福"的业态是个混血儿，大家称其为"便民店"，实际上是采取了便利店的形式来经营迷你超级市场的商品。到1996年底，希福店铺数达32个，销售额过亿元。1997年夏，"希福"与"好邻居"公司合并。

由于全国小百货店、小副食店、小菜店、小粮店正在寻找复兴的道路，榜样的作用使全国很快掀起开办超级市场的高潮。1996年底，全国已有各类连

---

① 夏林玉：《超级市场的运营模式及经济规律研究》，复旦大学硕士论文，2005年。

锁公司700多家，各种形式的直营店、加盟店10000个左右，其中绝大多数为超级市场。

6.4.3 超级市场的革新性

中国超级市场的革新性延续了西方超级市场革新的本质特征，如开架售货和自我服务性、日常生活用品一次购足性，以及信息技术在运营过程中的应用。但中国超级市场革新也有不同的方面，主要表现为：店铺位置、店铺规模、商品结构等几个方面。

（1）店铺位置大多位于社区。西方超级市场大多位于城市郊区，顾客开车去购物，满足居民日常生活一次购足一星期的需要。中国超级市场的发展大多源于旧店铺的改造，这些店铺过去是根据居民小区建设配套设立的，因此早期中国超级市场大多都是位于居民区和社区商业中心，居民不必开车，步行几分钟就可以到达。

（2）店铺规模大多在500平方米。西方超级市场革命在1930年出现了数百平方米的超级市场，1963年出现了超过2000平方米的大型超级市场（特级市场）。中国虽然在20世纪90年代前半期爆发了超级市场革命，但是初期都是数百平方米的超级市场，并认为500平方米的超级市场是绩效最好的店铺规模，当然这也与中国超级市场不是新开发的店铺，而都是传统小店铺改造的有关。直到1995年底，家乐福在北京开设了一家超过2000平方米的大型综合超市，才引发了本土零售公司的模仿。

（3）包装食品占有较大比重。西方超级市场的发展建立在生鲜品生产、加工、包装等标准化的基础上，因此蔬菜、水果、肉类、现场烤面包等生鲜品占有较大比重。但是，中国超级市场革命的初期，食品加工实现了初步标准化，但生鲜品大多为散装的形式，没有实现标准化，也没有实现规模化的工业化生产，一家一户的农业生产占有较大比重。因此，生鲜品在超级市场中占比重较小，包装食品占有较大比重。

6.4.4 超级市场革命的演化

中国超级市场革命的演化同西方国家一样，都经历了导入期、成长期、成熟期和衰退期四个阶段（见表6-4），每个阶段也都具有相同的特征，只是革命的时间晚于西方的超级市场革命，不过与中国连锁商店革命演化的时间阶段基本是相匹配的，说明中国的连锁商店革命和超级市场革命是伴生爆发的。

表6-4　　　　　　美国、法国、日本、中国四国超级市场演化

国别＼阶段年代	革新阶段	发展阶段	成熟阶段	衰落阶段
美国	1930~1935年约5年	1936~1965年约30年	1966~2000年约35年	2011年之后
法国	1959~1962年约3年	1963~1968年约5年	1969~2000年约30年	2011年之后
日本	1953~1959年约7年	1960~1989年约30年	1990~2000年约10年	2011年之后
中国	1981~1995年约15年	1996~2005年约9年	2006~2015年约10年	2016年之后
中国与西方国家距离	距美50年，法、日30年	距美60年，法、日30年	距美、法30年，日15年	几乎同步发生

（1）超级市场革命的革新期。尽管中国超级市场产生于20世纪80年代，但是由于商品紧缺，无法实现自选购物，1990年开始的复苏行动才掀起了一场超级市场革命，商品逐渐丰富起来，店铺非常明亮，陈列整洁，顾客开始真正意义上的自选购物，标准化的超级市场业态形成。但是，当时规模还是比较小，主要经营包装食品，生鲜品仅占很小的比重。

（2）超级市场革命的发展期。1995年和1996年，家乐福在北京和上海开办的大型超市取得成功后，在全国出现了开办大型超市和仓储商店的热潮，使中国大型超级市场发展进入了快速发展期。据中国连锁经营协会在1999年上半年的调查结果显示，全国35个城市有3000平方米以上的大型超市146家。其中店铺面积在3000~6000平方米的占47%，6000~10000平方米的占24%，10000平方米以上的占26%。

在2000年中国商业零售业百强排行榜中，联华超市公司以111亿元销售额名列榜首，超过了一直处于中国零售排行首位的上海一百。据中国连锁经营协会公布的2000年中国连锁业百强显示，超级市场和大型超市分别占有55席、21席，二者合计为76席，其运营效率也大大提高。这种快速发展的势头一直持续到2005年。

（3）超级市场革命的成熟期。由于外国著名零售集团在中国快速发展，以及本土超级市场公司的扩张，从2005年开始，中国超级市场就显现出成熟期的征兆，限额以上超级市场的平均毛利率仅有15.7%，有明显下降的趋势，全国超级市场平均纯利率仅有1%。由于受到网上商店的影响，中国超级市场在2006~2015年提前进入了成熟期。

(4) 超级市场革命的衰退期。随着网上商店革命进入全渠道商店的时代，线下超级市场革命在 2016 年开始进入成熟期。超级市场公司为了应对衰退期的来临，主要采取了增加毛利率高的生鲜品的经营，同时开办网上超市，实施全渠道商店的策略。中国连锁经营协会在 2015 年初的一项调查结果显示，在调查的 103 家超级市场中，37% 的公司开展了网络零售业务，平均每家公司实现的销售额为 3757 万元，占总销售额的 0.9%，足见全渠道商店远未形成。

6.4.5 超级市场革命的影响

中国超级市场是连锁商店革命的重要业态载体，它改变了中国零售业的面貌，提高了人们的生活水平，带动了相关产业的发展。我们完全可以用连锁革命的意义来说明超级市场革命的意义。因此，这里不再赘述。

需要特别强调的是，超级市场革命带来的开架售货、自选购物对诸多零售业态都产生了较大的影响。一方面，推动了中国百货商店开始开架售货，大大便利了顾客的自由选择；另一方面，推动了其他新型业态的发展，如家居店、建材店、餐饮店、文具店等都采取了自选购物的方式，这是零售店铺的一项重大变革，影响深远。

6.5 第四次零售革命：购物中心

中国购物中心革命有着自己明显的特征，主要是伴随着豪华酒店和高档百货商店的发展而形成的，始于 20 世纪 90 年代前半期，这与西方购物中心革命完全不同。

6.5.1 购物中心革命的原因

由前述可知，西方购物中心革命的原因在于"工业革命—城市病—回归自然文化—郊区居住—城郊购物中心革命形成"。中国购物中心革命与之完全不同，与居住郊区化没有必然联系。中国购物中心革命，主要是源于中国 1978 年底开始的经济体制改革和对外开放政策，经过十几年的发展，到了 90 年代前半期显现出了明显效果。

（1）催生了较高收入阶层。经过十几年的经济体制改革，不仅使商品日益丰富起来，改变了市场供不应求的状况，同时也使人们收入水平大大提高。到了20世纪90年代前半期，一部分先富起来的高收入阶层出现，他们的消费需求开始从量的增加向质的提高方向发展，对零售商店有了更高需求，购物环境要舒适，店铺功能要齐全，商品档次要高端等，这就要求国际化的大型百货商店或购物中心的出现。

（2）零售投资迅速增加。高端零售的需求产生，原有的传统零售业发展严重滞后，加之城市更新改造，商业物业成为投资的热门，回报率相当高。这就吸引房地产投资商向大型零售设施投资，初期是星级酒店附设购物中心，后来专门投资建立大型商业综合体，规模越来越大，不得不将店铺功能向综合性的购物中心转移。

（3）吸引了国际零售集团。如果说经济体制改革刺激了高端零售的需求，那么可以说对外开放促进了高端零售的供给，高端百货商店和购物中心的发展是与对外开放密切联系在一起的。初期，是港资公司在中国开办五星级酒店，酒店中附设购物中心，规模较小，吸引一些国际品牌入驻，这是奢侈品品牌进入中国的原始路径，他们认为奢侈品的目标顾客是住五星级酒店的人。后期，日资公司直接投资或以输出管理的方式推动了中国标准购物中心的发展，但也不是设立在郊区，而是开设在城市中心区，否则无法生存。例如，1992年日本八佰伴与上海第一百货公司共同投资建立了第一家中外合资零售企业——第一八佰伴新世纪商厦，为当时亚洲最大的购物中心，建筑面积14万平方米。1992年在北京开业的赛特购物中心，是由日本八佰伴输出管理的。这些合资和合作的购物中心，起到了样板作用，引起仿效风潮，导致零售革命的爆发。

6.5.2 购物中心革命的爆发

中国购物中心革命的爆发，经历了萌芽期和爆发期两个阶段，两个阶段有着自己明显的特征。

（1）萌芽期：20世纪80年代末至90年代初。中国购物中心店牌最早出现于80年代末，当时伴随着大城市一批星级宾馆的出现而出现，这些宾馆常常附设有一家商场，主要服务于外宾，宾馆经营者将这种商场称为购物中心，如北京昆仑饭店附设的昆仑购物中心等。随后，一些商业街区也出现了称为购物中心的商场，如北京西单购物中心、北辰购物中心等。90年代初，伴随着北京赛特购物中心开业，全国各大城市称为购物中心的商场不断涌现。但是，此时的购物中心大多名不符实，或是规模较小，或是百货商店的别称。这一时期应视为中国购物中心发展的萌芽期。1990年8月,在北京作为国贸中心商业综合体的重要组成部分的国贸商场开业,它是首家通过引进品牌店进行零售经营的综合购物中心。

(2) 爆发期:20世纪90年代中期至末期。在该时期,中国各大城市出现了一批名符其实的购物中心。例如,北京的万通、新东安、中粮、丰联、恒基,上海的八佰伴、友谊商场,武汉的武汉广场,沈阳的东亚广场,广州的天河等。这些购物中心一般位于城市中心区,具有吃、喝、玩、乐、购等综合功能。虽然这些购物中心与欧美购物中心有一定的差异,但是基本具有了购物中心的特征。因此表明中国购物中心革命开始爆发。北京国贸商场经过1997年的大规模扩建改造后,于2000年5月全新亮相,正式更名为"国贸商城",设有滑冰场,具有了餐饮、娱乐和购物等综合功能。2010年,国贸商城三期开业,国贸商城总建筑面积达10万平方米,营业面积5万平方米,容纳租户近300家。

6.5.3 购物中心的革新性

中国购物中心的革新性,除了具有西方购物中心的功能综合性、店铺集聚性之外,还具有自身的一些特征,主要表现为店址非郊区性、与百货商店的相似性等方面。

(1) 位于城市中心区。西方购物中心产生的原因,在于城市中高收入家庭转移到郊区居住,家庭轿车普及,商人们为了满足他们的生活需求,就在郊区建设了购物中心,居民们开车前来购物,享受购物中心的娱乐和休闲设施。1994年美国光顾购物中心的顾客87%是自己开车,美、日、德购物中心设定停车场的标准是每20~60平方米营业面积一个车位,可见购物中心"这辆车"是通过汽车轮子推动的。在20世纪90年初中期,中国城市中高收入居民大多居住在城市中心区,家庭轿车普及率非常低,因此购物中心并没有在郊区发展,而是纷纷建在了大城市中心区,以保证购物中心拥有充足的客流,吸引品牌商入驻,实现经营者和品牌商的双赢。

(2) 恰似大号百货店。在中国购物中心发展初中期,有些是开发商由于城市商业地产卖不掉,自营没钱又没经验,才被迫走上出租办购物中心之路,也有一些是传统百货店活不下去,被迫向购物中心转型。还有一些新建的百货商店,由于建设规模过大,无法仅规划售卖功能,不得不增加休闲和娱乐功能,使一些百货商店越来越像购物中心。这使中国购物中心与百货店处于平行状态,且都集中在城市中心区,相互竞争激烈,购物中心没有显示出应有的优势。西方国家百货商店和购物中心一方面位置所有区别,大型百货商店位于城市中心区,购物中心位于城市郊区;另一方面,郊区购物中心在引进品牌店的同时,有时也引进单一售卖功能的百货商店,作为吸引客流的主题商店,实现了互补。在中国购物中心发展的初中期,购物中心和百货商店无论是在时间上、空间上,还是在功能上,都存在着明显的竞争关系。

6.5.4 购物中心革命的演化

中国购物中心革命的演化同西方国家一样都经历了导入期、成长期、成熟期和衰退期四个阶段（见表6-5）,每个阶段也都具有相同的特征,只是革命的时间晚于西方的购物中心革命,它是与中国百货商店由满足大众需求转移至满足中产阶层收入过程相匹配的,因此中国百货商店和购物中心存在着一定的竞争关系。

表6-5　　　　　美国、法国、日本、中国四国购物中心演化

国别 \ 阶段年代	革新阶段	发展阶段	成熟阶段	衰落阶段
美国	1920~1950年 约30年	1951~1970年 约20年	1971~2000年 约29年	2001年之后
法国	1958~1968年 约10年	1969~1973年 约5年	1974~2000年 约26年	2001年之后
日本	1966~1970年 约5年	1971~2000年 约30年	2001~2010年 约10年	2011年之后
中国	1990~2000年 约10年	2001~2015年 约15年	2016~2020年 约5年	2021年之后
中国与西方国家距离	距美、法40~50年,日30年	距美40年,法、日20~25年	距美、法30年,日10年	20年

（1）购物中心革命的革新期（1990~2000年）。由前述可知,中国在20世纪80年代末和90年代初期就已经出现名为购物中心的商业设施,但是对购物中心本质缺乏清醒的认识,经营者大多为房地产开发商,百货商店和购物中心业态常常混淆。直到90年代后半期,百货商店和购物中心经营者都在积极探索中国购物中心的模式,使百货商店和购物中心出现分离的趋势,购物中心显现出自己在中国的独有特征。

(2) 购物中心革命的发展期（2001~2015 年）。从总量方面看，2003 年中国有购物中心 675 家，2004 年达到 877 家，2011 年达到 2812 家，2015 年达到 4000 家，呈现出快速增长的势头。从区域方面，从一线城市开始向二线、三线城市延伸，在 2001~2010 年主要布局在一线城市，2010 年之后开始向二三线城市扩张，同时也从城市中心区向新建社区和郊区转移。从类型方面看，从过去单一的大型购物中心，向邻里型、区域型、超区域型等多种类型拓展，也出现了业绩良好的厂家直销中心（奥特莱斯），以及以休闲娱乐为主题的购物中心。至此，中国已经成为购物中心面积最大的国家。

(3) 购物中心革命的成熟期（2016~2020 年）。2015 年之后，虽然中国购物中心数量还在增加，但是速度开始放缓，同时业绩也出现了下滑的趋势，奥特莱斯呈现出较好的利润和销售额贡献，传统购物中心面临着挑战和变革的压力。因此我们认为中国购物中心在 2016~2020 年进入了成熟期，2021 年会进入衰退期。但是，这并不排斥在一些购物中心发展薄弱的地区呈现较快增长。

6.5.5 购物中心革命的影响

中国购物中心革命的影响主要表现在三个方面，为消费者创造新的生活空间、为品牌商提供了新的销售空间，以及激化城市零售商之间的竞争。

(1) 为消费者创造了新的生活空间。在中国 19 世纪末和 20 世纪初爆发的百货商店革命，就已经将购物、社交和娱乐等功能综合在一起了，但是随着历史的演变和商业体制的变革，百货商店这种综合性功能逐渐弱化，甚至完全消失了。中国购物中心的革命，将购物、社交和娱乐的功能更加完美地组合在一起，不仅给消费者提供了一个舒适的购物空间，而且还提供了一个美好的生活空间。例如，北京世纪金源购物中心、北京五彩城购物中心等，都成为家庭周末休闲度假的地方。

(2) 为品牌商提供了新的销售空间。长期以来，一些中高端品牌商大多选择百货商店业态作为合作伙伴，但是随着竞争激烈化，联营成为百货商店提高绩效的重要手段，而随着网上商店的发展，百货商店客流量大大减少，集客力逐渐弱化，这使品牌商的经营风险变得越来越大。此时，购物中心的发展为品牌商提供了新的与消费者接触的空间，同时购物中心规模大于百货商店，功能多于百货商店，集客能力也强于百货商店。因此，在百货商店进入衰退期，购物中心还停留在发展期或成熟期。另外，工厂直销中心（奥特莱斯）的出现，也为品牌商处理积压品、国际品等提供了新的通路。

（3）激化了综合零售业态之间的竞争。这是中国购物中心发展所独有的。西方购物中心革命主要体现为功能综合化（增加休闲和娱乐功能）及店址郊区化，因此跟百货商店是互补合作的关系。但是中国诸多购物中心开设在城市中心区，甚至就开在繁华商业街上的百货商店旁边，加之百货商店功能也向综合化方向发展，因此购物中心和百货商店之间的竞争激烈化，也会导致周边一些小店铺关门倒闭。未来较长一段时间里，诸多城市中心区都会呈现出零售商业设施饱和的趋势。

6.6 第五次零售革命：步行商业街

中国传统商业街已经有数千年的历史，一直也没有完全消失，据文献记载，早在1973年渡口市就规划有炳草岗步行商业街（吴爱伦，1980）。但是步行商业街的革命还是20世纪末期的事情，它对于复兴城市中心商业区具有重要的影响。

6.6.1 步行商业街革命的原因

由前述可知，西方购物中心革命的原因在于"工业革命—城市病—回归自然文化—郊区居住—城郊购物中心—城市中心区空心化—复兴城市中心商业区—步行商业街革命形成"。中国步行商业街革命与之略有不同，但是目的是同一个，都是为了复兴城市商业中心区的繁荣。

从中华人民共和国成立到20世纪80年代末，中国市场长期处于供不应求的商品短缺状态，诸多日常生活用品凭票、凭证供应，即使拥有票证也不能随时随地买到商品，断货常常发生。当时商品最全的就是各个城市中心区的百货商店，人们过节买糖果和点心也去百货商店，因此百货商店成为人流最为密集的地方，拥有百货商店的商业街自然成为城市中最为繁华，外地游客旅游的地方。然而到了20世纪90年代初，市场商品丰富起来，票证取消，位于非传统商业街的燕莎、赛特等现代百货商店崛起，店铺环境优雅，销售员年轻漂亮，商品丰富优质，加之超级市场和专业商店以及社区商业的发展，城市中心区百货商店出现了萧条景象，自然传统商业街也出现了不景气的趋势。因此，城市商业主管部门为了复兴传统商业街开始了百货商店升级改造，进而带动了整个商业街的改造。在20世纪90年代初，集中于商业街上店铺建筑的内外改造起到了一定作用，但是顾客流失和分流的问题并没有完全解决，因此，在90年代末期又开始了传统商业街的步行化改造,打造了城市中心区的"购物中心",满足顾客购物、社交、娱乐等多方面的需求。这种复兴传统商业街的做法,很快在全国扩展,导致中国步行商业街革命的爆发。

6.6.2 步行商业街革命的爆发

中国步行商业街革命的爆发,首先经历了现代改造,为步行化提供了基础设施保障,而后进行步行化改造和试点,引发步行街革命。

(1) 革命的准备阶段(1993~1995年)。在20世纪90年代初期,伴随着城市建设的热潮,中国主要城市的商业街开始了第一轮改造。在这一时期,商业街改造的重点是更新街旁的店铺,这需要吸引大的投资商投资街区建设,特别是商铺的建设上。商人投资以赚钱为目的,昂贵的土地费用不得不使商业街的建筑向高层发展。这一时期的商业街,虽然没有实现步行化,但是由于改造了过于陈旧的商业街店铺设施,为以后商业街的步行化打下一定的基础,因此,我们将其视为步行商业街革命的准备阶段。

在20世纪90年代初,上海南京路进行了第一轮改造,此次改造没有改变商业街的布局,主要是拆旧建新,新建了十大商厦,使有些萧条的南京路又繁荣起来。在这一阶段进行改造的上海商业街还有淮海中路商业街、静安南京路商业街和四川北路商业街。淮海中路商业街当时主要是翻修路面进行彻底改道,形成宽敞繁华的商业街,同时对原有店铺进了改建整修,既有巴黎春天、新华联商厦、百盛购物中心等现代百货商店,又有国际品牌专卖店。静安南京路商业街在这一时期改造了东段(到茂石路),建设了六大专业商厦和一批老字号特色店。四川北路商业街在这一时期进行了彻底地翻建,拆除危旧房屋,新建了十余座高楼,上为商务楼和酒店,下面裙楼为百货商店。[①]

同时,北京的主要传统商业街也进行了改造。1992年王府井大街开始了改道工程,当时的主要做法一是更新基础设施,二是拆旧建新。在将近6年的时间里,王府井如同一个大工地,有人称其为"推土机"式的改造,改造的结果使商业街的零售商业面积由9万平方米扩展至50万平方米。与此同时,西单商业街也进行了改道,1990年西城区政府参加北京市的赴港招商项目,成功引资进行西单东南及西单北大街两侧的开发,西单商场也进行了翻修改造,扩大了相近1倍的经营面积。

伴随着大型商场或曰百货商店的更新改造热潮,天津、大连、哈尔滨、沈

---

① 蔡鸿生:《城市商业发展的规模、规划、规范》,中国商业出版社2002年版,第116~118页。

阳等城市的传统商业街都进行了不同程度的改造。这一时期的特点主要表现为：通过改造店铺建筑设施更新商业街；改造了部分商业街的基础设施；扩大了商业街的零售面积；保持了原有商业街的格局与卖东西为生的传统；非步行化。

（2）革命的爆发阶段（1996~2000年）。在1999年中华人民共和国成立50周年大庆前夕开街的北京王府井大街和上海南京路，率先实行步行化，起到了一种示范作用，引得全国诸多城市仿效。但从总体上看，这一阶段仍处于试验阶段，其间王府井大街和南京路也一直在进行调整。

上海南京路在1995年事先试行周末步行化，但由于第一次改造没有从根本上改变其功能，提高其档次，因此效果并不十分明显。20世纪90年代末，市政府组织对南京路进行了第二轮改造，将中段的1033米建成了国内第一条商业步行街，并于1999年9月20日开街。改造后的南京路不仅形式上成为步行街，功能上也变得更加综合，百货业态比重下降，餐饮、娱乐、专业特色店比重上升。南京路商业街总长度2528米（其中步行1033米），网点230家，其中5000平方米以上的大商场20家，经营面积39万平方米；商业旅游特色店67家。整条步行街由区政府管理。

1999年，王府井大街的改造发生了转折，停止了一切新的建设，重点改变经营环境，使市场基础设施一步到位，提出了以人为本的原则，街旁有喷泉、休闲椅和反映晚清民情的雕塑，增加了绿地和花篮，街灯、地灯全部更新，成为一条现代化的商业街。但是在1999年9月开街时，仍是半步行化，即公共交通可以通行。不久以后，王府井又进行了二期工程改造，把王府井商业街向北延长至灯市口，形成了800米长的完全步行街，并调整了商业结构，形成了集购物、文化、休闲、娱乐、餐饮于一体的商业街。

在这一阶段，一些大中城市也改造了传统商业街，使其步行化。例如，哈尔滨市经过一年左右时间的改造，1997年6月哈尔滨中央大街步行街竣工，步行街全长1450米。1997年12月底，重庆解放碑中心购物广场完工，该工程是十字型步行街，东西长400米，南北长350米。1997~1998年，沈阳对中街—小东路商业街进行了步行化改造，沈阳中街为950米，小东路为318米，二者通过地下通道连接起来。1999年，苏州对观前街进行改造，形成了长约760米的步行街。

与步行街发展的第一阶段不同，这一阶段主要不是对街旁建筑的改造，而是从整体上塑造商业街的整体形象。但是，从整体上看还是尝试阶段，由汽车街变为公共交通街，再变为步行街，步行街的功能在这一阶段仍处于不断调整之中。但是，步行商业街革命已经爆发了。

6.6.3 步行商业街的革新性

中国步行商业街的革新性与西方步行商业街的一致性在于"步行化",以及购物过程的休闲化和公园化,在商业街两旁的店铺自由穿行。但是,也与西方步行商业街有着不同的特征,主要表现为城市中心商业街的步行化并与商业街的现代化改造相伴随。

西方商业街的革新性,或是对古老商业街,保持原有传统商业街区的风貌,仅是禁止车辆通行,实行了步行化;或是对新建的商业街,规划时就进行步行化设计。中国商业步行街革命,初期主要是为了复兴通常是这个城市标志的商业街,因此大多是伴随着商业街的现代化改造而步行化的,这个现代化改造包括店铺建筑的重建、马路拓宽、景观建设等,一般比国外商业步行街更加宽阔。当然,还有很多新建的复古商业街实行步行化,街道相对比较狭窄。这两个方面都与西方步行商业街有着明显不同。

6.6.4 步行商业街革命的演化

中国步行商业街革命的演化同样经历了导入期、成长期、成熟期和衰退期四个阶段,每个阶段都具有各自的特征。

(1) 步行商业街的革新阶段(1993~2000年)。这一阶段主要集中于城市商业街的现代化改造,并进行步行化的试验,摸索出步行商业街的不同类型和模式,以及相适应的条件。主要目的还是为了复兴城市中心较为大型的传统商业,伴随着现代商业区改造来进行。

(2) 步行商业街的发展阶段(2001~2010年)。从2001年开始,全国很多城市都在建设自己的步行街,形成了一股势不可当的潮流,商业步行街的研讨会也是屡见不鲜。据原国家经贸委贸易市场局2002年统计,全国27个城市有管委会的商业街一共有81条,包括步行商业街和传统商业街。据中国商业步行街网建设管委会的统计,2002年全国大中城市的步行商业街大约有200多条,加上小城市的步行街就更多了。另有统计结果表明,2005年商业街已经达到3000多条,其中步行商业街占有不小的比重。这一阶段,步行商业街建设不仅是为了吸引客流,也是为了重构都市景观,并为居民提供更好的休闲购物场所。

(3) 步行商业街的成熟阶段(2011~2015年)。从2011年起,中国步行商业街发展进入成熟期,发展速度开始放缓,原有的古老商业街也大体改造完毕,新建的商业街或者不是步行化,或者是步行化数量有限。2016年以后,中国步行商业街发展变得平静，难有热点和亮点，但是它们仍然是一个城市风格体现的重要原素。

（4）步行商业街的衰退阶段（2015年至今）。中国步行商业街在不同演化阶段呈现出的特征，同时也在影响着中国步行商业街的发展。

6.6.5 步行商业街革命的影响

中国步行商业街革命主要带来正负两方面的影响，正的方面在于推动了城市中心商业街的复兴，负的方面在于摧毁了一些历史文化街区。

（1）正向作用：推动了城市中心区商业街的复兴。为了复兴城市中心区，西方各国将传统商业街步行化，吸引了购物、休闲和旅游人群的光顾，取得了积极效果。中国的步行商业街革命也产生了类似的积极作用，特别是对于旅游城市来说，步行化的结果吸引了大量的游客光顾步行商业街，使一度萧条冷落的中心商业区又热闹起来。

（2）负向作用：摧毁了一些古老的文化街区。西方步行街与其说是城市改造的结果，不如说是保护传统风貌的结果。在西方各国的城市建设中，主导思想不是改造而是保护。为了解决保护与兴旺的矛盾，将若干商业街步行化，形成了一批特色化明显而又充满人情味的街道。中国的绝大多数步行街或者拆毁老街建筑，在老街基础上建设现代化的店铺，形成了现代化的步行街，但丢掉了传统和特色；或者是伴随着城市的改造，重新规划和建设了新的城市步行街，人造街的结果导致大量萧条街道的产生。

一个城市的魅力，大多缘于专业化的步行街。它是在保留传统商业街风貌基础上发展起来的，重点经营某一类商品，或提供某一类的服务。这些专业化步行街形成大多不是大兴土木的结果，而是保护的结果，是历史遗产的传承。例如，在比利时历史名城安特卫普有一条举世闻名的钻石街——霍文尼斯街，全世界仅有的20家钻石交易所有4家位于这条街上，同时街上还云集着众多的批发与零售钻石的店铺。意大利古城佛罗伦萨，沿着河岸有一条享誉欧洲的首饰一条街，各种各样首饰，让人流连往返。由此可见，商业街的魅力主要不在于是否步行化，而在于是否具有文化特色，以及相应的心灵体验。

6.7 非革命：自动售货机变革

由前述可知，自动售货机在西方零售历史上被认为是一次零售革命，但是在中国不具备零售革命的特征,仅是一次零售业的变革,其原因主要是冲击性不够,并未对中国零售业产生重大影响。因此,这里仅描述它在中国发展的简况。

(1) 第一台机械式自动售货机。北宋梓州铜山(今四川中江县)人士苏易简在《文房四普》中曾经记载,后晋时期,汝州有一位高士,每夜制作十只毛笔,天亮时放到街上的特制竹筒里,有人投入30钱,就会自动出来一支毛笔,后人将这位高士称为"笔仙","笔仙"使用该机器卖笔达30余年①。这是我国有记载的第一台机械式自动售货机。

(2) 投币式自动售货机的引进。据1930年出版的一本《零售学》记载,"近年来自动机器花样翻新,有投一钱而出一粒糖果者,亦有投银元而出一分邮票者"②,可见在20世纪20年代中国曾经流行过机械型自动售货机。1992年,中国从日本和韩国进口了一批接受人民币的自动售货机,安装在广东和上海,几十种易拉罐饮料陈列其中供人购买,可以收纸币、硬币,还可以找零钱,成为商业街上一道亮丽的风景线。③ 随后,这种投币式自动售货机在中国各大城市得到发展。1998年,中国自动售货机厂商戈德微超贸易公司在天津布局了100多台电子式自动售货机,到2000年这个数据增长了10倍,达到1000台。其他城市的自动售货机也呈现明显增加的趋势,估计当时全国自动售货机总数超过1万台,2004年超过了3万台。但由于投币式的非便利性,使自动售货机在中国的发展受到很大局限。④

(3) 移动支付自动售货机的发展。2005年之后,由于智能手机的逐渐普及和移动支付的便利化,出现了与其匹配的移动支付自动售货机,这一支付方式的变革,大大推动了自动售货机的发展。据智研数据中心的不完全统计,2013年在北京、上海、广州、天津、沈阳、西安、杭州、昆明、深圳等城市的自动售货机达到30.2万台,未来成熟期可达300万台⑤。此时,也出现了制作型自动售货机,如咖啡机、果汁机、面包机等,预示着较好的发展前景。

由于自动售货机没有对传统业态产生重大冲击,同时未来有可能演化为无人商店形态,因此在中国没有构成一次零售业革命。

---

① 栗新华:《竹筒里的秘密——我国第一台无人自动售货机结构猜想》,载于《物理教学探讨》2004年第6期。
② 吴东初:《零售学》,商务印书馆1930年版,第4页。
③④ 马建珍:《上海发展自动售货机业态正当其时》,载于《上海商业》2002年第6期。
⑤ 石海娥:《自动售货机"老树发新芽"》,载于《光彩》2016年第2期。

6.8 第六次零售革命：网上商店

网上商店革命是电话购物、电视购物的发达形式，都是通信技术引发的一场革命，中国这场革命与西方几乎是同时爆发的，中国人少有的跟西方人同步享受到技术发展给人类带来的红利，大大地改变了人们的购物和生活方式，冲击了传统的零售商业。

6.8.1 网上商店革命的原因

网上商店革命的原因可以归纳为"互联网发展—电脑进入家庭—人们停留在网上时间增加—购买流变为信息流—网上商店革命形成"。这是中西方网上商店革命爆发的共同原因。

（1）互联网技术催生网上销售行为。1991年10月，在中美高能物理年会上，美方发言人怀特·托基提出将中国纳入互联网网络的合作计划，1994年3月中国加入互联网，1995年互联网服务提供商北京瀛海威信息通讯公司成立。[①] 随后，中国出现了网上销售的行为，包括B2B、B2C、C2C等多种类型。因此，互联网技术的产生和运用是网上商店革命的原始动因。

（2）网上销售刺激顾客新体验需求。顾客的购买旅程包括"产生动机—搜集信息—比较选择—下订单—付款—收获—使用—评论"等环节，在实体店铺环境下，这些环节基本都是在实体店铺之内完成的。但是互联网产生之后，除了物流之外，所有环节都可以在电脑上完成，支付也变得简单和容易，因此年轻人把网上购物视为一种潮流和娱乐，并跟朋友、同事、同学和家人分享。网上购物不仅是便利，而且还获得了从来没用过的购物、社交和娱乐的综合体验。

（3）顾客新体验需求推动网店发展。在互联网产生之前，零售业竞争异常激烈，效益增长趋缓，大规模的零售巨头垄断市场，低价竞争成为常态，多年没有经营亮点。互联网出现之后，消费者产生了重构购买旅程的动机和需求，零售商为了让消费者体验网上购物需求，以及运用互联网技术改善营销流程、提高零售运营效率，纷纷开设了网上商店。这些网店进一步推动了消费者网上购物，引发更多的投资人开设网店……循环往复，最终引发了中国网上商店革命。

---

① 吴晓波：《商战 电商时代》，湖北教育出版社2014年版，第23页。

6.8.2 网上商店革命的爆发

中国网上商店出现在何时,大家的看法、说法不一。据媒体报道,我国第一个在网上从事交易的是 1996 年山东的一个农民,在网上卖鲜花,一年卖了 950 万元,所以有人认为这是我国最早的网上商店。还有一种说法,1998 年 3 月北京一家公司成功地在网上实现了一笔交易,这是我国第一次成功地实现网上购物。这些说法,后来都被淹没在流逝的时间长河之中,没有多少人知晓了。

真实的过程是,1994 年 3 月中国被允许加入互联网,当时刘强东 20 岁,是大三学生,马云 30 岁,是一家翻译社老板,都与互联网没有关系。1999 年王俊涛创办了一家在线销售软件、图书的 B2C 网站"8848",这应该是中国第一家网上商店,遗憾的是开办一年之后关门倒闭。不过,1999 年创办的互联网公司,除了"8848"之外,诸多后来成为今天中国乃至全球都具有影响力的公司,如腾讯、阿里巴巴、当当、百度、携程等,因此这一年被称为中国互联网的"本命年"[1]。当时,中国网民仅有 400 万人,上网还是少数精英的事情,电子货币没有普及,几乎没有 B2C 端的物流。

这一切很快就发生了改变,2001 年网民数量就增加至 2000 万人,电子支付取得重大突破,最后一公里物流得以解决,网上商店数量迅速增加。截至 2001 年 1 月,中国有电子商务网站 1500 余家,网上零售商占比最大,超过 600 家[2]。中国网上商店革命爆发。

6.8.3 网上商店的革新性

中国网上商店革命的革新性本质上与西方网上商店革命的革新性相同,主要表现为创建了在线交易流程、提高了零售交易效率、突破了交易的时空限制、让交易过程可追踪等。其内容在第 5 章第 5.8 节已经进行详细说明,不再赘述。

这里需要说明的是,中国网上商店革命基本是与西方网上商店革命同步的。西方网上商店革命开始于 1994 年,一些公司开办了网上零售业务,作为此次零售革命标志性公司——亚马逊于 1995 年 7 月营业,初期是专门销售图书和音像制品,尔后进行商品扩充,几乎无所不包。随后,网上商店迅速在全世界蔓延。中国的网上商店革命较早跟踪了世界潮流,只不过初期被称为电子

---

[1] 吴晓波:《商战 电商时代》,湖北教育出版社 2014 年版,第 27 页。
[2] 朱小良:《电子商务与新零售研究》,中国人民大学出版社 2017 年版,第 9 页。

商务罢了。正如有专家所言:"当雅虎、亚马逊在美国诞生之时,仅仅过了几年,中国的阿里巴巴、腾讯等日后的互联网代表公司便也应声而至。这使得中国企业第一次与美国企业站在了同一起跑线上"[1]。中国网上商店革命之所以与世界同步,一个重要原因在于互联网使世界成为一个村庄,中国互联网界的企业家可以及时跟踪世界发展前沿,并进行模仿创新。一个重要表现是,一方面模仿欧美网上商店的多种业态,另一方面创新网上购物的公共配套设施,如阿里巴巴创新了网上支付手段,京东创新了速达物流配送体系等,这些在全球也处于领先地位,从而使中国成为网上商店最为发达的国家之一。

6.8.4 网上商店革命的演化

中国网上商店革命的演化经历了革新期、发展期、成熟期三个阶段,每个阶段都具有各自的特征。

(1) 网上商店的革新期(1999~2002年)。初期,中国的网店更像是信息传播的网站,按照互联网的规律来运行,对零售业规律缺乏认识,出现了两种倾向:一是传统商业开办的网上商店,基本上成为一个广告的媒体,顾客在网上看到产品,然后再到实际的商场里去购买;二是一些电子商务公司把它做成了一个专门传递信息的工具。人们去网站有40%是由于好奇或好玩,而不是为了实实在在地购物。一项调查结果显示,网上购物过程太复杂是人们拒绝网上购物的最重要的原因,有2/3的消费者理想的网上购物送货时间在24小时之内,能满足这一要求的只有14.6%,甚至有的网上商店送货时间长达7天。[2] 这一阶段的网店一般为平台电商,主要以拍卖和图书、音像等标准化商品为主,服装等选购品、蔬菜等生鲜品被认为不适合在网店销售。网上购物者采用各种付款方式的比例分别为:货到付款33.3%,网上支付31.1%,邮局汇款6.9%,其他0.3%。[3] 2001年1月中国共有网上零售商600余家。

(2) 网上商店的发展期(2003~2010年)。这一阶段又可分为两个阶段:一是快速发展期(2003~2007年)。由于2003年"非典"爆发,隔离措施导致人们出门购物不便,纷纷采取网上购物的方式,推动了网上购物的快速发展。2006年淘宝网开创了B2C业务,通过绑定银行卡和支付宝账户,克服了网上购物的支付障碍。随后数码、家具、图书、服装等行业的垂直电商快速发展起来,

---

[1] 吴晓波:《商战 电商时代》,湖北教育出版社2014年版,序言。
[2] 孔桃:《网上购物现状、问题及其发展对策》,载于《中国科技资源导刊》2000年第10期。
[3] 肖慧慧、王小军:《服装电子商务发展趋势的战略研究》,载于《中国集体经济》2011年第10期。

行业发展"领头羊"为淘宝网和京东商城。二是创新发展期（2008～2010年）。2008年中国网民数量超过了3亿人，该阶段网上商店发展的环境趋于成熟，互联网覆盖率大大提高，网店的销售流程更加便捷和简单，在线支付、线下配送等容易和快速，因此线上购物成为百姓的日常行为。依据中国电子商务研究中心的统计，2010年中国网络零售市场交易额达到5141亿元。这一阶段的代表性公司有天猫商城、唯品会、聚美优品等，平台电商呈现多元化发展态势。

（3）网上商店的成熟期（2010～2015年）。尽管这一阶段中国网上购买额仍然是快速增长，但是网上商店的竞争激烈，诸多很大规模的公司仍然没有实现盈利，也在一定程度上显现出线下不能取得顾客体验优势。因此，从2010年开始，线下线上融合成为一个趋势。一些实体零售店开设网上商店，一些网上商店开始寻求与线下零售商的合作。国美于2011年4月上线网购平台"国美在线"，苏宁也于2012年2月上线网购平台"苏宁易购"。2015年5月18日，阿里巴巴与银泰百货合作，开始寻求线上线下融合的策略。同年7月，中国沃尔玛公司宣布收购线上商店"1号店"等。这一阶段，有了移动支付，有了跨境电商，有了日达快递，也有了线下线上融合的店铺，单纯开设网上商店的公司增长趋缓，甚至开始出现下降的趋势，因此我们说此时网上商店革命进入成熟期。

早期有人认为网络商店适合卖六大商品：一是信息媒体商品及在线服务，如电脑游戏、应用软件、报刊、订票服务、金融投资咨询；二是高度个性化的产品，如订制销售的产品（如DELL的定制）；三是独特产品，如一些创新的产品和地方特产；四是购买目标不明确或搜寻成本较高的商品，如书籍；五是名牌的日用消费品；六是适合竞价的商品，如一些收藏品和一些文物。在网上商店进入成熟期的今天，我们发现，任何商品都可以在线上进行销售，最好是线上线下融合销售。

6.8.5　网上商店革命的影响

我们在讨论西方网上商店革命的影响时，谈到了它使消费者购物更加便利、使生产厂商有了更多的渠道选择、使线下零售商受到冲击，它使整个零售行业发生了巨大的变革。这些影响对于中国网上商店革命来说，无疑也是存在的。同时，中国网上商店革命还有着更为深远的影响。

（1）缩短了与西方零售行业发展的差距。自从1852年世界上第一家百货商店诞生，西方世界共经历了十次零售革命，除了第一次百货商店革命中国与其同步之外，100多年的时间里，中国零售业发展游离于世界零售发展之外，并且大大地落后了。但是网上商店革命又使其回到与西方的同一起跑线上,这是历史给中国零售业发展最为难得的机遇。好在中国抓住了这一机遇,不断通过零售旅程的创新,完善网上商店的经营管理策略,使中国的网上商店发展与世界同步,甚至在有些方面还处于领先地位,成为全世界零售管理者和学者关注的热点地区。可见,网上商店革命对于中国零售业的最大影响,就是大大缩短了与西方零售业发展的差距。

(2) 推动了中国先进零售技术的应用。零售专家经常说,零售业已经成为高科技行业。的确如此,仅以信息技术为例,邮政技术发展催生了邮购零售,电话产生带来电话零售,电视出现引发电视零售,网络发展催生网上商店等,这些依赖于技术革命产生的零售形式,直接更新了零售商店的零售旅程,进而改变了消费者的购买旅程,给顾客带来更好的体验。新技术在零售企业的及时、适当应用是非常重要的。沃尔玛创始人山姆·沃尔顿(1996)认为,比竞争对手更快地应用技术是沃尔玛得以发展壮大的重要原因[1]。网上商店革命,前所未有地推动了中国先进零售技术的应用,否则就有被淘汰的危险,这不仅包括线上零售商,也包括线下零售商。在今天的中国,数据挖掘技术、购买旅程的追踪技术、人脸识别技术、物流射频技术、自动售卖技术等,都已经成为广泛应用的技术。假如没有网上商店革命,这是难以想象的一件事情。

(3) 奠定了未来零售发展的领先地位。回顾近10年的西方零售发展历史,在网上商店革命爆发之后,又相继爆发了全渠道商店革命和智能商店革命。全渠道商店革命的基础是线下线上商店的融合,而二者融合的基础是网上商店发展。智能商店革命的基础也将智能化的线上商店移至线下,基础也是网上商店的发展。可见,网上商店的启动时机和速度,发展程度和水平,直接影响着全渠道商店和智能商店的发展。因此,正是由于中国网上商店革命与西方同步,使得后来的全渠道商店革命、智能商店革命也基本与西方同步。

6.9 第七次零售革命:全渠道商店

全渠道商店革命是网上商店革命深化的必然结果,中国的这场革命与西方是同时爆发的,在某些方面还处于领先地位,这与中国移动网、网络支付技术普及密切相关。

---

[1] [美] 山姆·沃尔顿、约翰·休伊:《富甲美国:零售大王沃尔顿自传》(沈志彦等译),上海译文出版社1996年版,第213页。

6.9.1 全渠道商店革命的原因

全渠道商店革命的原因可以归纳为"移动网发展—手机可以上网—人们随时随地停留在网上—信息渠道成为零售渠道—顾客期望全渠道购买—全渠道商店革命形成"。这是中西方全渠道商店革命爆发的共同原因，中国市场表现得尤为突出。

（1）网上商店革命培养了大批"跳跃式"的购物者。1999~2010年，中国爆发的网上商店革命培养了大批习惯在线上购买的消费者。据中国互联网信息中心的相关调查数据显示，2010年中国网民数量超过了4亿人，网上购物用户超过了1亿人，网上交易总额达到5231亿元人民币，占社会商品零售总额的比例为3.5%。2013年这个比例达到7.9%，2015年超过了10%。网络零售市场规模超过了18851亿元人民币，超过美国的15997亿元人民币，位居全球首位。此时，在中国顾客的购买旅程当中，存在着非常普遍的线上线下"跳跃式"购物行为。益普索在2013年针对中国消费者的一项调查结果显示，消费者在网上挑选自己喜欢的产品，然后去实体店铺充分体验，选择好之后就去网上下订单，在家里等待送货上门。可见，网上商店革命培养了中国大众的线上购物习惯，由于网店与实体店的并存，同时也催生了庞大的线上线下"跳跃性"购物群体，这是全渠道商店革命的重要基础。

（2）线下线上融合探索为全渠道积累了经验。伴随网上商店革命，中国诸多线下零售商开设了网上商店，并且持续地进行着线上线下融合的零售试验，这为中国的全渠道商店革命创造了土壤和参与主体。据中国连锁经营协会的调查统计，在2009年的中国连锁百强企业中，有31家企业开展了网上零售业务，其中近一半的企业为刚刚（2007~2009年）上线，但是到了2015年传统零售企业的线上销售额已经占到线上零售市场总额的将近10%。同时，网络零售商随着线上商店的十几年实践，也在一定程度上摸索出零售店铺经营的一般规律，发现了线下商店的独特价值和线上商店的天然缺陷，也逐步开始进行线下线上融合的探索实践。回顾一下中国近几年零售业的变革历史会发现，经历了线下线上店铺分别独立运营的阶段（2010年之前）、线下线上融合统一运营的O2O阶段（2011~2014年），以及全渠道阶段（2015年之后）。据中国连锁经营协会的一项调查显示，2013年是O2O发展年，被调查的56家线下连锁百强企业，43%开展了与京东、阿里、腾讯和"1号店"的O2O合作，反过来也表明线上零售商开始与线下零售商合作。这是全渠道商店革命爆发的前提，也是网上商店革命演化的自然结果。

(3) 移动网和社交媒体推动了全渠道商店革命。无论是线上线下"跳跃式"购物群体的形成,还是零售商关于O2O融合的经营试验,一个重要的基础是社交媒体的普及化和网上支付的便利化,而这两个方面的变化都是与移动网发展和智能手机的应用息息相关。仅以中国互联网信息中心2013年调查数据为例,手机上网用户达到1.44亿人,与2012年相比增幅为160%;其中使用手机在网上购物的比例由2012年的13.2%提升至28.9%,移动端购物交易额为1696亿元,与2012年相比增速为168.6%。[①]

6.9.2 全渠道商店革命的爆发

由前述可知,西方全渠道商店革命爆发的过程为:1995年之前的线下多渠道和跨渠道,发展至1995年开始的线上多渠道和跨渠道,发展至2000年开始的线上线下融合的多渠道和跨渠道,直到2012年开始了线下线上融合的全渠道零售。中国全渠道商店革命的爆发,基本上是与西方同步的。

(1) 线下单渠道和多渠道阶段(1999年之前)。在网上商店产生的1999年之前,中国处于线下店铺单渠道、多渠道和跨渠道的时期。例如,一家百货商店可能仅通过实体店铺提供顾客购买旅程的全部服务,这是线下单渠道形态;也可能对家庭消费者采取店铺销售的方式,而对团体消费者采取上门推销或电话销售的方式,这是线下多渠道形态;或者二者结合的方式,这是线下跨渠道形态。这一阶段大多数零售店铺是采取单渠道形态。

(2) 线上线下多渠道独立运营阶段(1999~2010年)。自1999年网上商店产生,直到2010年,中国零售进入线下、线上并行的多渠道时代,其特征是线下店铺开设线上店铺,独立运营,但是独立运营的线下店铺也会采用网络手段,完善顾客购买旅程的服务。例如,1996年麦考林公司进入中国开展线下目录零售业务,1999年开设网上店铺,2006年开办线下实体商店,三种零售渠道分别运营,形成了"目录零售+网店+实体店"的多渠道零售形式。2002年国美电器网上商城上线,2005年苏宁电器网上商城上线,2007年王府井百货集团的双安商场开设了网上商店,当时网上销售量很小,大多为降价销售,更多的还是突出传播的作用。2009年苏宁电器商城改名为苏宁易购,2010年正式上线,并于2011年单独运营。2010年国美电器收购库巴网80%股份,2011年国美网上商城更名为国美在线,与库巴网双品牌运作。可见,在这一阶段是线下线上并存而非融合阶段,可以视为线下线上并存的多渠道时代。

[①] 中国连锁经营协会:《2015年中国连锁经营年鉴》,中国商业出版社2015年版,第418页。

(3) 线上线下多渠道融合运营阶段（2011~2015年）。2010年8月，亚历克斯·兰佩尔在美国科技类博客网站上首次提出了O2O概念，该概念流行了五年左右的时间，因此这一阶段也可以理解为O2O阶段，线下店铺和线上店铺实现资源共享，逐渐实现顾客线上线下店铺无界的感知。从2010年开始，诸多线下生产商、零售商开始在淘宝、京东开设网上店铺，并与线下销售店铺形成合作。2012年，淘宝商城更名为天猫商城，为更多著名品牌商提供了网上销售平台。2013年2月，苏宁公司正式更名为"苏宁云商集团股份有限公司"，合并线下线上业务，探索线上线下多渠道融合的"电商+店商+零售服务商"模式，2015线上平台交易额达到502.75亿元，同比增长率95%。王府井百货2011年成立电商公司，2013年6月网上商城销售的有20%是实体店铺的商品，9月移动APP上线，提供导购等交互体验服务，随后实现线下店铺、网上商城和移动购物的全渠道服务。上品折扣公司成立于2000年，2009年建立了基于实体店商品配送的、线下线上实时库存、价格共享的电子商务模式，2012年和2013年分别采取了支付宝和微信线下和门店支付方式，2014年全部商品互联网化，使用微信购物车在店购物，搜索全部商品。这一阶段O2O和全渠道零售同时成为热词，可以视为全渠道商店的起步阶段。随后，线上线下零售商开始互相渗透、融合，零售前台和后台打通，弥合线上线下的感觉差异，引发全渠道商店革命的爆发。

6.9.3 全渠道商店的革新性

中国全渠道商店革新性与西方全渠道商店的革新性大体相同，包括创建了线下线上融合的交易流程、降低了零售商的运营成本，以及满足顾客多种体验的需求等，其未来的高级形态是全渠道商店的形成。全渠道商店的特征是无界，这里包括两个方面的内容：一是零售商线下线上店铺无界，实现虚拟店铺和实体店铺的融合与重叠，除了店铺位置和环境之外，商品、服务、价格、促销等都是一致的；二是消费者线下线上感知无界，逛线下商店就等于逛了线上商店，反之也是如此，同时二者互相补充，实体店铺也会起到展示厅和储存库的功能，虚拟店也起到商品陈列及向顾客提供完备信息的功能，顾客可以自由地穿行在线下店铺和线上店铺之间，有人将其称为"渠道跳转"[1]。

马克思在《资本论》中指出：商品的销售过程，是一次惊险的跳跃，"这

---

[1] [德]海涅曼、塞弗特、[中]刘杰，《新在线零售创新与转型》（黄钟文等译），清华大学出版社2013年版，第138页。

个跳跃如果不成功,摔坏的不是商品,但一定是商品所有者"①。其实,消费者的购买过程也是一个惊险的跳跃,这个跳跃不成功,摔坏的不是货币,也一定是商品购买者。全渠道商店的革新性就在于顾客可以自由地在线下线上跳跃,选择自己满意的商品和服务,大大降低购买和消费的风险。

6.9.4 全渠道商店革命的演化

截至目前,中国全渠道商店革命经历了革新和发展两个阶段,何时发展阶段结束进入成熟期,还是一个未知数。

(1)全渠道商店革命的革新期(2011~2015年)。由前述可知,2010年8月,亚历克斯·兰佩尔在美国科技类博客网站上首次提出了O2O概念,2011年底贝恩全球创新和零售业务负责人达雷尔·里格比在《哈佛商业评论》发表的文章中提出了全渠道零售概念。这两个概念被提出后就进入中国,实践界同步地开始了大胆的尝试和创新。《富基商业评论》反映了这一阶段的特征。《富基商业评论》早在2012年第1期,就推出了《多渠道零售 重在协同》的封面专题,介绍了苏宁、银泰和安踏的多渠道和跨渠道探索;在2013年第1期,推出《零售业进入全渠道时代》的封面专题,介绍了银泰网、苏宁、上品折扣的全渠道探索,并指出中国"一些先行的传统零售商,已经踏上全渠道零售的实践之路"②;2013年第4期,推出《让全渠道落地》封面专题,专门分析了苏宁、步步高、汇通达等中国零售企业的全渠道实践,表明中国全渠道变革进一步深化;2014年第4期,推出《从竞争走向融合》封面专题,提出"全渠道正在进行时",全渠道"应该是融合的、贯通的、无缝的"③。随后,2015年中国零售企业深化全渠道商店的无缝连接,京东与永辉超市合作协同探索线下线上模式,苏宁云商与阿里巴巴合作打通线下线上业态,沃尔玛全资拥有"1号店",等等,到2015年全渠道商店革命的革新期基本完成。

(2)全渠道商店革命的发展期(2016年至今)。这一阶段,无缝连接的线上线下融合店铺越来越多,并且出现了多样化的发展趋势,一些店铺实现了顾客感知的无缝连接。第一,从主体看,线上零售商自营线下店,线下零售商自营线上店,努力打通二者之间的分隔墙。2016年阿里巴巴创建了盒马鲜生业态,顾客可以到店购买,也可以通过盒马鲜生APP下单,只支持支付宝付

---

① 《马克思恩格斯全集》(第23卷),人民出版社1993年版,第124页。
② 王燕平:《三载回眸》,载于《富基商业评论》2013年第1期。
③ 王小燕:《2014:全渠道正在进行时》,载于《富基商业评论》2014年第4期。

款，门店 3 公里范围内 30 分钟内就可以送货到家，线上线下融合的结果使用户购买频次达到每月 4.5 次，坪效是传统超市的 3~5 倍。2018 年初，在全国已经有 20 家门店。苏宁从 2016 年开始有意发展线下易购云店，与网店进行融合连接，2017 年新开云店 51 家，升级改造 131 家，计划在未来三年内将互联网店铺扩展到 2 万家，面积达到 2000 多万平方米，打造全场景互联的平台。更多的全渠道商店主体还是开设超市的传统零售商，因为中国全渠道商店发展的核心业态为生鲜超市。第二，从类型看，全渠道商店也呈现出多元化趋势。有的采取线上线下店铺完全自营的方式，在购买旅程的每一个环节顾客都可以自由跳跃穿行，如盒马鲜生等；有的则采取线下店铺销售线上网站传播的模式，顾客在购买旅程的信息搜集、比较选择、查看商品评价等环节可以自由跳跃穿行，但是在订单、付款、取货等环节需要在线下店铺完成，如诸多传统超市公司；还有的采取线下体验线上购买的模式，顾客在购物旅程的信息搜集等环境可以自由跳跃，但是线下店试用选择，线上店铺下订单和付款等，如新型的网上生鲜超市公司等。总之，根据顾客购买旅程的环节设计出了不同的全渠道零售模式。第三，从观念看，无论是线下零售商，还是线上零售商，都已经不视对手为竞争关系，或是互相取代的关系了，而是互相补充和融合的关系，这是导致全渠道商店出现和发展的基础。

6.9.5　全渠道商店革命的影响

在分析西方全渠道商店革命的影响时，我们谈到它促进了消费者主权时代的来临，以及给零售商带来了新的挑战和机会。这些影响在中国全渠道商店革命中也是存在的，并且具有相似性。

这里需要强调的是最为核心的影响：由于全渠道商店革命，开创了线下线上店铺融合的零售营销旅程，自然改变了消费者的购买行为，催生了一个全新的线下线上跳跃式购买旅程，这个全新的购买旅程最大限度地促进了消费者主权的实现，降低了购买次品和支付虚价的风险，同时也使零售商实现低成本的跨渠道整合，分解销售旅程的各项环节匹配给不同的渠道。

互联网数据中心在 2018 年 5 月发布的《线上线下拥抱融合 2017 年中国新零售行业研究报告》指出，全渠道商店是未来发展主流，并以盒马鲜生为例说明其影响力。第一，从消费者价值角度，快消品和生鲜品全品类运营，顾客可以实现不同场景的一次购足，同时门店体验活动使其成为消费者的休闲娱乐场所。第二，从零售商价值角度，一是 3 公里精准化的商圈半径使顾客复购率明显高于传统电商；二是从门店低成本获得流量，改变了网店单一流量来源，实现了线上线下店铺的互相的导流；三是冷链物流运营降低客单成本；四是全渠道数字化运营，可以提高零售运营效率。

6.10　第八次零售革命：智能商店

智能商店革命是全渠道商店革命和无人商店发展的必然结果，中国的这场革命与西方同时爆发，目前出现萌芽和前兆，预计在2020年前后爆发，我们无法推测爆发时的准确的情形，只能进行粗略的描述。

6.10.1　智能商店革命的原因

这与西方智能商店革命的原因是相同的。一是无人商店的发展，伴随着从投币自动售货机—刷卡自动售货机—手机支付自动售货机—刷脸支付自动售货机，相继出现了多台自动售货机聚集的投币无人商店—刷卡无人商店—手机支付无人商店—刷脸支付的无人商店。二是智能技术的发展，与其相伴随，自动售货机也经历了计算智能（识别货币大小并计算数量、金额）、感知智能（识别顾客身份并应用算法提供购买和经营建议）和感知智能（识别顾客心理和情绪并能应用算法提供准确的购买与经营建议）。三是全渠道商店的发展。今天大家看到的无人商店是线下有形商店，实际上线上也有一个无人商店，无论是线上还是线下的无人商店，后台都是有人运营的，未来有人管理的功能会逐渐减少，无人（算法）管理的功能会逐渐增加。可见，中国智能商店革命的原因是自动售货机技术、无人商店技术、智能技术和全渠道商店革命共同推动的结果，当然也与零售竞争激烈化、高科技购物消费者群体出现、网上商店领先者进入无人商店领域有关。

6.10.2　智能商店革命的爆发

我们这里所言的职能商店革命，明显不同于过去的自动售货机革命，前者的明显特征是建立在认知智能和全渠道商店的基础之上的，是指封闭式店铺，而非自动售货机和无人货架。因此其萌芽状态应该是2015年之后的事情。2016年12月，亚马逊宣布将开设Amazon Go无人商店。2017年7月阿里巴巴在杭州也开设了类似的无人商店。但是，这些无人商店，至多是感知智能阶段，远没有进入认知智能阶段。

如果说中国的全渠道商店革命是以生鲜超市（盒马鲜生和每日优鲜等）为"领头羊"的话，那么智能商店革命就是以便利商店为"领头羊"的。2017年计算智能和感知智能无人货架、无人商店的风潮，除了一些创业者兴趣之外，一些投资公司起到了非常重要的助推作用，但是基本停留在天使轮和种子轮融资阶段，这些智能商店革命发起者的成长和盈利模式远未形成，未来前景还是未知数。

艾瑞咨询公司的一项研究结果预计，2018年中国无人便利店用户数将达到0.18亿人，2020年交易额将达到4591.5亿元，2022年将接近1万亿元，用户规模可达2.4亿人①。

我们推论，2016~2019年是智能商店革命的萌芽阶段，而智能商店的革命中国将与欧美国家在2020年前后同步爆发，其标志是认知智能商店出现并开始发展。

6.10.3　智能商店的革新性

与西方智能商店革新性一样，中国智能商店的革新性也在于无机人代替了有机人，从而改变了商店的零售旅程，以及相应的顾客旅程，同时后台运营系统智能机器人会越来越多地取代目前的有机人。

仅以一家连锁公司为例，总部有总经理、副总经理、总经理助理、人力资源经理、财务经理、营销经理、战略发展经理、采购经理、物流经理、神秘顾客等，店铺有店长、副店长、采购员、导购员、收银员、理货员、促销员、安全员等。未来创新的方向在于哪些岗位是由无机人担当，哪些岗位由有机人担当，有机人和无机人之间、无机人和无机人之间、有机人和有机人之间该如何协调有效地进行工作，他们又该如何与顾客、合作伙伴之间进行沟通和协同，都还有很多未解的难题。

6.10.4　智能商店革命的演化

由于这场革命还没有爆发，描述其革新、发展、成熟和衰落四个阶段还为时过早，我们只能描述其发展趋势。与西方智能商店革命演化一样，中国智能商店革命也会出现多业态化和多水平化的趋势。

（1）从便利店向其他业态拓展。中国的智能无人商店革命是从便利商店

---

① 艾瑞咨询：《2017年中国无人零售用户行为研究报告》。

起步的，这源于中国便利商店发展具有了一定基础，又有一定的发展空间，同时也源于便利商店可以密集布点，进而成为与顾客密切接触的网络和体验空间。但是，未来无人商店一定会向其他业态延伸，如超市、餐饮店、百货店，甚至美容店、理发店、医院、学校等。

（2）从线下店铺向线上店铺拓展。中国的智能无人商店革命，是从线下便利店起步的，尽管有些属于全渠道店铺，但是仍然有些就是线下店铺，未来演化的趋势一定是向线上店铺延伸，最终演化为大量的全渠道商店，即线下线上融合的店铺。当然也不排斥有些店铺仅为线下店铺，线上仅提供支持服务的业态，未来一定是不同程度全渠道店铺的并存状态。

（3）从计算智能向认知智能拓展。中国的智能无人商店革命是从计算智能起步的，现在出现了少量的感知智能商店，未来一定会延伸至认知智能商店，甚至会出现带有真人外形、情绪、情感等特质的机器人为消费者服务。至少可以根据顾客需求提供不同的服务机器人。

6.10.5 智能商店革命的影响

中国智能商店革命的影响与西方智能商店革命带来的影响有相似之处，如优化了顾客体验、提升了零售管理效率和冲击了传统零售业态。同时，也有自己的特点，主要是为线上店铺提供体验点、推动线下便利店走出低谷和将导致零售行业员工部分离职。

（1）为线上店铺提供体验点。随着网上商店的发展，网商越来越发现自己在顾客体验方面的局限性，以及与线下店相融合的必要性。其实在过去邮购商店的时代也曾经经历了这个过程，邮购公司在购物中心建立服务驿站，使自己具有可视性，并解决一些顾客面对面才能解决的问题。背对背与面对面相结合，是零售最为有效和经济的方法。同时，离顾客最近的取货点或配送点在今后一个相当长的时间内都只能通过线下完成。这些都是线上零售商发力发展无人便利店网络的原因。

（2）推动线下便利店走出低谷。随着网上商店的发展，中国线下便利商店经营面临着困境，它们的本质是为顾客提供购买的便利且采取高毛利的策略，但是网上商店的发展为顾客提供了空间和时间的零距离服务，并且价格也相对便宜，这就使原有便利商店的竞争优势弱化或消失，导致一些便利商店经营不善或关门倒闭，智能商店革命为便利商店提供了一个新的发展机会，它们可以与网上商店合作，成为网商战略布局的一部分，有条件的进行无人化、智能化升级，形成新的增长点。

(3)将导致部分零售员工离职。尽管我们还没有充分的证据证明人工智能会毁灭人类,但是它将代替诸多人的工作已经是一种共识。2016年12月,物理学家史蒂芬·霍金在英国《卫报》发表文章认为,工厂的自动化已经让诸多的蓝领工人失业,人工智能的发展很有可能让白领中产失业,最后给人类剩下的职业有护理、创造和监管等岗位。另有专家指出,5秒钟能做出决策的事情都可能被人工智能取代,将取代全球范围内的普通职业和机械职业,"从事翻译、新闻报道、助理、保安、销售、客服、交易、会计、司机、家政等工作的人,未来10年将有约90%被人工智能全部或部分取代","约50%的人类工作会受到人工智能的影响"①。以此推论,零售工作绝大部分都可以被人工智能取代。2018年亚马逊出现了高管离职潮,表明由于人工智能技术的逐渐使用,不仅代替了很多零售蓝领岗位,也开始代替部分白领岗位,未来必然导致大量零售员工离职。当然,那些需要进行情感交流,以及需要创造性的岗位会长期,甚至永远由有机人来承担。

6.11 小 结

中国共爆发了八次零售革命,依次为百货商店、连锁商店、超级市场、购物中心、步行商业街、网上商店、全渠道商店和智能商店。在西方国家爆发的一价商店和自动售货机革命并没有在中国爆发。本章分别对上述八次零售革命进行详细讨论,包括革命的原因、爆发过程、革新特征、演化,以及影响程度等维度。这八次零售革命持续将近120年的时间,分别与机器革命、信息革命和智能革命等技术革命息息相关。第一次百货商店革命,以及最后的网上商店革命、全渠道商店革命和智能商店革命几乎是与西方国家同时爆发的,但是中间的连锁商店革命、超级市场革命、步行商业街革命、购物中心革命,则是大大落后于西方国家,并且是在20世纪90年代几乎同时爆发的,带有很大的复杂性和冲击性。虽然这八次革命都在西方国家爆发过,但是中国这些零售革命除了具有西方国家革命的一般特征之外,还具有自己的一些特殊性。这些特殊性,涉及对顾客购买旅程、零售行业发展,以及零售企业产生重大影响,改变了顾客购买习惯,丰富了零售业态,冲击了原有的零售格局,导致新零售业态的产生和发展。

---

① 李开复、王咏刚:《人工智能》,文化发展出版社2017年版,第156~157页。

第 7 章

零售革命的演化轨迹

零售活动的基本要素包括商品、货币、买者、卖者及它们所处的时空,这些基本要素组合的形态是"旅程",从买者角度看是顾客的体验旅程,从卖者角度看是店铺的营销旅程,旅程的目标是顾客获得商品,零售商获得货币。世界零售革命的演化轨迹,完全可以根据零售活动的基本要素和零售旅程等维度进行描述和分析。我们依据手工生产力(时间约为人类出现至 18 世纪中叶)、机器生产力(时间约为 18 世纪中叶至 20 世纪中叶)、信息生产力(20 世纪中叶至 21 世纪初期)和智能生产力(21 世纪初期至未来)四个阶段进行描述。从整体上看,都是从无到有再到无的循环往复过程,但绝不是回归到原来的出发点。

7.1 商品:从货物扩展至娱乐和社交

零售什么?一般的回答是卖东西。在中国古代"五方"中,东方属木,西方属金,南方属火,北方属水,因此东方的植物和西方的矿物代表着物质,"东西"就成为世界上一切物品的代名词。东西就是货品,由此推论,商店卖东西就是卖货品的。其实不然,零售的商品在古代就已经从货物扩展至娱乐和社交了,只是当初货物占比较大而已。关于这个问题,笔者曾经发表文章对手工生产力、机器生产力和信息生产力三个历史阶段进行详细的说明[①],为了便于阅读摘抄于此。

7.1.1 手工生产力时代

在手工生产力时代,初期是没有固定场所的偶然交易,买卖双方交换的都

---

① 李飞:《迎接中国多渠道零售革命风暴》,载于《北京工商大学学报》2012 年第 3 期。

是有形的货品，目的也非常简单，就是互通有无，用自己剩余的货物换得自己短缺的货物。

后来出现了集市，也有了专门从事零售交易的商人，被称为零售商。那时开市才能交易，开市时间为一个月的某一天或某几天，如农村至今还延续着阴历三八或四六赶集的传统。

人们赶集有着大体相似的习惯，穿上新衣服，约上朋友或家人，在集上看看人潮、杂耍，也可能吃吃饭，再买点东西，肩背人扛或用牲畜驮（现在是用车了）回家。

有人曾经对常州市金坛乡镇集场的演变进行描述（陈玲、许卫等，2011），民国期间，每逢集场，上海的书店都来设摊卖书，集场占地百亩以上，货物分类大致有山货、日杂百货、手工制品以及为集场服务的游艺、杂耍、小吃等；现在，集场不仅是农用物资和生活资料交流的场所，更像是人们体验欢乐气氛、满足精神需求的场所，衣服鞋帽、家用百货、日用化妆品多为妇女所需；玩具图书、游乐设施、文化娱乐产品常常吸引着青少年儿童的眼球；花果苗木、补锅补盆的、藤编竹编器具又为中老年人所青睐……"住在河头集镇中心开面店的荆火祥一家，年年这一天，他都会摆上两桌请亲友吃饭，冷盘、清蒸、白煨、甜点，菜色多样，主家非常热情，总是往碗里添菜……一家人边吃边聊，在乎的不是饭菜的味道，而是聚在一起的其乐融融"[①]。

后来集市在空间和时间上都固定了，零售商由露天经营进化为室内经营，出现了店铺，店铺聚集在一起形成了街道，街道多了起来，就形成了城市，城市一词的"城"，是城墙围起来的区域；城市一词中的"市"，是店铺聚集的区域。城市核心区域是由商业街道组成，人们同样是约上亲朋好友一同逛街，看看街头表演，再买一些东西。

北宋画圣张择端的《清明上河图》是古代商业街的真实写照，它通过店铺街道，展示汴梁城市的繁荣。图中展示了12世纪中国都市商业街的情景，有人在聊天，有人在购物，有人在喝酒，有人在逛街，等等。在明清本的《清明上河图》中，汇集了更多的享乐和消费场景，出现了放风筝、童嬉、看戏、娶亲、武术表演、伎乐、木偶戏、舞伎、文人雅集、耍猴等一系列欢乐场面，从城郊到城市中心的大道几乎成了欢乐一条街[②]。

可见，从古代集市到古代的商业店铺街，都无一例外地是满足人们购买货物、娱乐和社交三方面的需要。

---

① 陆上早：《赶集》，载于《常州日报》（电子报纸）2011年5月24日。
② 杨新等：《清明上河图的故事》，故宫出版社2012年版，第170页。

7.1.2 机器生产力时代

在机器生产力的时代，零售行为主体是零售公司，交易的场所是大型店铺。百货商店就诞生在这一时期，它标志着零售商从小店铺时代进入了大商场阶段。左拉有一本小说，名为《太太们的乐园》（又译《妇女乐园》），就是描绘巴黎百货商店开始出现时的情景，它是人们交往、娱乐和购物的好去处。世界第一家百货商店是1852年诞生在法国巴黎的廉价百货店（Bon Marché），随后春天百货和老佛爷百货等相继诞生，这些百货商店是当时休闲女士聚集、购物、娱乐、就餐的重要场所，还常常有艺术展览和演出活动。例如，廉价百货店一楼为宽敞的大厅，华丽的楼梯将顾客引导到二楼的阅览室和艺术廊参观，集商场、剧院、博物馆于一体。这种情况一直延续到今天，诸多中国百货店设有咖啡厅、著名餐馆、艺术展览厅、游戏厅等设施。因此，有学者认为，"shopping around"是由19世纪的百货商店所引发的一种消费活动，是一种休闲活动。闲逛在一个美轮美奂的空间，观看新鲜的人、事、物，通常他们也在这里展示自己，买东西可能不是主要目的，主要是逛街，类似于英文的"go shopping"，甚至购买成为一个辅助活动（李玉瑛，2006）。

19世纪后期，美国庞大的铁路网和邮政系统日趋完善，以西尔斯为代表的邮购公司产生并发展起来，让农民可以买到城里消费的东西，乡亲们互相交流和讨论。这种零售形态的变化，基于工业革命带来的运输（蒸汽机车）和信息（电话、电报、邮递）系统的发展。另外，一价商店革命、连锁商店革命也爆发在这一时期。

在电气机器生产力时期（20世纪初到40年代左右），零售商主要以公司的形式存在，股份化公司成为大型零售商的主要形态。超级市场、购物中心都产生于这一时期，连锁商店革命在这一时期达到高潮。

购物中心的最大特征是建设在郊区，吃喝玩乐功能一应俱全，有人曾经形容说，人在购物中心里一个月也不会寂寞。一个典型的例子是加拿大阿尔伯塔省埃德蒙顿市的西埃德蒙顿购物中心，它拥有商铺、旅游景点和各种服务设施，是全球最大的零售、旅游和娱乐综合型商业中心。有世界上最大的室内游乐场（25个游乐设施），世界上最大的室内三环过山车（1285米长的轨道），世界上最大的室内人工湖（拥有哥伦布的圣玛丽号复制帆船），世界上最大的室内人工造浪泳池（1250万公升水），世界上最大的停车场（停车位达2万个），世界上最高的室内蹦极台（30米），它给人们带来的是娱乐购物体验。人们在逛购物中心的时候，常常是年轻朋友一起去或是全家一起去，就像去迪士尼乐园一样具有团体性，因此也带有社交的目的。

7.1.3 信息生产力时代

在信息生产力时代，人类开始使用电子信息进行生产、交换，甚至消费活动。电子信息技术很快进入互联网时代。在这个时代，零售的典型特征是无形零售商店的革命性发展与进化——不仅催生了诸多新的无店铺零售形态，也使原有的传统无店铺零售形态发生了巨大的变化。

到了计算机联网的时代，发生了信息沟通和交互的一系列巨大变化。在Web1.0时代，信息媒体性质的互联网页面出现，高度聚集而不产生用户交互，也无法对内容进行数据严密操作，BBS、门户网站等是代表，出现了网上商店等。在Web2.0的时代，用户创造信息内容，用户之间制造信息并传递信息，把人和人联系起来，社交网站出现并与网店链接。在Web3.0的时代，移动商店或手机商店出现，它把信息与信息联系起来，顾客提出需求，网络会为你提供非常适合的商品和服务。

如果说Web1.0如同一个图书馆，你可以尽情地搜索自己需要的信息，那么Web2.0如同一个庞大的朋友圈子，通过聊天获得信息和独特体验，提供决策参考。而Web3.0就如同为顾客提供了一位贴身私人助理，不仅是网店，而使顾客拥有了一位采购和生活的参谋或代理人。

人们说，网上购物不仅节省了时间，而且还便宜。英国《每日邮报》2011年11月19日报道，网购曾被赞为是快速无压力的购物方式，但一项最新调查显示，在网上购买衣服所费时间是在商业街购买服装的6倍多！尽管如此，调查发现，网购已成为市场销售增长幅度最快的部分，占总额的近15%。重要的原因是顾客网购享受了独特的体验，还可以交际朋友、享受讨价还价的乐趣等。2015年世邦魏理仕发布《亚太区消费者调查：网上购物新形态》，报告显示，逾70%的中国消费者利用社交媒体平台购物，在亚太区各国中比例最高。根据数字服务公司Avionos提供的《2018年消费趋势报告》显示，美国已经有超过55%的消费者通过Facebook和Instagram等社交媒体购物。在多渠道零售和全渠道零售时代，顾客在线下线上自由地穿行购物，常常在选择过程中与朋友和家人线上讨论，同时还伴随着听音乐和看韩剧等。这些都表明购物、社交和娱乐之间在零售过程中存在着天然的联系。一位女士在一家实体店铺挑选服装，挑选后通过手机下了订单，这家实体商店收到订单后送货到她家里，可是这位顾客就在这家实体店中，现场交款拿上服装轻而易举，但是她觉得手机购买比较好玩和有趣，这已经不是个别现象。同时，约上朋友和家人一起去购物,也夹杂着社交的功能,这就是社交网站容易兼有零售功能的重要原因之一。

7.1.4 智能生产力时代

在智能生产力时代,智能机器人承担着部分零售员工的岗位智能,由这些机器人经营、管理和服务的无人商店已经出现。人们光顾这些商店的目的除了购买货物之外,也非常关注社交和娱乐的感受。人们在光顾感知智能商店时,与朋友进入一个封闭的空间,或是进入一个只有一个顾客的封闭空间,都有产生邂逅的感觉,随便拿取商品、不必交款、提货走人的过程,带有某种娱乐成分,因此这些感知智能商店在满足购物需求的同时,也满足了社交和娱乐的部分需求。到了认知智能商店时代,这三方面功能的综合性就更加突出了,甚至会出现真人型店铺导购机器人,有记忆、有情绪、有表情、有性别等,这会使社交和娱乐功能达到最高水平。

可见,在古代集市以及工业革命之后的每次零售革命都是在组合所出售的三类商品:货物、社交和娱乐,货物是基本商品,社交和娱乐是附加商品,前者一般为有形商品,后者一般为无形商品。由于市场供求情境不同,产品品牌不同,所处行业特征及营销定位不同,货物、娱乐和社交这三种功能所占比例也不同。例如,旅游、演出等以娱乐和社交功能为主,购物为辅;超市和百货店等以售卖为主,娱乐和社交为辅。通过对世界十次零售革命的分析,我们可以得出各次零售革命形成的比例表(见表7-1)。

表7-1 各次零售革命业态提供的商品功能组合

次数	名称	货物功能(%)	社交功能(%)	娱乐功能(%)
第一次	百货商店	70	20	10
第二次	一价商店	90	5	5
第三次	连锁商店	多种	多种	多种
第四次	超级市场	90	5	5
第五次	购物中心	60	10	30
第六次	步行商业街	60	10	30
第七次	自动售货机	94	3	3
第八次	网上商店	70	10	20
第九次	全渠道商店	75	10	15
第十次	智能商店	70	10	20

7.2 货币：从无到有形到无形再到无

零售活动是零售商的出售行为，反过来也是消费者的购买行为，具体表现为商品从零售商手中转移至消费者手中，货币则从消费者手中转移至零售商手中。可见，货币是零售活动的基本元素，其移动被称为支付或收款。从零售业发展历史来看，伴随着零售革命的爆发，货币经历了从无到有再到虚拟的过程，随之支付和收款方式也发生了巨大变化，常常与零售革命形成互为因果的关系。

7.2.1 手工生产力时代

在手工生产力时代，没有爆发我们讨论的零售革命，但是零售活动是非常频繁的，随着生产力水平的提高，交换的中介形态发生了从无到有的变化，即从商品货币到贵金属货币再到铸币的演变过程，前两者都是足值货币，不是价值符号，铸币为不足值货币，成为价值符号。

我们参考千家驹和郭彦岗2014年编制的《中国古代货币演进示意表解》，归纳出相应的演变过程。

（1）旧石器时代的简单价值形态。这是一种物品偶然地可以交换另外一种物品的价值形态。旧石器时代的人类生活包括渔猎阶段和游牧阶段，在原始社会的渔猎阶段，交换还没有产生。在进入氏族社会的游牧阶段（距今约5万年），偶然交换出现，人们可以拿自己剩余的产品去交换自己需要而不生产的其他产品。能换什么产品带有偶然性，因为甲方需要的产品的所有者（乙方），恰好也需要甲方剩余的产品，交换才能完成。这是一种物物交换的简单的偶然的价值形态。

（2）新石器时代的扩大价值形态。这是一种物品可以交换多种物品的价值形态。新石器时代的人类生活为原始农业阶段，社会形态为氏族社会，人类出现了农业和畜牧业的第一次社会大分工，交换变得经常，一种物品可以经常地同几种物品交换。例如，20斤粮食可以换2把石斧，也可以换3张兽皮等。这意味着一种物品的价值可以经常地在其他一些物品上得到表现，出现了扩大的价值形态。中国在距今4300～4400年的尧舜时代，从简单价值形态发展至扩大的价值形态。

（3）石铜兼用时代的货币价值形态。这是一种物品固定成为等价物的价值形态。石铜兼用时代的人类生活为农业阶段，社会形态从氏族社会进入奴隶社会，扩大价值形态的物物交换带来很大的不便利。因此，该阶段出现了一般价值形态的物物直接交换，将许多商品的价值表现在唯一的一种商品上，人们只要用手中的货物换得这种特殊商品，就可以用其交换任何商品。这种具有货币特征的一般价值形态，伴随着农业和手工业的人类第二次社会大分工，就转化为货币价值形态，一般等价物逐渐固定在便携和耐磨等贵金属上。中国在距今3600年的商代（约公元前16世纪至公元前11世纪），从扩大的价值形态发展至一般价值形态和货币价值形态，但是初期承担一般等价物的还是经常交换的物品，如皮革、牲畜、农具等，后期就固定在金、银贵金属上。

（4）铜器时代的铸币价值形态。"金属货币的称重、分割和检查成色仍是一项技术性工作且存在物理分割有极限、流通损耗等问题，难以满足经济规模迅猛扩张所引致的货币需求的急速膨胀，于是产生了代用货币。代用货币实际上是不足值的金属货币，又称铸币"[1]。在中国漫长的封建社会，占主导的为铸币，它已经隐藏着用纯粹货币符号代替金属货币的承担支付工具职能的可能性。

7.2.2 机器生产力时代

在机器生产力时代，爆发了百货商店、一价商店、连锁商店、超级市场、购物中心和步行商业街六次革命，这六次零售革命伴随着货币形态变化而变化。"在金银复本位制下，劣币驱逐良币的格雷欣法则使得含量较足的铸币退出流通领域，劣币进化为信用货币，黄金则完成制度层面的非货币化过程，人类进入无价值的符号货币阶段"[2]。这就是纸币的流行，它本身是无价值的货币，而是成为价值的符号。

尽管在中国北宋时期就出现了"交子"纸币，但是其真正流行还是多年之后的事情。中国汉代发明了造纸术，唐代出现了异地汇兑的"飞钱"，这为北宋时期纸币的出现奠定了基础。在北宋时期，商品经济发达，交易频繁，货币需求量大，当时的铜材料缺乏，就用本来就不便于携带的铜币代替了更不便于携带的铁币，商人们就把铁币寄存在店铺，得到支取的凭证，被称为"交子"。后来，北宋政府在1023年正式发行交子，由于发行量过大，引发通货膨胀，最终连同宋朝一起消亡。随后的金、元、明、清都出现了纸币，但没有成

---

[1][2] 戴金平、黎艳：《货币会消亡吗？——兼论数字货币的未来》，载于《南开学报》2016年第4期。

为支付的主流方式。

纸币成为支付方式广泛使用是在工业革命时代，伴随着银行的产生而扩散开来的。正如有专家所言："发行纸币的真正时间，大概可以从英格兰银行建立之日开始。政府授予英格兰银行发行纸币的特许状是 1694 年 7 月 27 日签发的"[①]。后来纸币与金属货币的可兑换性随着货币制度的演进逐渐削弱，不兑换纸币完全替代了金属货币，成为第一次世界大战之后的主要支付手段。伴随着纸币的流行，就有了钱夹，按着纸币的大小进行设计，便于人们出门携带，而不必再背上很多金属的钱币。此时，银行柜台多了点钞机，商场柜台多了验钞机，街上奔跑着武装押运的运钞车，这些是纸币时代的标志性符号。

7.2.3 信息生产力时代

在信息生产力时代，爆发了自动售货机、网上商店、全渠道商店三次零售革命，这三次零售革命伴随着电子货币的发展而深化。"电子货币本质上是法定货币的一种电子化，常以磁卡或账号的形式存储在金融信息系统内，以方便储藏和支付为主要目的，货币的价值与法定货币等值。按照发行主体的不同又可分为银行卡、储值卡等"[②]，也有人认为还包括交通卡、校园卡等。

（1）线下电子货币。在网店出现之前，就已经出现了电子货币。随着经济的发展，人们购买的规模和金额大大增加，用纸币支付就会出现几只行李箱都装满纸币的情况，十分不便。因此，在 19 世纪末和 20 世纪初，一些店铺就推出了记账结算卡，先赊账，月底或季末定期进行结算，这是卡币的雏形。

随着信息技术的发展，电子货币才真正发展起来。20 世纪 40 年代开始由银行统一发行信用卡，60 年代信用卡成为非常普及的支付方式。80 年代初，美国 1 万美元收入的家庭中，70% 以上的持有信用卡，平均每一个家庭拥有 1.5 张信用卡，1980 年刷卡次数超过 12.5 万次；90 年代初，美国家庭信用卡持有量为 10 亿张以上，平均每人有五张[③]。

中国最早的银行卡是 1985 年中国银行发行的长城卡，随后各家银行陆续推出了多种多样的信用卡、储蓄卡等。1994 年底全国已经发行了 500 万张信用卡，2001 年银联组建后，银行卡跨行、跨区域、跨国使用成为普遍现象。2001 年 6 月全国信用卡增加到 3.3 亿张，2004 年银行卡现金替代率从 2000 年的

---

① ［英］洛德·埃夫伯里：《世界钱币简史》（刘森译），中国金融出版社 1991 年版，第 86 页。
② 朱阁：《数字货币的概念辨析与问题争议》，载于《价值工程》2015 年第 31 期。
③ 张卓其：《银行卡的性质和由来》，载于《电脑与信用卡》1995 年第 3 期。

3%上升至11%，2008年达到了25%，适用范围遍及全世界50个国家和地区。

这一阶段，银行柜台多了充卡机，商场柜台多了刷卡机，消费者钱包变成了卡包，自动售货机也可以刷卡消费。开始出现刷卡族，他们的钱包里只有很少的现金，甚至没有现金，货币进入无形化时代。

（2）线上电子货币。2000年之后，随着网店的发展，网上支付得到发展，阿里巴巴率先推出了支付宝业务，买卖双方在线上交易，买家先把款打到支付宝平台上，顾客收到货，满意之后，支付宝再把款打到卖家手里。紧接着诸多银行也推出了网上银行业务，这种网络支付大大地推动了网上商店的发展。当2007年苹果推出智能手机之后，手机就逐渐取代电脑成为网上支付的终端，也被称为移动支付。早期人们在网店购物的时候，还需要绑定一个银行卡，今天人们只需要绑定一个账户就可以了，这个账户可以是卡，也可以不是卡，是将账户植入了智能手机当中，这样人们仅用手机，就可以随时随地进行支付。据毕马威2012年的一项统计表明，中国获得第三方支付许可证的196家企业，37%提供网络支付服务，17%提供移动支付，其中移动支付许多也是上网支付。

7.2.4 智能生产力时代

在智能生产力时代，智能商店出现。随着生物识别技术快速发展，使相应的智能支付手段不断创新和发展，货币形态变成了数字货币，仅有账号而不必寄生于信用卡形态，也可以称为无形货币。学者们对于数字货币有着不同的定义，有的将其等同于非法币的货币形态，如比特币等。我们认为，数字货币是指无形货币形态，在本质上是法定货币的一种数字化，常以账号的形式存储在金融信息系统内，以方便储藏和支付为主要目的，货币的价值与法定货币等值。由于数字货币出现，就衍生出手机智能支付和生物智能支付。

（1）手机智能支付。据易观国际2018年6月发布的《中国智能支付终端专题分析2018》，2014～2016年是智能支付的探索期，2017～2020年是启动期，2021年之后会进入高速发展期，2017年智能支付终端开始取代传统POS系统，覆盖出行、医疗、餐饮、外卖、租房、美容、装修和教育等场景。根据中国互联网研究中心2017年的研究显示，在线下实体店购物时使用手机结算的比例已达50.3%，即使在四五线城市，这一比例也分别达到43.5%和38%，农村地区这一比例也达到31.7%。

（2）生物智能支付。它是指基于人体特征识别进行支付的方式，可分为人脸识别、指纹识别、语音识别、静脉识别等。

① 人脸识别支付系统。它于 2013 年 7 月由芬兰 Uniqul 公司全球首次推出，支付时只需要面对 POS 机屏幕上的摄像头，系统会自动将消费者面部信息与个人账户相关联，完成支付。2018 年 1 月正式对顾客开放的 Amazon Go 无人商店，就是应用的人脸识别支付技术。由于该系统的发展形态具有自主学习功能，因此即使顾客新化了妆、新戴了眼镜、新留了胡须等，也不影响机器的判断。

② 指纹识别支付系统。它是将消费者的指纹数据信息与指定的付款账户绑定，购物时只要在一台指纹终端机上将手指轻轻一"按"，消费的金额会在对应的银行账户中扣除。"指纹付款"技术是由德国 ITWerke 公司研发的，2005 年美国沃尔玛、7-11 便利店的零售店开始尝试使用这种指纹识别付款方式。中国第二代身份证完成了所有人的指纹采集，2006 年中国也出现了银行服务的指纹识别系统。

③ 语音识别支付系统。又称声音指纹或语音支付，它运用生物学语音分析法来鉴别使用者身份，根据顾客购买额在其绑定的账户中进行等额扣除。语音识别的最大好处是可以完成远程的交易。

④ 静脉识别支付系统。它是通过指静脉识别仪取得个人手指静脉分布图，将特征值存储，用以识别顾客身份，发生购物行为后，顾客只需在相关设备上摆动手指，就可以在其绑定的账户中进行等额扣除。2018 年 9 月英国伦敦布鲁内尔大学的一家商店，就采取了静脉识别的收款方式。

未来还会出现眼球识别、脚印识别、姿态识别等多种多样的生物识别的支付方式，甚至也不排除心理识别的支付方式等。

可见，在手工生产力、机器生产力、信息生产力和智能生产力的时代，作为交换媒介的货币发生了从无到有，从有到无的循环回归的变化，这是货币不断符号化的过程，也是使交换变得更加便利的过程。货币从大到小的过程，使人们交换时从带着大而重的物品变成带着小而轻的钱币就可以了；货币从有到无的过程，使人们交换时从带着小而轻的钱币变成只带着自己的身体就可以了，甚至身体也不用出现，只要发出声音就可以了。加之货物可以送货到家，人们到商店空手闲逛就可以完成购买行为，不用带钱，不用带卡，不用带手机，支付没有了感觉，会促进购买额的增加，当然也会催生大量的冲动性购物。有学者将货币的演化过程描绘成"随着时间的发展，不断抽象化的过程"，"易货商品—金属货币—纸币—支票—信用卡—记账卡—保值卡—智能卡—数字币—电子币"①。通过对世界十次零售革命的分析，我们可以得出与

---

① ［美］理查德·W. 奥利弗：《未来经济状态——在商务新世界中制胜的七大法则》（丁为民等译），机械工业出版社 1999 年版，第 220 页。

各次零售革命伴生的主要货币形态和支付手段（见表7-2）。需要说明的是，表7-2中前七次零售革命的主要货币形态和支付手段，是指革命爆发时的情形，并非是指今天的情形，今天也都在向无形货币形态转变，不过纸币和银行卡也会与其并存一段时间。

表7-2　　　　各次零售革命业态的主要货币形态和支付方式

次数	名称	主要货币形态		主要支付方式
		名称	类别	
第一次	百货商店	纸币	有形货币	现金店铺即时支付
第二次	一价商店	纸币	有形货币	现金店铺即时支付
第三次	连锁商店	纸币	有形货币	现金店铺即时支付
第四次	超级市场	纸币	有形货币	现金店铺即时支付
第五次	购物中心	纸币	有形货币	现金店铺即时支付
第六次	步行商业街	纸币	有形货币	现金店铺即时支付
第七次	自动售货机	电子币	隐形货币	线下银行卡即时支付
第八次	网上商店	电子币	隐形货币	线上银行卡即时支付
第九次	全渠道商店	电子币	隐形货币	手机线上线下随时支付
第十次	智能商店	数字币	无形货币	生物线上线下随时支付

7.3　零售商：从无到有到公司再到无

关于零售商演化轨迹的描述，主要是基于投资人、管理者、雇员和组织使命及目标的角度，否则会与其他几个维度相重复。分析轨迹仍然按着手工生产力、机器生产力、信息生产力和智能生产力四个阶段进行。

7.3.1　手工生产力时代

在手工生产力时代，零售商从无到有，从货郎担到固定的店铺老板，经商的主要目的是赚钱和维持生计。

（1）零售商从无到个人。在人类社会发展的早期，共发生了三次社会大分工。第一次社会大分工是农业和畜牧业的分离，即游牧部落从野蛮人群中分离出来，时代为原始社会野蛮时代的中级阶段。第二次社会大分工是农业和手工业的分离，制陶、冶金、铸造等手工业发展起来，发生在原始社会野蛮时代的高级阶段。第三次社会的大分工是商人独立出来，专门从事商品交换活动，发生在原始社会瓦解和奴隶社会形成时期。此时，标志着零售商产生，它是以个体人形式存在，而非一个商业组织，其特征是贱买贵卖和走街串巷，或是到集市上叫卖。大家对这个阶段最为熟识的零售商形象就是货郎担。在北京故宫博物院藏有南宋画家李嵩的一张风俗画，名为《货郎图》，画面是货郎挑着满担的货物，从锅碗盘碟到儿童玩具、瓜果糕点，琳琅满目，商人不堪重负地弯着腰，孩子们追着货担雀跃，嬉戏，一派欢乐祥和的景致。

（2）从个人到家族。在行商时代，行商又称游商，指通过行走贩卖商品且没有固定室内营业场所的人，或者走街串巷，或者摆摊于市集。在第二次社会大分工之后，就出现了手工业者，他们大多采取前店后厂的方式，出售自己的手工业产品，此时还没有独立的商人。"据史学家分析，最早的店铺就是面包师傅、屠户、鞋匠、铁匠、裁缝及其他手工业者的作坊"，不仅在作坊销售，也去开市的集上销售[①]。第三次社会大分工之后，独立商人产生，随之也就出现了在室内固定地点经营的商人，进而，部分货郎担就演变为店铺掌柜，或被称为"东家"，其现象形态是店铺，大多为一个家族的产业。此时，有了招幌、门面、店铺环境设计、柜台等店铺元素，以及顾客选择、招揽回头客、建立顾客忠诚、学徒制等店铺经营文化。

在意大利庞贝古城遗址中，我们可以看到公元 79 年维苏威火山爆发毁掉的城市，其实这座城在公元前就已经建成。在丰收街街道两旁，聚集着各种各样的作坊和店铺，酒馆、染房、面包店、百货店、银行和妓院，等等。人们会看到在商店的墙上遗留下来的"赚钱即欢乐"的文字，在出土的银制杯上刻有"尽情享受生活吧，明天是捉摸不定的"言语等。这表明在 2000 多年前的意大利就已经有了坐商，与行商并存，也有了商店街与集市并存，坐商追求的仍然是利益最大化。

在北宋画家张择端的《清明上河图》中，自虹桥开始就渐趋繁华，"街道两侧是鳞次栉比的商家店铺，店铺前往往设立牌匾和幌子，用以招揽顾客，成为北宋京城的一大景观"[②]。明代文学家兰陵笑笑生所著的《金瓶梅》，被学者认为是"一部空前绝后的表现商人生活的长篇小说"[③]。依据小说的描述，西门庆从父亲那里继承了生药铺的买卖，后来发展，开四五处铺面，包括段子

[①] 李飞：《分销王——无店铺售卖策划与设计》，北京经济学院出版社 1995 年版，第 44 页。
[②] 吴雪彬：《张择端〈清明上河图〉》，文物出版社 2009 年版，第 80 页。
[③] 邵毅平：《中国文学中的商人世界》（第三版），复旦大学出版社 2016 年版，第 275 页。

铺、生药铺、绸绢铺、绒线铺，伙计主管约有数十，妻妾和女婿等都分工明确，参与经营，所有者和经营大多为家族人员，属于典型的家族式经营的零售商。近现代文学家茅盾所著的小说《林家铺子》，反映了1932年前后江浙农村经营一家小店铺的林家的悲惨情景。采购时需要向钱庄借钱，售货时还得向顾客赊账，同行重伤它，警察掠夺它，等等，最后不得不关门倒闭。"林家铺子"也属于家族式经营模式。在家族式经营阶段，零售商的主要目的仍然是赚钱和盈利。

在这个阶段的零售商主体特征是：零售商从无到有，从个人到家庭组织，而非企业组织；所有者和经营者基本合一，基本是家庭成员担任；雇员仅是从事简单的手工劳动，属于黑领职业；店铺经营者的使命和目标是赚钱养家。

7.3.2 机器生产力时代

在机器生产力时代（18世纪中期至20世纪中期），零售商从家族式企业，发展成为家族式公司，甚至发展成为上市公司，家族成员成为所有者或者经营者，雇佣或聘用人员大大超过了家族成员。

在工业革命的蒸汽生产力时代，交通发展，海外贸易活跃，出现了股份公司的初级形式，但还不是真正意义上的股份公司。1602年创办的荷兰东印度公司就属于此种类型，它是政府特许设立的股份公司，也称为特许贸易公司，后来政府逐渐退出公司事务，真正意义上的公司才开始出现，时间大约为19世纪后半期。对于零售商来说，在19世纪前半期之前，还是个体商贩和家庭式经营，如欧洲零售业当时由行会进行行业管理，"行会不但限制各行业的商店数，也坚持一个人只能开一家店、贩卖一种产品"[1]。到了19世纪末期，真正的公司制开始形成，但仍然是以家庭为核心。在手工生产力时代，剩余产品很少，交换的商品非常有限，货郎担和小店铺就可以满足当时的需要。进入机器生产力时代，产品一下子丰富起来，货郎担和小店铺无法满足大规模生产和消费的需要，需要出现较大规模的零售商与其匹配，仅由个人或家庭的经营难以实现规模化，因此出现了以家庭为核心的公司制。

第一次零售革命百货商店的产生，可以说明从个人、家庭企业到家族公司制的演化过程。1823年，何顿（Anthony Hordern）从英国移民到悉尼，他制造马车，妻子销售服饰品，他们的6个孩子中有4个加入了家庭经营，

---

[1] 连玲玲：《打造消费天堂 百货公司与近代上海城市文化》，社会科学文献出版社2018年版，第6页。

规模逐渐扩大，1879年开设了较大的店铺，员工达到了300人，1886年将其升级为百货商店①。可见，随着孩子长大分立家庭，家庭变成了家族，加之零售企业规模扩大，原有家庭基础上的公司变为家族为基础的公司，此时家族成员成为企业的关键经营管理者。例如，卡地亚公司1847年在法国巴黎开设了第一家店铺（1899年迁至现在的和平街），1908年在俄国圣披德堡开设第二家分店，1909年分别在伦敦和纽约开设第三、第四家分店，巴黎、伦敦和纽约三个重要店铺分别由创始人的三个儿子掌管②。当时中国百货商店被称为百货公司，是比较典型的家族公司制。有学者指出，中国传统店铺是合伙制，近代百货公司则是采取公司制，但是家族色彩仍然浓厚，雇佣老乡比例比较高的店铺，反而经营效果更好，郭氏家族控制的永安公司就如此（连玲玲，2018）。

当时较大的零售商具备了完备的公司化组织。例如，一家百货商店的组织有总经理，下设会计部、收账与赊销部、仓储部、运输部、广告部、货品部和店铺（丁馨伯，1947）。

这一阶段的重要特征之一，是实施所有人和经理人并存的制度。1841年10月5日，在美国马萨诸塞州的西部铁路上，两列车相撞，造成2死17伤的事故，舆论指责老板没有能力管理现代化公司，导致该公司进行所有权和经营权分离变革，聘请了专业的经理人，由此出现了经理人制度。③ 这种制度很快被引入零售行业，由于零售公司规模越来越大，家族所有者难以匹配理想的经理人，这就使所有人和经理人分离，但是这一阶段仍存在着大量的家族制公司，所有者和管理者都是家族的成员。这在中国百货商店初期发展过程中非常明显，各个投资人都尽力"安排自己的家族，分布在企业的各个重要部门揽取实权，以排除其他合伙资本家的势力，达到控制家族式的统治企业"，但是"大公司的内部经营管理，主要是通过一批高级职员来实现，所谓高级职员，即商品部部长和管理级职员"④。

这一时期的零售组织有按照职能设立的组织，有按照商品类别设立的组织，跨地区发展的则按照地区设立组织，较大规模的公司则建立综合性组织

---

① 连玲玲：《打造消费天堂 百货公司与近代上海城市文化》，社会科学文献出版社2018年版，第8~9页。
② 李飞、贺曦鸣、胡赛全、于春玲：《奢侈品牌的形成和成长机理——基于欧洲150年以上历史顶级奢侈品品牌的多案例研究》，载于《南开管理评论》2015年第6期。
③ 抒鸣、锐铧：《世界万物之由来》，哈尔滨出版社1990年版，第27页。
④ 上海百货公司、上海社会科学院经济研究所、上海市工商行政管理局：《上海近代百货商业史》，上海社会科学院出版社1988年版，第175~176页。

（伯曼和埃文斯，2007）。

此时，零售活动除了服务过程中的手工劳动之外，也出现了仓储、运输、记账等环节的机器操作，即在零售领域也出现了蓝领工人。这一阶段的组织目标，集中于利益或利润的最大化，经济人假设的思维在零售管理中占据主导地位。正像有专家所言，"资本家经营企业是为了追求利润，企业管理也就服从这个唯一的目标"[①]。

7.3.3 信息生产力时代

在信息生产力时代（20世纪中期至21世纪初期），零售商从家族式公司发展成为连锁化大公司（简称"连锁公司制"），以及全渠道零售组织。尽管连锁商店产生于机器生产力时代，但是在信息生产力时代成为主流的组织形式，互联网产生之后，又出现了线上线下融合的零售组织形式。

（1）连锁公司制发展。随着信息革命的深化，全社会的生产规模和销售规模日益扩大，要求巨型零售商与其匹配。这使家族公司制地位下降，连锁公司制发展起来，在很大范围内取代了传统的分店模式，特别是对于那些单体店铺规模较小的公司来说更是如此。诸如超级市场、便利商店、专卖店等零售业态的发展，都是源于连锁公司制的发展，其特征一方面是由家族公司制变为社会公司制，股东分散化；另一方面是由分店制变为连锁制，整体控制由连锁总部负责，在全世界范围内进行扩散。例如，成立于1962年的沃尔玛公司，由于采取连锁公司制，运用领先的零售信息管理系统，通过30年的快速发展，在1991年实现销售额326亿美元，超过西尔斯百货公司的319亿美元，成为世界上最大的零售公司。又经过10年的快速发展，2001年实现销售额2198亿美元，使零售公司第一次位居世界500强之首。

家族式企业也并不完全排斥连锁公司制，换句话说，连锁公司制也不完全否认家族的控股和参与经营管理。例如，1901年由卡尔·华林和约翰·诺德斯特龙创建的华林·诺德斯特龙鞋店，由于二人合作关系恶化，经过协商，于1928年将其卖给了诺德斯特龙的三个儿子，并于1930年8月正式更名为诺德斯特龙鞋店。1971年公司正式挂牌上市，1973年正式更名为诺德斯特龙股份有限公司，但是其家族成员仍然参与公司的战略决策和具体经营事务，传承着公司优质服务的传统，成为全球服务最好的百货商店之一。

---

① 上海百货公司、上海社会科学院经济研究所、上海市工商行政管理局：《上海近代百货商业史》，上海社会科学院出版社1988年版，第174页。

连锁公司制的组织体系包括总部和店铺两个层面,总部包括财务、促销、商品、运营等职能机构,店铺包括店经理、理货员、销售员等岗位。连锁店铺严格实施总部的经营决策,与分店制相比有较小的灵活性,类似于军事化管理模式。

此时,经理人制度成为零售行业一个普遍的现象。在20世纪50年代有一种说法,"公司高管得到了可观的收入,收获了强烈的安全感;公司得到了忠诚、勤奋的管理者。双赢"①。可见,当时公司制和经理人制已经成为一种普遍现象。

(2) 全渠道组织形式。随着互联网的发展,巨大的投资机会和巨大的投资风险并存,这导致一些大的风险投资公司投资给网上商店,一方面催生了大型网商公司,另一方面导致新的零售组织和文化。这使零售公司成为互联网公司以及线下线上融合的公司,也即出现了虚拟商店和实体商店融合的公司。

在初期阶段,实体商店坚守着实体商店的组织结构,虚拟商店采取互联网式的组织结构,即使两种类似零售公司都向对方延伸,也没有改变自己主体的组织结构形式。但是,随着线下线上零售商店的融合,组织结构也发生变化,建立了全渠道零售的组织结构。

仅以阿里为例,2015年之后至少进行了三次组织调整。2015年底,阿里让张建锋去做中台(包括搜索、技术、数据等业务)的负责人,推出"大中台,小前台"架构,同时零售平台采用班委制;2016年底,张勇将天猫与聚划算整合,推出"三纵两横"架构(三纵为服饰、家电、快消;两纵为针对天猫商家的营销平台和运营中心);2017年底,蒋凡出任淘宝总裁,靖捷担任天猫总裁。新的总裁制意味着不再采用过去两年的"班委制"。张勇说,"2018年新零售将进入全新阶段,淘宝、天猫也早已不是传统意义上的电商平台,而将成为阿里新零售基础设施的基座,集合集团在技术、物流、金融、云计算等方面的基础能力帮助全社会商业升级。"这三轮调整均有年轻人担任重要岗位,不断完善全渠道零售的组织结构。②

这一阶段,连锁公司制仍然存在,但是全渠道零售组织仍占据主流地位。连锁公司制使具有长期零售经验的资深经理人,特别是具有国际化连锁公司管理经验的人受到重视和争抢。到了全渠道组织时代,具有创新精神的年轻人提升的空间更大。零售业进入了一个年轻人的时代,管理者的学习能力和创新精

---

① [英] 斯图尔特·克雷纳:《管理百年》(闫佳译),中国人民大学出版社2013年版,第136~137页。
② 搜狐网:《淘宝天猫高管调整 阿里张勇:合力打造新零售基座》,http://www.sohu.com/a/213103966_100064906,2017年12月27日。

神似乎比经验更加重要。一出生或出生没有多久，就生活在互联网背景下的"80后""90后"成为零售创新的主力军，或是已经走到最为关键的管理岗位。最为优秀的零售管理者，常常是具有科学性、感觉性和经验性三种管理技能的人。

这一时期，零售公司文化也发生了变化，这由营销学的定义可以看出端倪（李飞，2013）。1985年，美国市场营销学会给营销下的定义，还是通过交换实现个人或组织等营销组织的目标，这个目标是利益最大化。不过，零售公司和学者开始注意到，零售组织利益最大化目标的实现，一方面需要关注顾客需求，一方面需要有意识地调动员工积极性。前者出现了关注顾客利益的顾客满意理论和管理，后者出现了关注员工利益的Z理论。2004年的定义更强调实现顾客价值和为利益相关者带来利益。2007年新修改的定义则补充强调了社会的利益。同时，营销观念也先后经历了产品导向（19世纪末和20世纪初）、推销导向（20世纪三四十年代）、营销导向（20世纪五六十年代）和社会营销导向（20世纪70年代之后）等阶段，前两个导向是通过生产、产品和销售来获得利润，第三个导向是通过顾客满意来获得利润，最后一个导向是通过实现全社会利益来获得利润。

甚至，一些零售企业的目标已经不是利润最大化，而是让世界更加美好。例如社会企业，一方面是企业特性，通过市场竞争盈利；另一方面是社会特性，如同非营利组织，以共同体受益为目的（瑾琇，2016）。例如，设计师马可创办的无用公司就属于社会型企业，信誉楼、胖东来等中国零售公司也具有社会企业的明显特征。

7.3.4　智能生产力时代

在智能生产力时代（21世纪初期至未来），零售商将从全渠道零售组织发展成为智能零售组织，进入一个有机人和无机人并存的组织形态，换句话说，是一个无人或者说人很少的全渠道零售组织。

我们这里讨论的组织，主要是指零售组织结构，意为"用以明确每个员工应该做的工作和企业内职权与责任的界限"，工作任务包括战略管理（战略分析、规划和实施控制）、运营管理（营销、人力、财务、信息、物流等）、商品管理（采购、储运、定价）和店铺管理（店员、设施、展示、交易、投诉处理等）[①]。在智能生产力时代，上述有些工作部分或全部由智能机器完成，

[①] ［美］利维和韦茨等：《零售管理》（第9版）（刘亚平译），机械工业出版社2018年版，第225页。

有些仍然需要人来完成，这些人构成为新的零售组织，也会形成新的公司文化。其中很多东西我们还无法预测，但是无人智能商店已经出现，这表明与顾客直接发生接触的店铺可以实现无人在现场的运营，这意味着现场组织结构将消失，后台组织结构也会简化和重新构建。

未来零售组织设计最为关键的是进行有机人和无机人之间的分工，有机人构成组织，无机人构成设施。如果我们大胆预测，或许有一天也会出现后台和前台都是机器人管理和运营的零售公司。一个有机人为零售公司创办者，它雇佣了一个机器人作为零售公司总经理，又雇佣了若干零售公司各个职能部门的经理以及相应的员工，还有一些外表为机器的智能机器，最终形成机器人总裁领导机器人各部门经理，各部门经理指挥各个机器人员工，员工通过使用智能机器运营零售公司的购销运存等活动，并通过各种算法进行动态调整。或许无人零售时代真的会到来。

在这一阶段，利润仍然是零售公司追逐的重要目标，但会出现越来越多的小而美的公司，令人尊敬的公司，以及以人类幸福为目标的公司。

可见，在手工生产力、机器生产力、信息生产力和智能生产力的时代，作为零售主体的零售商发生了从无到有，从小到大，再回归到大平台、小公司，直至无人零售时代，主要体现在组织形态、零售哲学和人与机器之间关系等方面（见表7-3）。

表7-3　　　　　各次零售革命业态的零售商组织形态

次数	名称	主要组织形态		员工与机器类型
		形态	哲学	
第一次	百货商店	家族公司	通过销售增加利润	家族人员和电力机器
第二次	一价商店	家族公司	通过销售增加利润	家族人员和电力机器
第三次	连锁商店	连锁公司	通过销售增加利润	非家族人员和电力机器
第四次	超级市场	连锁公司	通过销售增加利润	非家族人员和电力机器
第五次	购物中心	连锁公司	通过顾客满意增加利润	非家族人员和电力机器
第六次	步行商业街	连锁公司	通过顾客满意增加利润	非家族人员和电力机器
第七次	自动售货机	电商组织	实现利益相关者利益	无人员和信息机器
第八次	网上商店	电商组织	实现利益相关者利益	非家族人员和信息机器
第九次	全渠道商店	全渠道组织	实现利益相关者利益	非家族人员和信息机器
第十次	智能商店	智能组织	实现社会的利益	无人员和智能机器

7.4 购买者：从物质到身份再到精神

关于购买者演化轨迹的描述，主要是从购买和消费需求的角度进行分析，看看它们在手工生产力、机器生产力、信息生产力和智能生产力四个阶段是否存在着不同的特征。大体经历了从无到有、从少到多、从次到好、从低价到便利、从物质到精神的演化过程。

7.4.1 手工生产力时代

在手工生产力时代，购买者主要关注商品有无，也具有社交和娱乐的需求，买卖双方处于相对平等的地位。

（1）在手工生产力时代，购买者主要关注商品有无。在人类早期，商品交换被称为互通有无，因此有就是好。当专业化分工出现之后，人们日常需要的商品越来越多地依赖于交换获得，购买者一方面希望有更多的挑选空间，集市贸易满足了这种需要；另一方面希望可以得到更多的商品，这在商品短缺的手工生产力时代很难做到，或是受到生产规模的限制，或是受到居民收入水平的限制。因此，在手工生产力时代，购买者比较关注的是商品有没有，多不多，以及自己有没有充足的货币等问题，当然都是基于手工制作的商品和人工直接提供的相关服务。当时，人们也有便利性购物需求，但是由于交通发展制约，以及商业设施稀少而很难得到满足，还是更加关注商品本身有无。

（2）在手工生产力时代，购买者也购买社交和娱乐。南宋时代的民俗画《卖浆图》，呈现的是宋代都市街巷中货郎担斗浆品茶的生动画面，妈妈带着孩子，朋友相聚言欢，在购买饮品的同时，也购买了社交和娱乐。另据记载，古代成都附近集镇上有一家茶酒兼营的小店，只卖茶酒，生意萧条，后来请秀才写了一副对联，扩展至卖社交和娱乐，一下子生意兴隆起来，或是来品尝茶酒，或是来聚会聊天，或是来观赏对联休闲享乐。这副对联写的是："为名忙、为利忙，忙里偷闲，且喝一杯茶去；劳心苦、劳力苦，苦中作乐，再倒二两酒来"[①]。可见，在手工生产力的时代，人们的需求除了商品本身之外，还关注社交、娱乐等精神方面的体验，只是当时不占主导地位而已。学者对于欧洲中世纪市场的描述也证明了这一点，"进入市场就像进入了另外一种生活，

---

① 夏思泉：《古今商事趣谈》，中国财政经济出版社1988年版，第190页。

那里有很多你不曾相识的人:有着聪明的变戏法的人,也有奇怪动物展览,有卖丝绸的商人……在这么神圣的一天,这样的假日,这样怡人的生活当然是与我们平常的生活不同的"①。另外,不仅人们在购买过程中关注社交和娱乐,而且消费过程中也关注所购商品所带来的精神体验的结果。例如,中国古代的官窑瓷器,欧洲皇宫的特许制造商制度等,都使消费的商品成为身份和地位的象征,宫廷生活也成为人们羡慕和模仿的样板。初期,开店的都是手工艺人,他们在自己的作坊进行生产,然后就在店里销售,提供质量优质且高价的服饰、珠宝、家居等,后来为了满足需求,这些手工艺人也开始销售不是他们生产的产品了,由手艺人变成"商店人",使他们更加令人尊敬②。从而也使购买者在消费过程中感受宫廷的体验。

(3) 在手工生产力时代,买卖双方关系平等。由于当时商品供应短缺,商品需求也不足,因此零售商和购买者相遇是缘分,是偶然,必须珍惜,且不说物物交换的时代,就是在货币交换时代也是如此,因此他们之间是相对平等的关系。购买者需要零售商提供他们需要的稀缺商品,零售商也非常需要顾客持续地购买他们的商品和服务,甚至不惜采取赊销的方式。据《清稗类钞》记载,在清代有一位姓韦的书商,在北京琉璃厂开了一家书店,常常将京官李文藻喜欢的新书、旧书淘来,送货上门,使得李文藻不得不"典衣买书"(夏思泉,1988)。老舍的剧本《茶馆》,也反映了 20 世纪初期老北京一家茶馆的境遇。王掌柜对顾客殷勤照顾,举手投足,音容笑貌,都是在讨好茶客,其形体动作可以概括为鞠躬、请安、作揖、磕头等,但是对于赊账不还、蹭茶喝的人也不客气。当时,由于交通以人力、畜力为主,购买者大多为附近的、相互熟悉的回头客,因此双方的买卖关系也属于互相依赖的邻里关系。

7.4.2 机器生产力时代

在机器生产力时代,购买者主要关注商品好坏,开始增加购买体验的关注度,零售商在与购买者交易中处于主导地位。

(1) 在机器生产力时代,购买者开始关注商品好坏。如果说手工生产力时代,购买者关注商品有无的话,在机器生产力时代,购买者就更加关注商品的好坏,优质的产品、新颖的产品等更加受到购买者的青睐。在 20 世纪初的

---

① [美]托马斯·翰:《Shopping 大解码:购物文化简史》(梅清豪、仇学霞译),上海人民出版社 2006 年版,第 62~63 页。
② 同上,第 79 页。

时候，市场产品供不应求，购买者有时还是关注商品有无的问题，因此当时福特汽车公司说过一句流行语——"无论你需要什么颜色的车，我只生产黑色的"。随着工业化发展和生产效率的提高，商品变得日益丰富起来，市场显现出供求平衡的态势，鼓励消费成为一种潮流，"根据世界消费文化史的研究，从消费主义的产生到蔓延经历了数百年的时间；从崇尚俭省到鼓励消费可说是近代社会观念的一大转变"①。这使富有的中产阶层出现，收入的增加使他们不仅满足于量的增加，更加关注商品质量的提高。在19世纪末期美国经济和社会学家托尔斯坦·凡勃仑著述的《有闲阶级论：社会制度的经济研究》指出，刚富起来的人，盲目模仿欧洲贵族的生活方式，进行炫耀性消费，试图通过这样的方式来赢得社会的认同②。

实际上，在工业革命后期、百货商店产生后不久，购买优质和时尚的商品就成为富有阶层的一个标志。而不同档次的商品会在不同的商业区销售，因此选择购物地点就成为区别不同身份人的标志。例如，在美国"服务于富人和穷人的不同购物区的发展，被证明是纽约人社会地位和城市整体繁荣程度的流动晴雨表……如果你在第五大街以北购物，那么你是富人；如果你在第十四大街以南购物，那么你是在工厂工作的。位于布鲁克林市商业区富尔顿大街上的百货商店以及布朗克斯的大型中央广场迎合的是那些地位正在上升的购物者，他们想超越自己原来的移民身份，跻身中产阶层行列"③。可见，购买者为了进入上一个社会阶层，开始关注购买优质的商品，而不是更多的商品。

（2）在机器生产力时代，购买者增加了对体验的关注度。这一点在百货商店的购买过程中被体现得非常明显，与手工生产力时代相比，购买者对于商品本身的关注度明显弱化。正如专家所言：百货商店重新构建了"消费生活的方式与内容：上哪儿买、如何买、买什么、为什么买——所有与消费有关的活动都有了新的形式与价值"④。自从百货商店产生之后，人们才有了"逛商店"的概念，而非过去"买东西"的概念，"逛"本身是"闲游"的意义。对于百货商店的目标顾客来说，除了满足他们购买时尚商品的需求之外，还要满足他们新产生的社交和娱乐体验的需求。对于百货商店的非目标顾客来说，

---

① 连玲玲：《打造消费天堂 百货公司与近代上海城市文化》，社会科学文献出版社2018年版，第3页。

② ［英］巴里·J. 戴维斯、菲利帕·沃德：《零售消费者管理》（温丹辉、吕继英译），中国人民大学出版社，2006年版，第49页。

③ ［美］莎朗·左京：《购买点：购物如何改变美国文化》（梁文敏译），上海书店出版社2011年版，第13页。

④ 连玲玲：《打造消费天堂 百货公司与近代上海城市文化》，社会科学文献出版社2018年版，第4页。

他们主要是"逛"和"看",看百货商店的漂亮橱窗,看货架上琳琅满目的商品,偶尔也会在游戏场游戏,观赏艺术展览等。有学者描述过这种情形:尽管有些人买不起百货商店的商品,但是"有机会观看和触摸各种各样的商品,参观这些精美的建筑及其他,让购物成为一种休闲活动,不管人们是否买了东西"①。

(3) 在机器生产力时代,购买者主要受零售商主导。尽管此阶段商品已经非常丰富,但是除了经济危机时代,在整体上还是从供不应求的态势转化为供求大体平衡的态势。因此在这个阶段,购买者受制于销售者。由前述可知,在机器生产力时代,公司的市场导向先后经历了产品导向(19世纪末和20世纪初)和推销导向(20世纪三四十年代),这意味着零售商在与制造商发生交易时,处于买者的被动定位,但是在与消费者发生交易时,处于卖者的主导定位,因此真正的消费者主权并不能充分地得到体现。

尽管全球在20世纪50年代进入信息生产力时代,但是中国在80年代之前还停留在机器生产力时代,加之中华人民共和国成立之后实施的计划经济体制,商品短缺现象长期存在,政府不得不采取凭票证供应的办法,涉及商品最多的时候达到200余种,包括粮食、食油、肉品、鸡蛋、牛奶、棉花、布匹、肥皂、火柴、卫生纸等,这些票证在1993年5月才全部取消。因此,当时中国居民是否能买到多于票证规定的商品、是否能够买到好的商品,必须有求于零售商,或者是售货员,售货员在那个时代是令人羡慕的职业。到了1981年,湖北农民杨小运向国家超卖公粮过万斤,县里想奖励他,问他需要什么,他说"想要一辆永久牌自行车购买票"。当时,中国人结婚所需要的四大件——手表、自行车、收音机、缝纫机,都是凭票供应的,备齐这些东西就需要走后门、托人情、磨破嘴,因为一个单位一年没有几个指标。可见,零售商的地位是至高无上的,远远谈不上顾客主权。

7.4.3 信息生产力时代

在信息生产力时代,购买者开始关注商品的身份意义,非常重视多方面的购买体验,购买者在与零售商交易中处于主导地位。

(1) 在信息生产力时代,购买者开始关注产品的身份象征意义。基于全球的视角,这一阶段为20世纪50年代至21世纪初期。当购买者可以容易地

---

① 连玲玲:《打造消费天堂 百货公司与近代上海城市文化》,社会科学文献出版社2018年版,序:第4页。

购买到一定数量和质量的产品之后,表明产品功能性需求得到满足,进而开始关注购买产品所体现的身份象征意义,主流产品也由手工制造品、机器制造品延伸至信息制造品。该阶段的一个明显特征是,品牌的价值诉求会影响顾客的购买行为。正像零售消费研究学者所言:"在 20 世纪后期的西方资本主义社会……消费已经成为具有标志和象征意义的社会文化活动,而绝不仅是一个经济实用主义的过程"[1]。新出现的"富裕工人"阶层,"许多人主要是通过消费者行为和生活方式来确立自己的身份,而不是通过工作角色"[2]。一方面,购买者更加关注品牌的选择和消费,全国品牌和全球品牌流行开来,精英们会把物品、衣物、行为、外表与个人形象设计结合起来,形成某一种自己喜欢的生活方式(戴维斯等,2006);另一方面,也出现了关注环保和健康的绿色消费潮流,让自己的消费行为与世界的美好相匹配,甚至不惜支付更高的价格,绿色食品、电动汽车等环保类型产品受到这些消费者的偏爱,也有学者将这种现象称为"有道德生活方式"[3]。有学者专门描述了商品成为购买者身份象征的演变过程:手工生产力时代人们用出身和出生地介绍自己,机器生产力时代人们用工作角色来显示自己的地位和财富,信息时代人们用外表的衣着、使用的物品来塑造自己的身份,"逐渐地,商品成为这些变化的核心,到现在它们甚至已经成为塑造身份的支柱。这就意味着:许多商品已经具有很多的象征意义,或者至少在他人眼中具有某种象征意义"[4]。

(2)在信息生产力时代,购买者将进一步强化对购买体验的关注度。在手工生产力时代,人们着重购买的产品本身;在机器生产力时代,人们除了关注产品,也开始留意购买过程的体验;到了信息生产力时代,人们关注的是营销组合的每一个要素集合而成的综合体验,购买者要求零售商必须有一个营销组合要素优于竞争对手,同时其他要素也不能低于行业平均水平或达到他们可接受的水平(李飞,2013)。这些体验的内容会在购买过程的每一个环节得到呈现。正如有学者所言:"在这个过程中,即使你没有购买任何一件商品,也可以欣赏大量的橱窗展示,浏览各式各样的商店,操作、品尝或体验一系列产品,看各种促销材料,观察其他购物者的活动,在咖啡厅或餐馆小憩,品味整个购物区的建筑结构和特色等。这些活动都是消费的一部分。因此,广义的消

---

[1] Bocock, R. Consumption. London: Routledge, 1993: 3.
[2] [英]巴里·J. 戴维斯、菲利帕·沃德:《零售消费者管理》(温丹辉、吕继英译),中国人民大学出版社 2006 年版,第 52 页。
[3] [加]弗兰克·费瑟:《未来消费者》(王诗成译),辽宁教育出版社 1999 年版,第 88 页。
[4] [英]巴里·J. 戴维斯、菲利帕·沃德:《零售消费者管理》(温丹辉、吕继英译),中国人民大学出版社 2006 年版,第 54~55 页。

费过程不仅包括消费者购买自己喜欢的商品和服务的过程，也包括伴随而来的其他社会体验过程"①。在 2010 年前后进入全渠道商店时代之后，这个体验过程包括线下线上的综合体验。

因此，在 20 世纪末期，派恩和吉尔摩（2002）提出了体验经济（个性体验）的概念，它是产品经济（农业自然品）、商品经济（工业标准品）和服务经济（服务定制品）之后的新时代，"体验事实上是当一个人达到情绪、体力、智力甚至是精神的某一种特定水平时，他意识中所产生的美好感觉"，满足这种体验需求可以大大溢价②。购买者的购买过程成为一个体验过程，而体验是通过人们的视觉、触觉、嗅觉、味觉和听觉来感受到的，随之出现了"感官营销"（科瑞斯纳，2011）理论。另外，手段—目的链和服务蓝图等工具和方法得到比过去更为广泛的应用。

（3）在信息生产力时代，购买者强化了市场主导地位。它经历了从零售商主权向消费者主权的过渡的过程，1950～1980 年还明显带有零售商主权的特征，消费者主权处于萌芽期，出现顾客导向和"顾客是上帝"等口号；1980～2000 年消费者主权处于发展期，出现了社会导向和关注利益相关者。这是互联网和移动网推动的结果。在互联网和移动网时代，购买者可以快速（随时随地）地了解全世界的相关商品和服务信息，并且通过网络可以快速（随时随地）地完成购买，这一方面使零售商之间的竞争全球化、全渠道化、全时空化，另一方面也使长期存在的售卖者占有更多信息的不对称状况得以根本改变，使购买者在全世界自由地选择商品成为现实。正如有学者所言："进入 21 世纪，互联网，特别是移动互联网的发展，以及商品极大丰富，使买方市场真正形成，信息向着对称点不断逼近，此时消费者主权诉求成为消费者的实际行为，实现消费者主权程度成为他们选择品牌的重要影响因素，因此，企业也需要将消费者主权口号变成行动"③。

由于购买者真正代替商品成为零售管理的核心，加之全渠道商店的发展，顾客几乎随时都在线下或线上的店铺之中，特别是由于客户分流，实体零售商更加关注进店顾客向实际购买者的转化，因此在购物学和购买者营销（shopper marketing）理论在 20 世纪末和 21 世纪初得到发展，并受到理论界和实践界的重视。该理论的核心"是通过研究、比较和分析，使商店和服务更加适

---

① ［英］巴里·J. 戴维斯、菲利帕·沃德：《零售消费者管理》（温丹辉、吕继英译），中国人民大学出版社 2006 年版，第 41 页。
② ［美］B. 约瑟夫·派恩、詹姆斯·H. 吉尔摩：《体验经济》（夏亚浪、鲁炜等译），机械工业出版社 2002 年版，第 12～20 页。
③ 李飞：《开启践行消费者主权的时代》，载于《富基商业评论》2015 年第 1 期。

应购物者的需要"①，探索如何把进店的购买者变成实际购买者，把客单价较低的购买者变成客单价较高的购买者，其可能性在于 70% 的品牌选择都是在商店中完成的，68% 的购物者不按照计划购物，仅有 5% 的购买者对某个品牌非常忠诚②。

7.4.4 智能生产力时代

在智能生产力时代，购买者开始关注商品体现的精神，重视购买和消费全过程体验，消费者主权时代来临。

（1）购买者关注商品体现的精神。如果在信息生产力时代人们关注的商品符合意义在于外在身份的认同，那么在智能生产力时代，人们就开始关注商品所体现的内在身份的认同，二者的区别在于，前者更加关注别人如何看我，后者关注的自己如何看自己。这些"90 后""00 后"的年轻人，成为购物者主力军，甚至主导着父母的消费，他们更加个性、更加理想、更加自由、更加网络，因为他们出生在移动网和上一代完成财富积累的时代，天生具有互联网思维，天生就有房、有车、有钱，随心所欲地购买是这部分人群的明显特征。同时，他们更加关注个性化的精神满足。《冈仁波齐》《我不是药神》《战狼》等电影受到年轻人追捧，瑜伽、古琴、芭蕾等课程受到年轻人喜爱，以及"佛系青年"成为一个群体等，都表明商品和服务不仅成为身份的一个符号，也成为一种精神或心灵的符号。

因此有营销专家建议零售商要向利益相关者营销人文精神。他们认为，在机器生产力的情境下，是营销 1.0 时代，目标是销售产品；在信息生产力的情境下，是营销 2.0 时代，目标是满足顾客需求；在新浪潮科技（我们称为智能时代）的情境下，是营销 3.0 时代，目标是让世界变得更加美好，企业必须要营销人文精神，包括企业使命、价值观和愿景（科特勒和塞蒂亚万，2011）。

在中国诸多企业进行了这方面的尝试，并取得了有价值的经营成果。例如，旅行家张环女士创办的环意旅行社，通过给顾客带来美好的旅游体验，将环意打造成为一家小而美的公司；设计师马可创办的无用品牌，通过给顾客带来简朴的生活体验，将无用打造成为一家令人尊敬的公司；信誉楼和胖东来两家零售公司，通过实施的善道营销，成为两家令人赞美的公司。他们营销的都

---

① ［美］帕科·昂德希尔：《顾客为什么购买》（缪青青、刘尚炎译），中信出版社 2016 年版，第 14 页。
② ［美］斯塔尔伯格和梅拉：《购物者营销》（派力译），中国商业出版社 2011 年版，内容简介。

是商品背后体现的人文精神。

（2）购买者关注购买过程无缝体验。在智能生产力阶段，顾客天生处于一个全渠道购物和智能购物的环境，因此他们更加关注购买过程的线上线下无界服务、有人和无人无缝连接、有技术和无技术无感运营。零售商，在线上店还是线下店，有人店还是无人店，都提供相同理念和水平的服务。购买者，可以在线上店和线下店之间，有人店和无人店之间自由地穿行或跳跃。如果存在着缝隙或沟壑，摔死的可能不是顾客，而是零售商。这一阶段，客户旅程管理理论受到重视，这个问题将在下一节详述，这里不再赘述。

（3）消费者主权时代来临。在2000年之后，消费者主权时代真正来临，这源于互联网和智能生产力催生了五个条件：一是丰富了市场产品的供给量，供给多了，你不关注消费者主权，购买者选择时就有可能抛弃你；二是强化了买方市场趋势，顾客处在交易的主导地位，你不关注消费者主权，他们会选择尊重他们的零售商；三是实现了信息持续地对称，甚至购买者掌握更多信息，零售商难以轻易通过信息封锁影响顾客收益；四是消费者成为商品和服务专家，不关注购买者利益，就会处于尴尬境地；五是提高了消费者收入，具有较充足的购买能力，你必须尊重他们的权利（李飞，2015）。

可见，在手工生产力、机器生产力、信息生产力和智能生产力的时代，作为零售主体的购买者在需求、购买和地位等方面发生了从有形到无形的变化，当然追求购买过程的便利化这一点没有变化（见表7-4）。

表7-4　　各次零售革命业态的购买者需求、购买和地位特征

次数	名称	需求特征	购买特征	地位特征
第一次	百货商店	商品好坏	开始关注体验	零售商主权
第二次	一价商店	商品好坏	开始关注体验	零售商主权
第三次	连锁商店	商品好坏	开始关注体验	零售商主权
第四次	超级市场	商品好坏	开始关注体验	零售商主权
第五次	购物中心	商品好坏	开始关注体验	零售商主权
第六次	步行商业街	商品好坏	开始关注体验	零售商主权
第七次	自动售货机	商品的身份象征	强化体验关注	消费者主导
第八次	网上商店	商品的身份象征	强化体验关注	消费者主导
第九次	全渠道商店	商品的身份象征	强化体验关注	消费者主导
第十次	智能商店	商品的精神象征	关注无缝体验	消费者主权

7.5 时空：从偶然到固定再到虚拟无界

零售时空是指交易的时间和空间，时间包括偶然交易、固定时间交易、日夜交易和随时交易等，空间包括位置和环境，位置大体经历集市、城市商业街、郊区购物中心、网上商城等形态，环境大体经历了简朴交易环境、休闲环境、艺术环境再到简朴交易环境的回归。我们仍然按着手工生产力、机器生产力、信息生产力和智能生产力四个阶段进行描述。

7.5.1 手工生产力时代

在手工生产力时代，零售时空的主要特征是从偶然交易到固定时间交易，以集市和商业街为主要的交易场所，环境则是围绕着商品交易这个核心进行构建。

（1）时间：从偶然交换到固定时间交易。在原始社会，交换时间是不固定的，人们会把多余的物品放在氏族部落交界处，然后离开，另外的人来到这里看到自己所需要的物品会拿走，并留下自己用于交换的物品，买卖不是同时发生，也不知道什么时间完成。现代云南偏僻山区的苦聪人仍然保留着类似的交易方式，他们把自己用于交换的物品放在路边后，隐身在路边森林，行人看到自己所需的物品，拿走并留下自己用于交换的物品即可。①

在奴隶社会的西周时期，由于交换的发展，交易有了固定的场所和固定的时间。《周礼·司市》记载，"大市日昃（太阳偏西）而市，百族为主；朝市朝时而市，商贾为主；夕市夕时而市，贩夫贩妇为主"。这表明，虽然零售交易时间从偶然变得固定化，但不是自主决定的，受市场管理者的严格控制。

到了唐宋时期，"市"延伸至农村，以及城市居民区，已经不局限于政府规定的特定市场，因此交易时间不受限制，零售商可以昼夜营业。正如中国史学家所言，"小贩可以在大街上游动叫卖，交易时间已无限制，商户早晚都可营业。汴京酒店，凌晨多半点灯卖酒，有的还卖粥、点心、洗面水，直到天明。夜间卖货的夜市，即使在大风雪天、阴雨天，也照常营业"②。这意味着零售商的营业时间由政府规定转变为零售商自主决定，出现了昼夜营业的店

---

① 龙登高：《中国传统市场发展史》，人民出版社1997年版，第7页。
② 夏思泉：《古今商事趣谈》，中国财政经济出版社1988年版，第359~360页。

铺。这种情况在手工生产力后期一直得以延续。

（2）位置：交易发生在集市和商业街。在原始社会，交换仅是在原始氏族部落交界处进行，地点不固定，并且是露天的状态。《史记·平准书》"正义"言道："古人未有市，若朝聚井汲水，便将货物于井边货卖，顾言市井也"。表明井边曾经成为古人交易的场所。

在奴隶社会时期，出现了露天集市，交易的地点相对固定，商人从属于官府，市场也是由官府划定，不能随处交易，不能走街串巷。这时的市场一般都设在王宫的北面，由官府进行开市和闭市的管理，可以称之为官府管理的固定市场。对此，《周礼·考工记》有市场建设的说明："左祖右社，前朝后市"。北京皇宫后的鼓楼商业街的建设与发展，就是元代、明代、清代官府遵循这种古制的结果（袁家方，2015）。

到了封建社会的唐宋时期，零售商交易的场所自由化了，不仅市场有商店，居民区也有了商店，农村也出现了名为"墟"和"痃"的集贸市场，城郊也出现了有固定店铺的草市（夏思泉，1988）。无论是传统的"朝后市"店铺，还是居民区的店铺，聚集的结果就发展成为城市商业街。这时零售的场所出现了固定和移动并存的局面，这种局面一直延续了手工生产力后期的发展阶段。

（3）环境：简单、朴素和手工程序的交易环境。在手工生产力阶段，零售交易的空间环境是非常简朴的。从建筑方面看，由摊贩组合的露天市场发展至由店铺构成的商业街，这些店铺有些是简易棚子，有些是茅草屋，后期出现了砖石和木结构的店铺。从设施方面看，有简单的货架或柜台，计量工具为木尺、杆秤、量提等，运输工具为人力和畜力，店铺有木制的牌匾，门前有布料做的招幌，手工记账，最为重要的工具是算盘和账本。从氛围方面看，嘈杂、混乱、昏暗，没有什么装饰。有学者曾经对古罗马时代的店铺进行描述，"从街上可以清楚地看到，展售的产品后面是出售者即工匠的条凳、烤箱或织机。没有保护陈列商品的窗户，平面玻璃直到16世纪后期才出现。而窗户晚上要关上以保护店铺夜间不受闯入者干扰。手工工匠与家人及一两个学徒住在店铺后面或上面。整个中世纪直至近代，一直维持这种格局"[1]。

7.5.2 机器生产力时代

在机器生产力时代，零售时空的主要特征是从固定交易时间到灵活的交易时间，以商业街和购物中心为主要的交易场所，购物环境则是突出了休闲娱乐因素。

---

[1] ［英］诺尔曼·庞兹：《中世纪城市》（刘景华、孙继静译），商务印书馆2015年版，第114页。

（1）时间：从固定时间交易到灵活时间交易。在机器生产力时代，出现了多种新型零售业态，如百货商店、一价商店、连锁商店、超级市场、便利商店、仓储商店等，它们与传统的零售小店铺，如食品店、餐饮店、杂货店、水果店等长期并存。这一方面催生了各种各样的营业时间模式，如百货商店大约在早晨10：00至晚上10：00左右营业，而鲜花、水果商店等主要是早晨开业，而便利商店则可能是24小时营业，美国7－11便利店出现时就是早7点至晚11点营业。另一方面，政府为了保护传统小店铺，对其不进行营业时间的限制，反而对大店铺进行营业时间限制，禁止他们在周末营业，以给小店铺生存空间和保护店铺员工休息的权利。例如，法国在1898～1906年间，各大城市的工人发动游行示威，要求在休息日休息，最终导致当局修改法律，规定星期天为法定休息日，大型商店在星期天停止营业。除了邮购业务之外，该阶段的营业时间属于多样化的固定时间，营业时间长短是零售商竞争和服务的重要手段之一。

（2）位置：交易发生在商业街和郊区购物中心。在机器生产力时代，前期城市得到大规模发展，因此城市中心区成为商店最为密集的聚集区域，形成了繁华商业街。在机器生产力的中期，城市的喧嚣和污染引起逃离潮流，诸多富有阶层迁移至郊区居住，这样郊区购物中心就成为店铺聚集的场所。在机器生产力的后期，郊区购物中心的发展，导致城市中心商业街区的萧条，政府为了复兴中心商业街区，开始了城市中心区步行化的改造，这又使步行街成为店铺聚集的新场所。因此，在整个机器生产力时代，零售的场所主要集中于城市的商业街和郊区的购物中心。商业街大多以若干家百货商店作为吸引客流的主力店铺，购物中心的主力店铺在美国多为百货商店，在欧洲多为大型综合超市。不过在该阶段，社区商业发展起来，顾客购物的出行距离变得越来越短，也变得越来越便利。另外，直销、邮购、电话、电视零售的发展，使一部分购买可以在顾客家里或办公室完成，零售场所部分延伸至顾客工作和生活的场所，突破了零售店铺的限制。

（3）环境：休闲、娱乐和机器程序的交易环境。在机器生产力阶段，零售交易的空间环境变得享乐化，主要表现在建筑风格、设施设备和场所氛围等方面。百货商店是该阶段的典型零售场所，在百货商店，"购物的意义从'买'加入'看'的元素，而标的物也从商品本身延伸至商品的载体，包括商店建筑、橱窗陈列及店内装潢"[①]。

从建筑方面看，仅以商业街的百货商店为例，其一出现就成为一个城市的地标性建筑，用购物史学家的说法就是"在整座城市和鳞次栉比的多层建筑

---

① 连玲玲：《打造消费天堂 百货公司与近代上海城市文化》，社会科学文献出版社2018年版，第98页。

中间鹤立鸡群"①，多为最高层建筑之一，同时建筑辐射的长宽也是像宫殿一样雄伟气派，甚至占满一条街。例如，1848 年在美国纽约开业的斯图尔特（A. T. Stewart）百货商店，位于市中心，楼高四层，临街门面长达 200 英尺，最早使用白色大理石作为商店外墙装饰，被称为"大理石宫殿"，非常壮观，成为当时纽约的一个独特景观。② 创建于 1852 年的法国博马尔谢百货商店在 1887 年进行了扩建，占地 528000 平方米，四个楼层，完全是宫殿式的建筑风格，被誉为"优雅的典范"。③ 1930 年之后产生的超级市场，随着发展外观也发生了很多变化，"越来越多地采用独立式结构，周围一圈停车场，所以门面必须从各个方向看上去很漂亮"，"连贯的拱门，时尚的色彩"④。第二次世界大战之后，发展起来的郊区购物中心进一步拓展了百货商店标志性建筑的特征，它就像是一个休闲、娱乐和购物的一座城市、一个小世界。

从设施方面看，有漂亮的货架或柜台，计量工具出现机械尺、盘式称、计算器等，运输工具为蒸汽和电力驱动的汽车、电动三轮车和电瓶车等，通信也出现了电话、电视等手段，店铺招牌已经不见了招幌，改为铜、铁、石等材料刻制的牌匾。还以百货商店产生时期为例，伴随着身着环圈裙女性顾客爬多层楼的窘境，美国和欧洲的百货商店安装了电梯，初期是直梯，后来安装了自动扶梯，不仅可以照顾老弱病残爬楼，也满足了人们体验新事物的心理。当时人们把乘电梯称为"坐电梯"，视为一种好玩的活动。据购物史学家考察，早在 1833 年怀利和洛克黑德在英国格拉斯哥经营的百货商店就安装了直行电梯，43 年之后伦敦的哈罗德百货商店安装了英国的第一步自动扶梯，初期乘坐者如同坐于山车一样，紧张而刺激，紧紧地抓住扶手，双唇紧闭，脸色铁青，店员手里举着小杯白兰地和鼻烟壶，以防备顾客由于过度兴奋而晕倒⑤。随着 19 世纪中叶大块、平滑、规则形态玻璃制作工艺的改善（布尔斯廷，1993），以及巨型百货商店的产生，19 世纪中后期巨大的玻璃橱窗成为商业店铺的一种常见现象，人们通过橱窗可以看到整个货场的面貌，也可以看到橱窗本身陈列的时尚商品。"橱窗"（show windows）一词，大约于 19 世纪中叶在美国出现，从此商店临街的窗子不仅用于调节室内光线，而是用于展示珍奇的商品，欣赏

---

①② ［加］帕克特：《天生购物狂：西方购物简史》（夏金彪译），企业管理出版社 2010 年版，第 144 页。

③ Michael, B. Miller, *The Bon Marché, Bourgeois Culture and the Department Store*, 1869 – 1920, Princeton: Princeton University Press, 2004：42.

④ ［加］帕克特：《天生购物狂：西方购物简史》（夏金彪译），企业管理出版社 2010 年版，第 57 页。

⑤ 同上，第 145 页。

橱窗成为"一种新的、人人皆宜的消磨时光的办法。现在衡量一座建筑物的效果和一家零售商店地段的好坏，也是看有多少人走过橱窗"①。照明设备的发展及电灯的使用，也使百货商店变得宽敞明亮，美轮美奂。"第一支商业用霓虹灯出现于1910年的巴黎，而中国使用霓虹灯始于1926年，是南京路上的伊文思图书公司为皇冠牌打字机做的广告。1930年百货公司开始使用霓虹灯作为广告形式"，"成为文人笔下夜上海的象征"②。史学家研究表明，人们在公元前1750年用芝麻油灯照明，1880年开始用煤油灯，后来用钨丝灯，1950年开始用白炽灯③，店铺照明水平是与此相对应的。

到了购物中心时代，这些场所的设施就更加先进和便利化了，一个明显的特征是，随着家庭轿车的普及，停车场成为零售场所的必备设施了，甚至决定着顾客是否来此购物的重要条件。

从氛围方面看，购物中心不仅是整洁干净，而且增加了诸多休闲元素。法国历史和文化研究学者指出，"17世纪的巴黎定义了今天我们所知的购物——货比三家后的购物，室内的购物，在精心布置、员工装扮考究、顾客肯为最新款或者认可品牌买单的场所的购物，以及作为消遣的购物"④。左拉的小说《太太们的乐园》（又译《妇女乐园》），描绘的就是巴黎百货商店，其名称就表明百货商店是人们交往、娱乐和购物的场所。1852年诞生在法国巴黎的廉价百货店，一楼为宽敞的大厅，华丽的楼梯将顾客引导到二楼的阅览室和艺术廊参观，集商场、剧院、博物馆于一体。中国百货商店也类似，"1939年，新新公司将屋顶花园改建成新都饭店及新都剧场"，饭店中央还设置了一个玻璃房的广播电台，顾客可以看到正在工作的播音员⑤。一位顾客在回顾20世纪60年代光顾美国布鲁明戴尔百货商店时说，"你如果在店里买到合适的商品，心情马上就会大变。你觉得自己好似在自由飞翔，你身材高挑，走路婀娜，你觉得自己风趣、独立、爱冒险、洒脱不羁"，不亚于一次宗教体验⑥。

---

① ［美］丹尼尔·布尔斯廷：《美国人民主历程》（中国对外翻译出版公司译），生活·读书·新知三联书店1993年版，第119页。
② 连玲玲：《打造消费天堂 百货公司与近代上海城市文化》，社会科学文献出版社2018年版，第129~130页。
③ ［英］马特·里德利：《理性乐观派：一部人类经济进步史》（闾佳译），机械工业出版社2016年版，第16页。
④ ［美］若昂·德让：《巴黎：现代城市的发明》（赵进生译），译林出版社2017年版，第192~193页。
⑤ 连玲玲：《打造消费天堂 百货公司与近代上海城市文化》，社会科学文献出版社2018年版，第135页。
⑥ ［加］帕克特：《天生购物狂：西方购物简史》（夏金彪译），企业管理出版社2010年版，第153页。

这种情况一直延续到后来的购物中心，一个典型的例子是加拿大阿尔伯塔省埃德蒙顿市的西埃德蒙顿购物中心，它拥有商铺、旅游景点和各种服务设施，是全球最大的零售、旅游和娱乐综合型商业中心。有世界上最大的室内游乐场（25个游乐设施），世界上最大的室内三环过山车（1285米长的轨道），世界上最大的室内人工湖（拥有哥伦布的圣玛丽号复制帆船），世界上最大的室内人工造浪泳池（1250万公升水），世界上最大的停车场（停车位达2万个），世界上最高的室内蹦极台（30米上，30米下），它给人们带来的是娱乐购物体验。

7.5.3 信息生产力时代

在信息生产力时代，零售时空的主要特征是从灵活交易时间到任意的交易时间，以线下线上融合店铺为主要的交易场所，购物环境则是突出了综合体验的因素。

（1）时间：随时完成购买过程。随着20世纪90年代中期网上商店的发展，出现了一年365天永远不关门的商店，这些店铺没有白昼之分，没有工作日和节假日之别，使购买者可以全天候地随时进行购买。当然不能像实体店铺那样购买了就可以拿到货物，不过网上商店的配送速度变得越来越快，到货速度由一周到三天，再到隔天或当天，最快的社区配送已经可以在30分钟内完成，时间差在无限制地缩短，趋近于零，短得可以让顾客忽略不计了，进而配送速度成为网店竞争的一个重要工具。仅以阿里的盒马鲜生为例，开设了线下线上融合的店铺，每个店铺的服务半径为3公里之内，顾客周末可以在实体店内下载APP付款购物，获得生鲜品后现场加工享用，引导顾客在工作日线上购买，每一个店铺每天要实现线上5000单交易，通过实体店铺在30分钟送到顾客手中。

（2）位置：交易发生在线下线上融合的购物场所。在机器生产力时代，有影响力的集客店铺都是巨型实体店铺，人们必须到实实在在的店铺之内才能完成交易，这些店铺位于城市中心区、居民社区和郊区。在信息生产力时代，这一切发生了巨大变化，一系列虚拟商店产生，自然出现了非三维空间的平面店铺，顾客能上网的地方就能够逛商店。移动网和智能手机的发展，就产生了随时随地上网，进而出现了随时随地就可以逛商店的现象。这样顾客购买的场所就不限于去一个真实建筑实体之中，零距离就可以完成交易。有专家分析到，目前网购占到10%～15%，实体店占到85%～90%，20年内这两个数字会反过来①。有趣的是,网购的实现过程,销售场所是虚拟的网店,购买场所是真实的小汽车里、电影院里、教室里、洗手间里、餐厅里、运动场上,甚至是在洽谈亿元大生意的谈判桌上,以及恋人约会的巴黎圣马特高地街心公园的爱情墙下,总之可以是任何人可以到达、拥有互联网的地方。由于处处可以进行购买,因此可以理解为处处都是商店。对于实体店铺来说,距离顾客较近的社区小店铺显示出了新的生机和活力。

(3)环境:无缝体验和信息程序的交易环境。在信息生产力时代,在建筑、设施和氛围等方面发生了新的变化,主要特征是从线下单一要素延伸至线上线下两个要素。

从建筑方面看,实体店铺和虚拟店铺相结合,实体店铺规模会逐渐变小,突出与顾客直接接触的空间设计,而不是大规模储存商品的库房,由于店铺规模和功能小型化,不需要再附带庞大的行政机构用房,更加趋向于店铺管理;虚拟店铺规模会逐渐增大,陈列更加丰富多彩的商品,以及顾客可以轻易完成购买过程的页面设计、商品分区规划、收银台设置等。

从设施方面看,无论是线下实体店铺,还是线上虚拟店铺,都逐渐减少甚至完全消失掉了机器工具,人们收款、记账、结算、客户管理、促销规划等,更多地使用信息工具和手段。就以中国零售商店的计算工具为例,俗语说的"算盘一响,黄金万两"中的算盘,在20世纪80年代逐渐在柜台上消失了,被小巧的电子计算器取代,到了90年代,电子计算器也在柜台和收银台消失,而被POS机取代,今天更为先进的信息系统代替了原始的POS机。实体店铺的休闲设施和停车场仍然具有非常重要的地位,但是更为重要的是后台无界信息系统的建立和高效运营。

从氛围方面看,是线上线下的一致体验。就如同迪士尼公司一样,你在线上观看迪士尼歌剧体验到了快乐,你在电影院里观看迪士尼影片感受到了同样快乐,你在美国奥兰多和洛杉矶、法国巴黎、日本东京、中国香港和上海迪士尼乐园也感受到了同样的快乐。对于信息时代的零售店铺来说,塑造的氛围应该具有两个方面特征:一是向顾客传播积极正面的文化;二是给目标顾客带来一致化的体验。这一方面还有许多需要改进的地方,仅以物流配送为例。"随着送货或取货终端成为顾客体验的重要环节之一,未来会出现不同档次、不同服务内容、不同服务特征的物流驿站或相应的送货服务员。物流服务会从过去长期的后台角色,转化为顾客感知的前台角色,其传统的不修边幅的蓝领工人

---

① [加]道格·斯蒂芬斯:《零售无界:新零售革命的未来》(石盼盼译),中国人民大学出版社2018年版,第144页。

形象，必须转化为笑脸相迎、气质颇佳的使者形象，鲜花速递、礼品销售、奢侈品零售等更是如此"①。

7.5.4 智能生产力时代

在智能生产力时代，零售时空的主要特征是任意的交易时间，以线下线上融合的智能店铺为主要的交易场所，购物环境开始关注便利和智能化体验。

（1）时间：增加随时完成购买过程的比例。在智能生产力时代，与信息生产力时代一样，都是随时随地可以完成购买行为，只不过在智能生产力时代，这种不受时间限制的购买活动将占更大的比重。尽管去实体店购物仍然会长期存在下去，但它会限制顾客在一定的时间完成购买行为。

（2）位置：交易发生在线下线上的智能商店。在智能生产力时代，店铺位置分别处于线下和线上两大类别，线下店铺位置分别处于居民区（日常生活用品经营）和分散的城市中心区或郊区（选购品和精品、独特品的经营），线上店铺分别位于巨型零售平台（亚马逊、天猫、京东等）和自己开办的垂直电商等。但是，无论是开设在线上，还是线下，也无论是线下线上的任何空间，这些空间一定是智能商店空间。

（3）环境：智能体验和智能程序的交易环境。智能体验的一个重要特征是神奇，是不可思议，使顾客在购买商品同时发现了一个新的世界，或许有些像陶渊明"柳暗花明又一村"的惊喜，或许有些像辛弃疾"蓦然回首，那人却在灯火阑珊处"的愉悦，购买过程的收获会大大多于商品本身的功能。当然，随着智能商店的普及化，这种惊喜和愉悦会逐渐弱化。到那个时候，顾客又会回到对便利和商品本身的关注上来，或者又有新的零售技术出现。

智能化体验的基础是应用智能化的交易程序，前提是安置智能化设施。2016 年上半年，美国 ShopWithMe 公司的全球首家智能店铺，在美国芝加哥先锋大厦前街头开业，将近 300 平方米（约 3000 平方英尺），应用了诸多领先的智能化技术。①智能像素墙，由 900 个 7 寸屏幕组成，墙面陈列着商品，商品中嵌入射频识别标签，顾客走到像素墙面前如同走到货架前，墙面会有商品相关信息显示，以帮助顾客挑选。②智能移动桌，桌面内置了读取器、读取器天线以及一个 55 寸的触摸屏，当顾客将物品放在屏幕附近时，触摸屏可以显示店内商品的位置或存货信息。③智能试衣间，顾客带着衣服进入，会看到不

---

① 李飞：《迎接中国多渠道零售革命的风暴》，载于《北京工商大学学报》（社会科学版）2012 年第 3 期。

同规格的数码显示屏,智能试衣镜会显示顾客穿着效果并提出搭配建议。④智能结账,顾客将货品放置在结账台上,内置的读取器读取物品标签,识别后算出商品总价,顾客可以刷卡结账,也可以下载 App 完成付款。⑤VR 影院,店内有一间 360 度沉浸式体验的观影室,顾客可以坐在里面感受由品牌商带来的关于品牌故事的短片,进一步了解品牌。

不过,典型的智能商店是无人商店,或者说是无机人商店或机器人商店。2018 年 1 月 22 日正式向公众开放的亚马逊无人商店,面积约为 167 平方米,店内装有诸多高科技设备,顾客下载 Amazon Go 的 APP,并绑定相应的支付方式,进店打开手机应用程序,在入口处扫描进店,就可以在架子上拿了商品就走,自动记账、自动扣款,会有"偷东西"的刺激感,就如同前些年"偷菜"网游流行一样,也像信用卡付费没有花钱的感觉一样。

可见,在手工生产力、机器生产力、信息生产力和智能生产力的时代,作为零售时空的交易时间、位置和环境发生从偶然到固定再到虚拟无界,不过追求购买过程的便利化这一点没有变化(见表 7-5)。

表 7-5 各次零售革命业态的交易时空特征

次数	名称	时间特征	位置特征	交易环境特征
第一次	百货商店	固定时间	城市商业街	休闲、娱乐和机器交易程序
第二次	一价商店	固定时间	城市商业街	机器交易程序
第三次	连锁商店	固定时间	城市商业街和社区	机器交易程序
第四次	超级市场	固定时间	城市商业街和郊区	机器交易程序
第五次	购物中心	固定时间	郊区	休闲、娱乐和机器交易程序
第六次	步行商业街	固定时间	城市商业街	休闲、娱乐和机器交易程序
第七次	自动售货机	24 小时	社区	便利体验和信息交易程序
第八次	网上商店	24 小时	虚拟购物中心	线上体验和信息交易程序
第九次	全渠道商店	24 小时	线下线上购物中心	无缝体验和信息交易程序
第十次	智能商店	24 小时	线下线上社区	智能体验和智能交易程序

7.6　旅程:从商品到服务再到精神体验

零售商将手中的商品,在一定的时间和地点销售,消费者在一定的时间和地点购买,就会形成相应的买或卖旅程。基于零售商视角的售前、售中、售后一系列行为过程，我们称之为零售商旅程或营销旅程（这是本书作者独创的概念），基于购买者视角的购前、购中、购后一系列行为过程，我们称之为购买者（客户）旅程或感知旅程（这是近几年服务设计领域的新概念），两个旅程在各个接触点的互动形成顾客的体验旅程，从而为调整感知旅程或营销旅程提供依据。我们仍然按着手工生产力、机器生产力、信息生产力和智能生产力四个阶段进行描述。

7.6.1 手工生产力时代

在手工生产力时代，购买者和零售者旅程主要特征是以买卖商品实体为核心的。由于该阶段商品长期处于供不应求的状态，因此无论是零售商还是消费者都把获得商品作为买卖行为的关键，流程也以此为核心进行构建。

（1）在手工生产力时代，购买者旅程是以"购前"为核心的购买旅程。这一阶段的商品对于普通大众来说，都是衣食住行用的生活必需品，源于生理动机产生的需求。那时，居民都是到附近的市场（其实也要走很远的距离）去搜寻商品，如果没有找到，会换一个市场或店铺继续搜寻，搜寻到商品后会与零售商讨价还价，形成双方认可的价格后进行交易，购买后顾客携带商品回家、使用，很少使用后评论。一是由于选择范围很小，各商家商品质量都差不太多；二是由于顾客要求也没有那么高，有的用就可以了，能吃饱和有的穿就不错了；三是由于信息不发达，评论了也难以传播。没有品牌的概念，基本上是零售商卖什么就买什么，只关注商品有无。在欧洲流传着一首传统民谣，反映了当时人们赶集时的简单需求："赶集去，赶集去，买一头母猪，回家了，回家了，跳着吉格舞；赶集去，赶集去，买一头公猪，回家了，回家了，一路跳，一路舞；赶集去，赶集去，喝一点李子酒，回家了，回家了，赶集结束了"[1]。当时，富有家庭的仆人在早晨四五点先到市场，花高价买走产量极少的精品生鲜品，收入中等的人会躲避高价时段，晚些时候来到集市，跟商贩讨价还价，"到了10点多，穷人来买东西时，可供挑选的东西所剩无几"[2]。当然王室的消费是另外一番景象了，大多是特许制造商和自己设计制造宫廷用品，如中国古代的皇家造办处，后者不是本书讨论的内容。可见，在手工生产力时代，购买者旅程是日常生活动机带来的日常购买行为，到附近市场搜寻商

---

[1]　［加］帕克特：《天生购物狂：西方购物简史》（夏金彪译），企业管理出版社2010年版，第21页。

[2]　同上，第32页。

品，发现商品后，经过讨价还价后付款，带走商品，完成交易，是一个以购前（商品搜寻）为核心的购买过程。

（2）在手工生产力时代，零售商旅程是以"售前"为核心的销售旅程。在古代手工生产力的时代，零售商的主要工作是售前的商品采购和运输，而在商品短缺的环境下，售中是一个顺理成章的事情。一个最为典型的特征是长途贩运的零售商，或是从外地采购货物到本地店铺进行销售，或是从本城镇采购货物到本地乡村销售，基本上打的都是空间差，这是基于交通、通信手段落后带来的空间上的信息不对称。当然，其更为重要的基础是，自给自足的经济不仅使市场交易量小，还由于"各地市场的不确定性，使商人尤其是居于主体的中小商人不得不随时改变经商地点"，形成了长途贩运的零售商队伍，他们"风波险阻慎途程，水火盗贼时心惊。心惊倍欲途程速，朝朝暮暮催船行"[①]，千辛万苦的目的就是采购本地没有的货物，赚取买卖差价。可见，在手工生产力时代，零售商旅程是长途采购来商品，摆在店中或家中，等客上门或是挑着货郎担走街串巷叫卖，讨价还价并收款，完成交易，是一个以售前采购为核心的销售旅程。采购和运输非常重要，与顾客直接接触点并不十分重要，顾客进店时打招呼，挑选时给介绍，交款时收款，递货并送客，只有较少的售后服务。

7.6.2 机器生产力时代

在机器生产力时代，购买者和零售商旅程的主要特征是以优化商品实体为核心的。由于该阶段商品供不应求的状态有所缓解，因此无论是零售商还是消费者都把商品优化作为买卖行为的关键，流程也以此为核心进行构建。

（1）在机器生产力时代，购买者旅程是以"购中"为核心的购买旅程。这一阶段更加关注商品质量，而非前一个阶段的商品有无。由于工业革命的爆发，一是使居民收入增加，二是使市场上的商品丰富起来，三是使机器生产的优质商品急剧增加。因此催生了一个资产阶级新贵族阶层，他们的消费不再是关注产品的有无，而是商品的优劣，偏好享用更优更好的商品。1851年英国举办了世界博览会，1855年和1856年法国先后举办了两届世界博览会，人们见到来自全世界的新奇产品，消费欲望被大大激发出来。加之偶然的世界博览会，催生出奇珍异宝荟萃、非节假日天天营业的百货商店，休闲享乐的咖啡馆，以及银行、照相馆等时尚店铺，人们开始追求雅致的生活方式，到处寻找享乐、舒适和高雅的产品和服务，其中女性对于美好生活的追求起到了重要的

[①] 龙登高：《江南市场史——十一至十九世纪的变迁》，清华大学出版社2003年版，第142页。

作用。法国作家福楼拜所著的小说《包法利夫人》讲述的是受过贵族化教育的农家女爱玛的爱情故事，其悲剧的原因之一就是追求奢华生活和虚荣。她订阅时尚杂志以满足自己幻想的图景，为了与情人约会精心打扮自己，需要越来越多的时尚商品，进而委托时装商人勒乐搜寻高档家具、服装和首饰等，并赊账购买，最后无力还债，自杀身亡。而法国作家左拉的小说《妇女乐园》，则描写了百货商店产生时代人们对于百货商店的狂热追捧，导致小店铺面临困境。此时法国推行奢侈民主化，主妇回归家庭，购物成为她们一项重要职责，在店铺里搜寻高雅时尚的商品。可见，该阶段消费者的购买旅程是围绕着精良商品而形成的，产生购买动机，然后走进百货商店或超级市场，搜寻和比较商品，选对商品后一手钱一手货完成交易。店铺专设收银台还是后来的事情，在收银台的早期，售货员通过一根与收银台连接的铁丝甩过去，收银员收款后再甩回来，售货员再将找回的钱交给顾客，这种情况在中国商店延续至20世纪80年代。这一阶段购买者关注点已经从购前搜寻延伸至购中的商品比较挑选，以及所处的店铺环境。

（2）在机器生产力时代，零售商旅程是以"售中"为核心的销售旅程。为了满足顾客对于优质品的需要，零售商采购来的优质品陈列在宽敞、艺术化的店铺中和整洁的货架上，在超级市场产生之前采取柜台式售货，超级市场出现后，逐渐流行开架售货，顾客选定商品交款，店员收款，并送顾客离开。该阶段由于机器生产的优质商品丰富起来，最为重要的环节是店内售中环节，包括店铺环境、商品展示、购买建议、接送顾客等。从理论上看，这一阶段产生了营销学、商业学和零售学，初期营销学就是分销学，从商品学派占主导地位发展至职能学派占据主导，二者阐述的是商品的采购、运输、储存、销售、陈列等环节的管理。该阶段商业学也是如此，比如在讨论百货商店经营时，强调是商场环境好和商品质量优，"规模宏大是百货商店的第一特色"，"商品多样是百货商店的第二特色"，"有些商品毋需向人购买，可以雇用手工者及工人从事生产"[①]，以满足顾客的独特需要。历史学家认为，把大批居民吸引到市中心有两个重要的办法，"一个办法是让老百姓去百货公司更加方便；另一个办法是用最新的商品信息，激起人们去百货公司的愿望"[②]，由于其商品数量多，时尚和新颖，被称为消费者的宫殿。19世纪末期产生的邮购商店，之所以吸引农村家庭，也是由于零售商将城市的新颖商品采购汇集，通过彩色目录

---

① 周宪文：《商业概论》，新国民图书社1937年版，第272~273页。
② ［美］丹尼尔·布尔斯廷：《美国人民主历程》（中国对外翻译出版公司译），生活·读书·新知三联书店1993年版，第119页。

和邮寄的形式销售给偏远的乡村,"通过商品目录,农民看到了他们未来生活的影子,唤醒了他们对美好舒适生活的渴望"①,足见商品质量是邮购成功的核心要素。后来连锁商店和超级市场的发展,除了方便顾客挑选之外,还源于它们提供了比传统店铺更加优质、清洁和新颖的日常生活用品,以及舒适的购物环境。该阶段还没有开始跟营销有关的消费者行为研究(贝克,1998),零售商关注顾客的挑选、决定购买、付款、取货和离店等售中环节的销售管理,反映销售管理的图示我们称之为销售蓝图,它与后来出现的服务蓝图不同,一方面它是以销售商品为核心,另一方面它不涉及后台流程。例如,1930年中国出版的《零售学》内容比较关注店员须知、销售步骤、橱窗陈列、商品陈列、店铺装饰,以及店铺广告等跟"售中"密切相关的事项,该阶段零售商主要关注"售中"阶段。

可见,在机器生产力时代,零售商和消费者的买和卖流程,是以"购中"和"售中"为核心的购买和销售的旅程。

7.6.3 信息生产力时代

在信息生产力时代,购买者和零售商旅程的主要特征是以服务体验为核心的。由于该阶段商品供过于求,因此无论是零售商还是消费者都把"售前—售中—售后"全过程作为买卖行为的关键,流程也以此为核心进行构建。

(1)在信息生产力时代,购买者旅程是关注"购前—购中—购后"全过程的情感体验旅程。在20世纪后半期,市场上的商品供过于求了,顾客可以比较容易地得到优质的商品,因此就从手工生产力和机器生产力时代的关注商品本身,转向信息时代关注购买过程本身,甚至有的时候购买的是购买过程。比如,人们去旅游,大多会购买很多纪念品和特色品,回家后几乎从来没有使用这些商品,但是也不后悔,甚至成为美好的记忆,显然他们购买的不是商品本身,而是购买过程,购买什么已经不重要。又比如,人们逛欧美的奥特莱斯,看到比中国百货商店更加便宜的奢侈品,一下子会购买很多,他们通常不会考虑是否有用,而是由于购买了便宜货给他们带来的愉悦,此时购买什么已经不重要,便宜的体验更加重要。当然,在大多数情况下,人们还是关注商品本身的,只是人们关注的商品质量问题已经得到解决,就显示出购买过程的更加重要而已。这样的例子不胜枚举,一位顾客由于诺德斯特龙一位销售员的贴心服务,要驱车300公里找这个销售员买鞋;钢铁大王卡耐基的母亲由于在一

---

① 李飞:《分销王——无店铺售卖策划与设计》,北京经济学院出版社1995年版,第49页。

家商店门口偶然避雨，该店店员在不知道她是谁的情况下，给了她一把座椅休息，后来卡耐基的母亲给了这位店员装饰一座城堡的订单。可见，诸多购买动机是商店服务的结果。在机器生产力时代，人们大多通过消费的商品来体现身份，但是到了信息生产力时代，服务体验过程也体现身份，店铺品牌选择变得重要。在网店出现以后，顾客与零售商在诸多环节都是背对背，同时想购买的商品多数店铺都会有售，这样购买全过程的体验就变得非常重要。

因此，该阶段学者们开始了与营销有关的消费者行为研究，正如消费者行为专家所言："和营销有关的消费者行为的研究基本上是从50年代开始"，罗杰斯在1959年提出了创新扩散理论，将购买决策分为知晓、兴趣、评价、试用和采用五个阶段，在20世纪60年代诸多学者提出消费者决策模型图，最为流行的是恩格尔、布莱克维尔和米尼艾德在1990年提出的模型，内容已经包括购前的信息处理、购中寻找和购买、购后的使用和评价等全过程。① 与此同时，也有消费行为专家认为，进入21世纪之后，人们的购买选择不完全是理性的，"在理性思维的表面之下，人体的5个感觉器官诠释着这个世界，并支配着我们的情感"，进而决定着人们的购买和消费行为，这些情感包括幸福、自豪等积极情感，愤怒、厌恶、悲伤、恐惧等消极情感，以及惊奇等中性情感。② 进而也有战略专家在1999年提出了人类社会已经进入了体验经济时代的观点，农业社会是产品经济，工业社会是商品经济，服务社会是服务经济，未来的体验社会是体验经济（派恩和吉尔摩，2002）。可见，该阶段购买者关注购前、购中和购后的全过程情感体验。

（2）在信息生产力时代，零售商旅程是关注"售前—售中—售后"全过程的服务提供旅程。针对顾客情感体验旅程的需求，零售商从前一个阶段的商品提供延伸至服务的提供，针对顾客购买的全过程给顾客提供全过程的情感服务体验。这一阶段诸多成功的零售商很多是关注全过程服务体验的零售商，而不再是以销售某种特殊商品取胜。

早在没有网店的实体店铺时代，汤姆·彼得斯在1988年就提出了服务能赚大钱，到了重视顾客满意的时代等观点，并以诺德斯特龙百货商店为例进行说明（彼得斯，1990），他讲了一个故事，一家美国大型零售连锁集团的高级管理人员，其妻子和两个女儿都是诺德斯特龙的忠诚顾客，经常劝他去光顾，他不以为然。一次他想体验一下，买了一件衣服要求改制，准备在参加达拉斯

---

① ［英］迈克尔·J. 贝克：《市场营销百科》（李垣、刘益等译），辽宁教育出版社1998年版，第112页。

② ［美］丹·希尔：《购买的真相》（尹鸿雁译），当代中国出版社2005年版，第3页，第254~269页。

重要会议时穿,按要求第二天来取时,没有做好,但是服务员准确地叫出了他的名字,他很高兴,当晚坐飞机去西雅图约会,后转飞达拉斯参加一个重要会议,没想到到达酒店之后,他收到了一个包裹,打开一看是他在诺德斯特龙改制的服装,还赠送了一条搭配完美的领带,他惊喜无比,从此也成为诺德斯特龙的忠诚顾客。实际上,美国诺德斯特龙百货商店的成功,在于售前帮助顾客搜寻信息,包括竞争店的库存;售中帮助顾客挑选商品,不是将最贵的而是适合的商品推荐给顾客;售后无条件退货,哪怕已经购买了 13 年,也照退不误[①]。

随着信息时代的来临,在 20 世纪 60 年代开始进入服务社会,"服务正取代商品处于上风";在 20 世纪 70 年代服务理论和方法受到关注,在 80 年代逐渐成为一门独立的学科,包括服务营销学(贝克,1998)和服务设计学(宝莱恩等,2015)。与此相适应,逐渐地出现了一系列服务设计的工具。

第一,服务接触点(service touchpoints)。早在 20 世纪 80 年代,伴随着服务设计概念的出现,就有了服务接触点的概念,它是指服务过程中服务人员与顾客发生接触的每一个点,这些点形成了顾客对服务过程的感受和体验。直到 2009 年,服务营销的权威学者仍然把服务接触阶段作为服务消费的三个阶段之一,其他两个阶段为购前和购后阶段,可见服务接触点在当时还是指"购中"零售商与顾客互动接触的点,主要发生在店铺空间里(洛夫洛克等,2011),且主要是人与人的接触,也部分关注人与物的接触点。但是早在 2002 年就有品牌营销学者创建了包括售前体验、售中体验和售后体验的品牌接触点轮盘图(戴维斯等,2007)。随着网上商店和全渠道商店的出现,服务接触点的概念在两个方面拓展了:一是不局限于售中,双向延伸至售前和售后的消费全过程的所有接触点(梅克勒和内尔,2016);二是不局限于人与人的接触点(personal touch point),延伸至物理接触点(physical touch point,如产品、设备和环境等接触点)和数字接触点(digital touch point,如使用手机等数字设备的接触点)(茶山,2015)。由于服务接触点是描绘服务蓝图和客户旅程图的重要基础,因此其意义的扩展有着重要意义。

第二,服务蓝图(service blueprint)。在 20 世纪 80 年代初期,美国花旗银行副行长肖斯坦科率先提出了服务蓝图的概念(1982,1984),它是显示企业服务过程的图示,包括顾客行为、前台员工行为、后台员工行为和支持过程,初期主要反映的是进店的"售中"过程,不包括进店前后的售前和售后过程,这是与服务接触点的含义相一致。顾客行为包括购买、消费和评价服务

---

① 李飞等:《定位案例》,经济科学出版社 2008 年版,第 374 页。

过程中的步骤、选择、行动和互动；那些顾客看到的服务人员的行为和步骤是前台员工行为，看不到的就是后台员工行为和支持行为（泽丝曼尔和比特纳，2004）。2010年之后，随着网上商店和全渠道商店的出现，服务接触点包括售前、售中和售后全过程，因此服务蓝图也包括了售前、售中和售后，以及店内和店外的全过程服务，同时也有了跨渠道的服务蓝图。

第三，客户旅程图（customer journey map）。随着网上商店以及线下线上融合的全渠道商店的出现，客户全过程体验变得越来越重要，因此在2010年之后学者们开始使用"客户旅程"一词代替原有的服务蓝图和顾客接触点管理等概念。正如有专家所指出的，全渠道时代顾客接触点大大增加，管理越来越复杂，每一个接触点顾客都满意，也并不一定实现全过程满意，因此建议企业从"接触点"管理变为"客户旅程"管理（梅克勒和内尔，2016）。一般认为，麦肯锡专家戴维·埃德尔曼经过6年的研究，最早提出了客户旅程的概念，源于他2010年发表在《哈佛商业评论》的文章《数字品牌时代》。2015年他又在《哈佛商业评论》发表文章，提出客户旅程是可以设计的，因为企业通过新技术、新流程和组织结构可以重新获得主导权，进而管理客户旅程。

有专家认为，客户旅程管理经历了三个发展阶段：在1.0时代，是专注于与客户关键接触点的体验优化管理；在2.0时代，是关注于跨渠道全流程体验的优化管理；在3.0时代，是客户价值驱动的超越预期的优化管理（夏寅，2018）。

客户旅程图又被一些专家称为客户体验图，并与服务蓝图结合使用（宝莱恩等，2015）。客户体验图有两种基本类型：一是线形，体验关键点被放在位于由左到右（水平）或上下（垂直）的路径时间轴上，例如星巴克体验地图；二是轮形，体验关键点被放在位于圆形周长的各个点的时间轴上，更能体现交互行为，主要用于反映产品或服务的总体体验，例如乐高轮体验地图[①]。

7.6.4 智能生产力时代

在智能生产力时代，零售旅程的主要特征是以满足顾客精神需求为核心。由于该阶段商品供过于求，服务质量也趋于满意，因此无论是零售商还是消费者都把精神世界的提供和满足作为买卖行为的关键，流程也以此为核心进行构建。

---

① UX Lady. Experience maps, user journeys and more… 2013-03-17, http://www.ux-lady.com/experience-maps-user-journey-and-more-exp-map-layout/.

（1）从消费者视角看，是精神（价值）体验的旅程。早在 1963 年奈威尔（Newell）和西蒙（Simon）提出了手段—目的链（means - end chain，MEC），20 世纪 80 年代以后，经古特曼等（1982）学者加以完善和发展。该理论认为，顾客在购买产品和服务时，其出发点是实现一定的精神价值，为了实现这一价值需要取得一定的利益，为了实现这一利益需要购买一定的产品和服务的属性。只不过，人们在手工生产力和机器生产力时代比较关注属性，信息生产力时代比较关注利益，而在智能生产力的全渠道智能商店的时代更加关注精神价值。这与人们生活水平不断提高有着极大的关系，幸福是人类永恒的追求，当物质匮乏时，物质获得成为幸福感的重要来源，当物质极大丰富时，社交、精神和信仰就成为幸福的主要来源。近几年，双十一购物节之所以成为年轻人必须参与的活动，主要原因不是因为购物，而是因为它已经成为年轻人的狂欢节，参与会得到精神上的愉悦和心灵上的美好感觉，买的东西其实没有便宜多少，也不一定有用，但不买就落伍了，就等于没有参与狂欢，所以必须参与。又如，ROSEONLY 玫瑰花一束可以卖到几万元，不仅是花好，更是由于它给予了顾客精神的体验，"一生只爱一个人"。如果用于装点居室也就值几块钱，至多几十块钱，人们愿意为精神需求满足付出更大的代价。匈牙利诗人裴多菲说过"生命诚可贵，爱情价更高，若为自由故，二者皆可抛"，可见一些精神上的满足比生命还重要。因此，购物过程及结果的精神体验将成为今后顾客最为重要的需求内容。

与此相适应，专家将店内购买决策过程的研究扩展为服务蓝图和客户旅程体验的综合研究，涉及线上线下的全渠道体验。以往零售商主要是通过控制一个个与顾客的接触点来实现顾客满意，但后来发现顾客在每一个接触点都达到了满意，但顾客仍然流失了，"真正将他们推出门外的是公司所忽视的一样东西，即顾客跨越各个接触点之间多个渠道之间以及久而久之累积起来的体验"[①]。因此，未来必须关注客户旅程的研究和分析，这个旅程不仅是购买旅程，更像是一个生活旅程。

（2）从零售商视角，是精神（价值）营销的旅程。既然顾客在购买决策过程中开始关注精神价值的满足，零售商就需要围绕着精神价值进行企业行为决策。2006 年和 2008 年有学者提出围绕着定位点进行营销要素组合的思想，其中定位点包括属性定位、利益定位和价值定位，这意味着当时就有了以价值定位进行营销要素组合的思想（李飞，2006，2008）。2011 年有学者提出，在

---

① 梅克勒、内尔、派克：《从"接触点"到"客户旅程"——如何从顾客的角度看世界》，载于《上海质量》2016 年第 12 期。

新浪潮科技的今天,目标是让世界变得更加美好,企业必须要营销人文精神,包括企业使命、价值观和愿景等(科特勒和塞蒂亚万,2011)。

零售商的精神营销是伴随着全渠道时代的顾客旅程形成的。2017年美国学者萨吉尔(Saghiri)等人试图构建一个"三维框架"(three dimensions)解释全渠道零售,维度1是顾客旅程(consumer journey),涉及消费者的购前、购中和购后的整个旅程;维度2是渠道类型(channel type),是零售商拥有的所有渠道类型,包括实体和虚拟渠道类型等;维度3为渠道代理者(channel agent),指顾客旅程的每一个环节(stage)的渠道参与者(responsible),包括制造商、实体零售商、数字零售商和第三方等,并认为全渠道零售是多个渠道代理者协同合作在消费者购买旅程中提供适宜的渠道类型的策略。另有美国服务网设计专家讨论了如何将各种渠道方式匹配给客户旅程的每一个环节,这些环节包括知晓、搜索、选择、决定、购买、收货、安置和售后等,并使用了服务蓝图工具,延伸至服务企业的流程层面和资源层面(里森等,2017)。

这些成果强调了各种渠道方式与顾客购买旅程的各环节的匹配,从零售商角度还是集中于销售旅程的设计,而不是营销旅程的规划。早在2008年就有服务营销学者指出,尽管服务蓝图对于营销人员极具吸引力,但是应该设计另外一幅营销蓝图,因为服务蓝图完全是从组织内部看问题的(霍夫曼等,2008)。

实际上,早在2014年就有中国学者提出了全渠道营销理论,该理论认为顾客全渠道购买变成全渠道消费,客户旅程意为全渠道地选择购前、购中和购后行为,而零售商必须全渠道地匹配相应各个环节,不仅是售中,还包括售前和售后行为决策,贯穿整个过程的其实就是产品、服务、价格、店址、店铺环境和传播等零售营销6个要素的组合策略,并建立了全渠道营销组合的框架图(李飞,2014)。

上述成果既没有关注生活方式旅程,也没有营销旅程的概念,但是已经有了营销旅程的思想。在未来顾客旅程应该是生活旅程,因为生活就是对商品和服务产生动机,进行购买,而后消费,再次产生动机的循环往复过程。与此相对应,零售商应该有一个营销旅程的概念或策略,未来的营销旅程将是满足顾客生活方式的过程,精神满足变得重要,因此零售商需要将过去流行的服务蓝图扩展为顾客生活方式图和零售商的营销蓝图或营销旅程图。

可见,在手工生产力、机器生产力、信息生产力和智能生产力的时代,作为零售旅程的顾客旅程和营销旅程,以及相应的管理工具都发生了一些变化(见表7-6)。

零售革命的演化轨迹

表7-6　　　　　　　各次零售革命业态的流程特征表

次数	名称	购买者旅程	零售商旅程	应用工具
第一次	百货商店	以"购中"为核心的购买旅程	以"售中"为核心的销售旅程	销售蓝图
第二次	一价商店	以"购中"为核心的购买旅程	以"售中"为核心的销售旅程	销售蓝图
第三次	连锁商店	以"购中"为核心的购买旅程	以"售中"为核心的销售旅程	销售蓝图
第四次	超级市场	以"购中"为核心的购买旅程	以"售中"为核心的销售旅程	销售蓝图
第五次	购物中心	以"购中"为核心的购买旅程	以"售中"为核心的销售旅程	销售蓝图
第六次	步行商业街	以"购中"为核心的购买旅程	以"售中"为核心的销售旅程	销售蓝图
第七次	自动售货机	以"购中"为核心的购买旅程	以"售中"为核心的销售旅程	销售蓝图
第八次	网上商店	购前—购中—购后的全过程情感体验旅程	售前—售中—售后的全过程服务提供旅程	接触点图 服务蓝图
第九次	全渠道商店	购前—购中—购后的全过程情感体验旅程	售前—售中—售后的全过程的服务提供旅程	客户旅程 服务蓝图
第十次	智能商店	购前—购中—购后的全过程心灵体验旅程	售前—售中—售后的全过程的服务营销旅程	客户旅程 营销旅程

7.7 小　结

零售的基本要素买者、卖者、商品、货币在一定时间和空间聚集在一起，形成了零售旅程，这个旅程包括买方的顾客旅程、卖方的营销旅程。在不同的生产力环境下，上述基本要素和流程都发生了变化。(1) 从零售商品要素看，在手工生产力、机器生产力、信息生产力和智能生产力的时代，每次零售变革都是在组合所出售的三类商品：货物、社交和娱乐，但是从历史发展看，有形货物占比越来越小，无形的娱乐和社交占比越来越大。(2) 从零售货币要素看，在手工生产力、机器生产力、信息生产力和智能生产力的时代，作为交换媒介的货币发生了从无（物物交换）到有（贵金属等），从有（纸币、银行卡）到无（数字货币、电子货币）的循环回归的变化，是货币不断符号化的过程，也是使交换变得更加便利的过程。(3) 从零售商方面看，在手工生产力、机器生产力、信息生产力和智能生产力的时代，发生了从无（生产者之间互通有无）到有（零售行商），从小（家族企业）到大（股份公司），再回归到小（大平台小公司网上店铺）甚至到无（机器人管理公司）的变化，主要体现在组织形态、零售哲学和人与机器之间关系等方面。(4)从购买者方面看,在手工生产力、机器生产力、信息生产力和智能生产力的时代,作为零售主体的购买者在需求、购买和地位等方面发生了从有形(商品有无、好坏)到无形(身份符号、精神体验)的变化,当然追求购买过程的便利化这一点没有变化。(5)从零售时空方面看,在手工生产力、机器生产力、信息生产力和智能生产力的时代,作为零售时空的交易时间、位置和环境发生从偶然(非固定时间和地点)到固定(固定的开市时间和地点)再到虚拟无界(随时随地可以完成购买)。(6)从零售旅程方面看,在手工生产力、机器生产力、信息生产力和智能生产力的时代,作为零售旅程的顾客旅程和营销旅程,以及相应的管理工具都发生了一些变化,顾客旅程从商品体验旅程发展为情感体验旅程和心灵体验的旅程,营销旅程从销售旅程发展为服务旅程和整体营销旅程,零售商决策工具由购买决策图发展至服务蓝图、客户旅程图再到营销旅程图。

第4篇
零售革命怎么办

第 8 章

未来的零售革命

尽管有很多专家都曾预测零售业发展的未来,但这是一个非常困难的事情,我们无法准确地对百年之后的事情进行说明,但大的零售革命的爆发还是有先兆的,我们只能根据目前出现的先兆,描述一下未来 20~30 年零售业发展的轮廓,其依据是我们在第 7 章描述的零售革命的演化轨迹。

8.1 未来的零售环境

零售环境直接影响着未来零售革命的发展,无论是旧革命的延续,还是新革命的爆发。因此,探索未来零售革命的走向,不能不关注未来零售业发展所面临的环境。未来零售业面临的重要环境可以概括为:移动网、大数据、智能化、全渠道和幸福感。前三项为技术环境,第四项为行业环境,最后一项为文化环境。

8.1.1 移动网

1973 年美国摩托罗拉公司的工程师发明了手提移动电话,1983 年商业化,可储存 30 个号码,电池支持通话 1 小时。20 世纪 80 年代末期进入中国后,被称为"大哥大"和砖头手机,该命名源于手机个头大,以及价格在 2 万多元人民币,使用者为大哥级别商人等。1998 年元月,中国第一部无线市话小灵通问世,信号不是太好,2011 年退出市场。2000 年之前的手机基本是满足通话功能。2000 年之后进入智能化阶段,记事、听音乐、看电影、照相等,随后又与移动互联网连接起来,经历了 2.5G、3G、4G 时代,很快会进入 5G 时代。爱立信曾经预计,到 2021 年,全球手机用户入网量将达到 90 亿,超过世界总人口数量，其中5G入网量将达到1.5亿。①

移动网和智能手机的结合，可随时下载喜欢的应用软件，使手机成为点石成金的魔杖，大大改变了人们的工作、生活及购物的方式。过去人们出门必须随身携带的是钥匙、钱包和证件，今天带着一个手机就全部解决了。手机不仅可以作为开门的钥匙、付款的钱包、身份的证明，同时还可以进行社交、娱乐、工作、写作、照相、录音、录像等。手机对于零售商来说，就是移动的随时随地处于购买旅程某个阶段的顾客，可以称之为移动客；对于消费者来说，它就是365天每天24小时开业的影子商店，像影子一样永远跟随顾客，可以称之为移动店或影子店。

未来移动设备将与可穿戴设备连接起来，将与人工智能技术协同作用，将与智能家居和汽车产生互动，将与线下线上渠道相互呼应，将催生大量的即时性的消费者行为数据，这一切必将对未来零售发展趋势起着重要影响作用。

8.1.2 大数据

20世纪50年代之后，零售商一直在为科学决策努力，但是收效甚微，主要源于数据没有有效地转化为零售管理决策的依据，具体包括三个方面：数据采集技术、分析技术和应用技术。目前，诸多零售公司积攒了大量数据，但是远远没有转化为营销决策，未来20~30年会取得较大的突破，因为采集变得容易，分析有了云计算工具，应用也有了智能机器人的帮助。

（1）手工账本时代"履中备载"的故事（微数据时代），基本上是感觉和经验决策。内联升是赵廷于清朝咸丰三年（1853年）创办的，目标顾客不是抬轿子的人，而是坐轿子的富有人士。一般的小官小吏，都要亲自来店铺定做购买；而那些上级的官员，一般都叫内联升去人为其量尺寸做朝靴。最初开业的几年，今年做朝靴，去人量尺寸，试样子，往返要跑好几趟；明年做朝靴，还要派人去，量尺寸，试样子。后来，赵廷想出个既省事又可以拉主顾的好办法，就是把清政府大小官员凡是在他店里做过或是买过朝靴的人的姓名、年龄、住址、靴子尺寸、特殊爱好记入专门的账中，叫做"履中备载"。不仅方便了上级官员，而且下级官员为讨好上司也可悄悄去内联升参照《履中备载》定做朝靴，作为送给上司的礼物。上司一试非常合适，常常会有意外惊喜，因此内联升生产的朝靴身价倍增，一双可卖白银几十两。这个时候采取的

---

① ［美］艾宁德亚·高斯：《点击：解密移动经济的未来版图》（文苑译），中信出版集团2018年版，第4页。

是手工记账的方式，不仅效率低，内容十分有限（仅是顾客信息及相应的脚的信息），而且保存也十分不便。实际上，内联升原始早期的《履中备载》早已经失传了。

这个时代是手工技术时代，微小的数据，零售企业利用数据决策仅是了解已有顾客需求，再次购买时节省量脚的程序而已。当然，收款、记账、盘点也都是手工方式，使用的也是算盘、纸质账本、笔墨等手工工具。

（2）POS机时代"啤酒和尿布"的故事（小数据时代），有了些许的科学决策。这个故事在20世纪末和21世纪初广为流传。沃尔玛公司运用数据挖掘技术，通过建立的数据仓库，按周期统计产品的销售信息，经过科学建模后提炼决策层数据。结果发现，每逢周末，位于某地区的沃尔玛连锁超市啤酒和尿布的销量很大，并且买尿布的人30%~40%都买了啤酒。进一步调查表明，在美国有婴儿的家庭中，一般是母亲在家中照看婴儿，年轻的父亲去超市购买尿布，丈夫们在买完尿布以后又顺手带回了自己爱喝的啤酒，这表明啤酒和尿布具有购买的相关性。之后该店打破常规，将啤酒和尿布的货架放在了一起，使得啤酒和尿布的销量进一步增长。

沃尔玛运用的是数据挖掘技术中的购物篮分析。1993年美国学者艾格拉沃（Agrawal）提出通过分析购物篮中的商品集合，从而找出商品之间关联关系的关联算法，并根据商品之间的关系，找出客户的购买行为。艾格拉沃从数学及计算机算法角度提出了商品关联关系的计算方法——Aprior算法。沃尔玛从20世纪90年代尝试将Aprior算法引入到POS机数据分析中，并获得了成功。

啤酒和尿布的故事强调了科学决策和数据挖掘的重要性，同时也表明信息技术的发展使手工记账式的顾客研究过时了，可以对一定规模的数据进行自动采集和分析，但是数据来源主要单一地依赖POS机。换句话说，是对顾客购物小票的分析，以观察本店内顾客群体购买行为所体现的商品的相关性，与后来的大数据分析相比，应该属于小数据时代。

这个时代是POS机技术应用的时代，小量的数据（限于购物篮），零售企业利用数据决策对购物篮进行分析，关注商品相关性，为交叉销售决策提出依据。但是，大多数零售决策还是经验决策。

（3）互联网时代"孕妇"的故事（中数据时代），科学决策比重增加。《纽约时报》的记者查尔斯·都希格（Charles Duhigg）在他的著作《习惯的力量》（*The Power of Habit*）中，为我们讲了这个有趣的故事：

"一名男子径直走进了明尼阿波利斯市郊的一家塔吉特，并要求面见经理。据一位参与了这次会面的雇员说，该男子手里攥着一大把他女儿收到的优惠券，面露愠色。'这些都是我女儿通过邮件收到的！'他怒声道。'她还是个高中生，你们就寄给她婴儿衣服和婴儿床的优惠券？你们是不是巴不得她赶紧怀孕啊？'起初，经理对此人所说之事摸不着头脑，他翻看了邮件。证据确凿，那封邮件的确发给了他的女儿，并且邮件中有许多推销婴儿服装、幼儿家居家具的广告和婴儿面带微笑的图片。经理向男人赔礼道歉，并在几天之后再次打电话致歉。但是，在电话中，这位父亲不知怎的，反而有些惭愧。'我和我女儿谈了谈，'他说。'结果是，我发现我对家里发生的一些事完全不知情。她的预产期在八月。我得向你们道歉。'"①

"塔吉特"是美国的一家零售商，成立于1961年。1962年，第一家塔吉特商店在明尼苏达州成立。目前，塔吉特已经成长为美国第二大零售商，在美国拥有了超过1300家的商店。那么，塔吉特是如何比他父亲更早知道他女儿怀孕呢？

塔吉特的统计师们通过对孕妇的消费习惯进行一次次的测试和数据分析得出一些非常有用的结论：孕妇在怀孕头三个月过后会购买大量无味的润肤露；有时在头20周，孕妇会补充如钙、镁、锌等营养素；许多顾客都会购买肥皂和棉球，但当有人除了购买洗手液和毛巾以外，还突然开始大量采购无味肥皂和特大包装的棉球时，说明她们的预产期要来了。在塔吉特的数据库资料里，统计师们根据顾客内在需求数据，精准地选出其中的25种商品，对这25种商品进行同步分析，基本上可以判断出哪些顾客是孕妇，甚至还可以进一步估算出她们的预产期，在最恰当的时候给她们寄去最符合她们需要的优惠券，满足她们最实际的需求。塔吉特之所以对孕妇进行识别分析，是因为这个顾客群体购买量大且价格不敏感，为零售店贡献的利润非常高。

虽然这个故事的数据采集量比过去大大增加了，数据分析结果也由"啤酒和尿布"故事中的商品相关性发展至独特需求顾客身份的认定，但是数据采集还是基于顾客购买了什么。因此，我们称其为中数据时代，但是已经具有大数据的某些特征，开始应用全渠道的数据采集方式，将顾客的一切购买行为数据整合到一个ID（identity，身份）数据库之中，由此知道顾客的姓名、住址和购买偏好，以及拥有的信用卡种类，还有实体店、网店的购买和浏览记录数据（见图8-1）。

这个时代是互联网技术应用时代，中量的数据（购物行为数据），零售企业利用数据决策对顾客购买行为进行分析，从关注商品相关性转移至关注顾客，为提升企业业绩提供决策依据。

---

① ［美］查尔斯·杜希格：《习惯的力量》（吴奕俊等译），中信出版社2013年版，第191～192页。

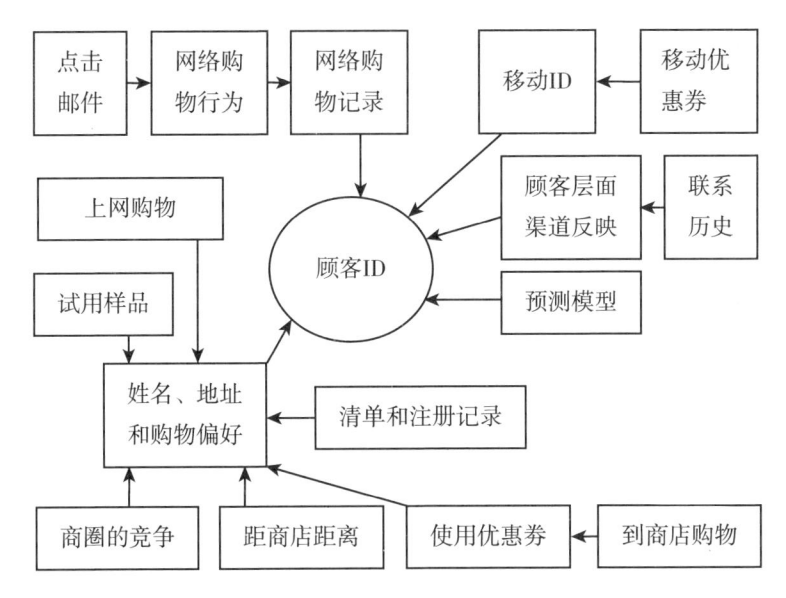

图 8-1　塔吉克将所有数据整合到顾客 ID 中

资料来源：［美］查尔斯·杜希格：《习惯的力量》（吴奕俊等译），中信出版社2013年版，第185页。

（4）社交网络和移动网络的新故事（大数据时代），科学决策成为必需。当顾客在逛街时，临近中午，肚子有些饿了，忽然会收到一个短信或语音提示，"在你的右侧前行30米有一家你非常喜欢的火锅店，你有一个熟悉的同事也在那里就餐，欢迎你光临，并附赠一张10元的优惠券"。你会怀疑被人跟踪了，你会担心没有隐私了，但是十有八九你会走进这家火锅店。这不是天方夜谭，今天的社交网络和移动网络技术使这些变为现实，这就是集聚多方数据的大数据时代。

即使在一家商店内部，也早已不局限为商品相关性分析，也不局限为购物篮分析。目前的某些零售商店，从顾客走进商店那一刻起，其行走路线、视觉移动、选择、相互交谈、对减价的反应、停留时间，已经被密切监控。商店及其供应商在不停地分析各种各样的文字、图像、声音、情境及购买数量等方面的数据，并与顾客的会员卡相关联。采用云计算的方法，可以快速地发现每一位顾客的购买行为特征，从而可以提供一对一的营销组合策略。如果没有大数据，或者有大数据而没有搜集和分析大数据的工具和方法，或者是这些工具和方法使用成本过于高昂、技术掌握难度太大，都不可能真正迎来大数据时代的到来。然而这一切在技术上都得到了解决。

由于数据大了，商场决策者不必担心其准确性，数据越大越准确，分析方法选择变得次要了，样本不是抽样的代表，而是全体。也不必太关心数据分析结果的因果性，关心相关性就可以了，相关性影响商场的具体决策走向。例如，沃尔玛在 2004 年曾经对顾客购物数据以及天气变化数据进行大规模的数据分析，发现蛋挞销售会在季节性飓风来临时大大增加，蛋挞销售量与飓风没有因果关系，但是有相关关系，随后每当季节性飓风来临之前，沃尔玛会把蛋挞放到飓风用品的位置，从而使销售量增加。

8.1.3 智能化

我们这里关注的智能化，不是流行的"智慧"的含义，而是指人工智能的发展，以及它对于未来零售业变革可能的影响。对于人工智能有着两种不同视角的定义，一种强调是对人类思维方式或人类总结的思维法则的模仿；一种则是强调根据对环境的感知，做出合理行动并获得最大收益的计算机程序（李开复、王咏刚，2017）。

有专家认为，人工智能发展经历了三次高潮：第一次发生在 20 世纪 50～60 年代，该阶段专注于数学证明系统、知识推理系统、专家系统等技术和应用；第二次发生在 80～90 年代，该阶段专注于语音识别、机器翻译等；第三次发生在 2010 年前后，该阶段最大的特点是"在语音识别、机器视觉、数据挖掘等多个领域走进了业界的真实应用场景，与商业模式紧密结合，开始在产业界发挥出真正的价值"[1]，而前两次高潮都局限在科研范围之内。

未来智能化的发展趋势之一，自然是商业化的应用及普及。人工智能专家汪华认为，人工智能商业化应用将经历三个阶段：目前正处于第一阶段，可能需要 3 年时间，人工智能在那些在线化程度较高的行业开始应用，在数据端、媒体端实现自动化，从线上"虚拟世界"开始，随着在线化的发展扩张到各个行业，帮助线上业务实现流程自动化、数据自动化和业务自动化；第二阶段将花 5～7 年时间，随着感知技术、传感器和机器人技术的发展，人工智能会延伸到实体世界，并率先在专业领域、行业应用、生产力端实现线下业务的自动化；第三阶段将花十几年时间，当成本技术进一步成熟时，人工智能会延伸到个人场景，人们的生活和工作会更加自动化和高效率，这表明全面自动化的时代终将到来（李开复、王咏刚，2017）。

人工智能的外观形态是智能机器人（当然不一定是真人形状），它是带有代替人工工作特殊程序的机器。它给我们提供的服务可以是（由低级到

---

[1] 李开复、王咏刚：《人工智能》，文化发展出版社 2017 年版，第 39 页。

高级）：数据（将有冷空气到来）、信息（上次冷空气来时下了大雪）、知识（这样你的车胎容易打滑）和智慧（我已经安排维修站人员到你办公室，把你的车开去安装防滑轮胎，下午5点之前开回，不耽误你出行）（奥利弗，1999）。

至于人工智能在零售领域的应用，也有专家进行了相应的研究。有专家认为，人工智能对于零售业有着三个方面的影响，一是催生了无人商店新业态，未来可以进化为智能商店；二是可以优化顾客的购买体验，为顾客提供购买过程的一对一的参谋和建议；三是可以优化库存管理，逐渐形成全过程的无人化和智能化管理（傅龙成等，2018）。高盛预测，到2025年，人工智能在零售业每年将节省540亿美元成本，新增410亿美元收入[①]。人工智能在零售管理中涉及零售运营的方方面面，如目标顾客选择、营销定位点确定、商品采购和供应预测、价格制定和实时促销、店址选择和客户流线设计、广告宣传内容及媒体选择等。同时也可以应用于采购和配送流程、销售和服务流程的设计和完善等。还有一个重要应用，可以代替有机人，降低人工成本，如机器人导购、机器人收款、机器人送货、机器人管理库存等。

8.1.4 全渠道

由前述第5章、第6章可知，2011年开始全球爆发了一场全渠道商店革命，这场革命在未来仍将延续下去，与智能商店革命交织在一起，在移动网和大数据、云计算的背景下，进一步完善线下线上的融合。

全渠道与大数据、移动网、智能化等协同的路径有三条："一是与应用创新相关的，包括移动、智能搜索；二是与技术创新相关的，包括智能设备、大数据分析，以及建立在智能设备和大数据分析上的认知计算等；三是与生态协作创新相关的，有云计算、互联网金融等"（见图8-2）[②]。这将是未来全渠道变革的发展方向。最终达到效果也是三个方面的："一是提升消费者全渠道购物体验，如利用移动技术、智能搜索技术提供智能导购；二是改进全渠道供应链效率，如利用大数据优化O2O供应链；三是增进全渠道生态的融合及协作，如利用云实现零售商上下游以及门店与线上之间的信息共享"[③]。

[①]《10个要点 看懂人工智能将怎样革新零售业》，http://www.ebrun.com/20170225/217121.shtml##1，2017年2月25日。

[②][③] 中国连锁经营协会：《中国连锁经营年鉴》，中国商业出版社2016年版，第177~178页。

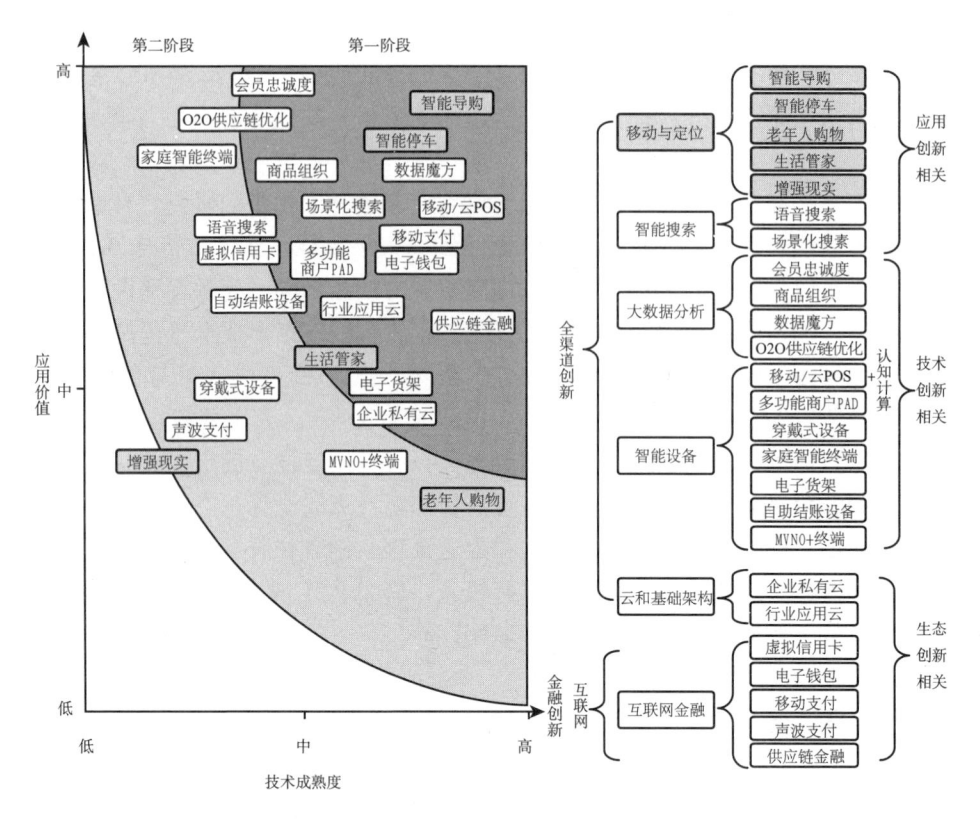

图 8-2　全渠道与大数据、移动网和智能化协同的路径

资料来源：中国连锁经营协会，《中国连锁经营年鉴》，中国商业出版社 2016 年版，第 177~178 页。

8.1.5　幸福感

技术的变革以及零售演化都是由人来推动的，包括零售组织的人员、顾客群体的人员，及相关方的人员，这些人员行为的终极目标是幸福。因此，消费者从事购买行为和消费行为是在追求幸福，零售公司要成为幸福的企业，不仅让顾客幸福，也要让员工幸福，尽管幸福有可能成为实现利润的一种手段。正如学者所言，幸福感不仅是人们追求的目标，也应该是企业管理者追求的目标，因为幸福企业既是一种良好的道德愿望，也是一种赢得员工归属、业绩提升和企业持续发展的管理实践（张进，2016）。不过，我们倾向于下面一种观点：幸福感是消费者行为的重要的目标，而幸福企业重要的标准之一是使顾客感到幸福。

早在 20 世纪 90 年代初期，美国学者艾伦·杜宁就曾经指出："生活在 90

年代的人们比生活在上一个世纪之交的他们的祖父们平均富裕四倍半,但是他们并没有比祖父们幸福四倍半。心理学家的研究证明,消费与个人幸福之间的关系是微乎其微的。更糟糕的是,人类满足的两个主要源泉——社会关系和闲暇,似乎在奔向富有的过程中已经枯竭或停滞……我们一直徒劳地企图用物质的东西来满足不可缺少的社会、心理和精神的需要"[1]。

到了20世纪90年代末期,美国未来学家奥利弗提出:"工业时代征服了空间,使我们成为一个世界。信息时代征服了时间,使我们成为一个村庄。生物材料时代正在征服物质,将使我们成为一个家庭"[2]。奥利弗认为,尽管21世纪的消费者仍然关注速度、质量、品种、服务和价格等营销要素,但是到了21世纪中期,世界将从生物材料时代进入娱乐性教育时代,那时主要满足的不是人体的需要,而是人脑的需要,人们会娱乐地工作和生活,当然也包括购买和消费过程。

总之,由于人们的基本生活需要已经满足,幸福感更多来源于精神生活的满足,而精神生活的满足来源于学习、娱乐、价值观和信仰等方面,如绿色消费、简朴生活、关注环保、帮助穷人等,都将对未来的零售商提出新的要求和挑战。

8.2 未来的零售要素

由于前述未来零售环境具有移动网、大数据、全渠道、智能化和幸福感五个方面的特征,会带来商品、货币、卖者和买者等零售基本要素的变化。

8.2.1 未来的商品

由前面第7章第7.1节的讨论可知,在未来的智能生产力时代,零售商销售的商品仍然包括货物、社交和娱乐三个重要组成部分,与前面几个阶段最大的不同是未来社交和娱乐的比例会增加到50%~60%,而货物的比例会缩减到40%~50%。在未来的世界里,货物商品有无形化趋势,社交商品有免费化趋势,娱乐商品有日常化趋势。

---

[1] [美]艾伦·杜宁:《多少算够——消费社会与地球的未来》(毕聿译),吉林人民出版社1997年版,第6页。
[2] [美]理查德·W. 奥利弗:《未来经济状态——在商务新世界中制胜的七大法则》(丁为民等译),机械工业出版社1999年版,序。

（1）货物商品无形化。假如生物材料技术发展速度加快的话，人们吃、穿、用、行的有形产品会纸片化、粉末化、气体化，直至无形化，并且在家通过 3D 打印就可以生产完成。即使诸多货物商品的物质形体不消失，也会在未来趋于轻、薄、短、小。日本专家在 20 世纪 80 年代初期提出的观点仍然可以用于解释未来货物商品的这种发展趋势："高速成长时期，产品往往偏向豪华、厚重、耀眼夺目等特性；而在稳定成长时期，节约质朴变成了主流，开始出现大量外表不见得华丽，价值却不低的商品……重、厚、长、大不再具有现代感，轻、薄、短、小才是新时代的象征"[1]。

（2）社交商品免费化。人类是群居动物，一个人很难脱离群体而单独存在，因此就有了信息分享和社会交往的需要。中国人受传统文化的影响，比西方人更依赖于群体生活，社交生活显得更加重要。在未来的智能社会，由于社交媒体的发展，交往和沟通都会更加便捷。因此，无形社交产品，如免费的时尚圈、收藏圈、阅读圈、运动圈等，以及付费的各种俱乐部都会成为未来商品的重要组成部分。其实，顾客之间、顾客与客户经理、顾客与品牌代言人之间关系的确立等，也都是社交商品的内容，当然它们大多具有免费的特征，但是顾客会将获得的社交红利（愉悦的心情）转移给有形商品的溢价，未来消费者在形成对零售商品牌的形象感知时，社交商品会占有越来越多的比重。有时人们自己没想买东西，仅是陪朋友去买东西，或者是跟朋友一起去买东西，此时社交商品的获得或许比货物商品获得意义更大，特别是在未来社交媒体异常发达的背景下更是如此。

（3）娱乐商品日常化。娱乐是指快乐有趣的活动，例如参与一个有趣项目，或是观看一场演出，或是聆听一场音乐会，等等。由于娱乐可以给人们带来快感，以及心灵上的震撼，因此可以提升人们的精神世界和放松身心，也是幸福感的源泉。在未来的智能化社会，人们对于娱乐商品会有更多的渴望，而且不必去剧场、影院、体育馆，而是在人们的休闲、独处、购物的日常活动之中就能感受到。体验经济创始人派恩认为，人类社会经历了农业社会的产品时代、工业社会的商品时代、服务社会的服务时代，目前已经进入了体验社会的娱乐时代。[2] 在未来一段时间内会停留在这个体验经济时代。娱乐商品通常要比货物商品价值更大，因为当演员们演出结束后，观众体验

---

[1] 日本新闻社：《轻、薄、短、小的时代》，经济与生活出版事业股份有限公司 1984 年版，第 6~7 页。

[2] ［美］B. 约瑟夫·吉尔摩、詹姆斯·H. 吉尔摩：《体验经济》（毕崇毅译），机械工业出版社 2002 年版，第 13 页。

到的价值仍然长久地留存在人们的记忆当中,虽难以触摸,但令人珍惜。①因此,他提出零售商要像经营剧院和演出一样经营商店和销售,例如美国一家连锁店,"有悦耳的音乐、活泼的娱乐节目、独特的景致、免费的点心、剧场般的音响效果、客串的明星和全体顾客的参与"②。总之,未来无论是线上店还是线下店,都会成为一个剧场,只是与普通剧场上演的节目不同罢了。

8.2.2 未来的货币

由前面第 7 章第 2 节的讨论可知,在未来的智能生产力时代,货币形态变成了数字货币,仅有账号而不必寄生于信用卡形态,也可以称为无形货币。但是这并不意味着纸币和卡币完全消失,只是这二者的出现频率和使用范围会逐渐降低,直至彻底消亡。

与货币形态演化相适应,未来 30 年的支付方式,将是传统支付(现金和银行卡)、手机支付、生物支付(人脸识别、指纹识别、语音识别和静脉识别等)并存的状态。其中,手机支付将成为普遍支付形态,传统支付方式将逐渐消亡,生物支付也会得到一定的发展,人们随身携带的有形钱包或许在 20~30 年之后彻底消失,也不必再担心丢钱包的事情发生。

8.2.3 未来的零售商

由前面第 7 章第 3 节的讨论可知,在未来的智能生产力时代,零售商将从全渠道零售组织发展成为智能零售组织,进入一个有机人和无机人并存的组织形态,换句话说,是一个无人或者说人很少的全渠道零售组织。虽然利润仍然是诸多零售公司追逐的目标,但会出现越来越多令人赞赏的公司,令人尊敬的公司,这些公司不是以盈利为最终目标,而是以与利益相关者分享美好事物、传播友善品德,以及以人类幸福为目标。

在未来,顾客在接触零售商的时候,很多情境下是与机器人打交道,机器人成为顾客感受零售商品牌价值的关键接触点,如位于前台的服务员、导购员、理货员、收款员、送货员等等,都有可能是由机器人承担。

---

① [美] B. 约瑟夫·吉尔摩、詹姆斯·H. 吉尔摩:《体验经济》(毕崇毅译),机械工业出版社 2002 年版,第 19 页。

② 同上,第 12 页。

同时，同事之间、领导和下属之间、领导和领导之间，都有可能演变为机器人与机器人之间的关系，这样会影响零售组合的结构、功能、文化、信息等方方面面的变化。

8.2.4 未来的消费者

由前面第 7 章第 4 节的讨论可知，在未来的智能生产力时代，购买者开始关注商品体现的精神，重视购买和消费全过程体验，消费者主权时代来临。未来在这三个方面都会得到强化和发展，同时还会延续全渠道、全时间和全空间的购买。

加拿大学者曾经对中国消费者演变做出研究，认为中国消费者有七代：(1) 战争的一代（出生于 1911~1929 年）、(2) 革命的一代（出生于 1930~1948 年）、(3) 小康的一代（出生于 1949~1965 年）、(4) 独立的一代（出生于 1966~1980 年）、(5) "小皇帝"的一代（出生于 1981~1999 年）、(6) 互联网的一代（出生于 2000~2018 年）。[①] 2020 年之后，中国消费者的核心群体是第五代、第六代，他们出生在一个比较富裕的时代、一个移动互联的时代、一个全球化的时代，可以支配父辈积累下的财富，个性化地在全世界范围内购买他们需要的任何物品，然后有追求地进行个性化的消费，其中非常关注购买过程和精神层面的满足。他们"已经变成一个有权的、积极参与的群体，并积极融入商业组织的决策进程中去了"[②]，参与产品的设计和服务旅程的创新。

在未来的智能零售时代，消费者在工作、工作之外的生活，以及传统购物的任何场景中，都可以随时（365 年/每天 24 小时）获得商品和服务的详细信息（包括产品、价格、促销、店铺、活动等），"无论他们满意不满意都可以通过网络立即公布出来，向其他购物者提出警示或者推荐"[③]。"90 后"和"00 后"熟练地应用各种网络新技术，全时空地穿行于线下线上各种渠道之间，购买或与他人分享自己的感受，已经成为或将成为全渠道、全时间、全空间的购买者。

---

① [加] 弗兰克·费瑟：《未来消费者》（王诗成译），辽宁教育出版社 1999 年版，第 8~11 页。
② [美] 理查德·W. 奥利弗：《未来经济状态——在商务新世界中制胜的七大法则》（丁为民等译），机械工业出版社 1999 年版，第 246 页。
③ [美] 斯塔尔伯格和梅拉：《购物者营销》（派力译），中国商业出版社 2011 年版，第 79 页。

8.3 未来的零售时空

由前面第 7 章第 5 节的讨论可知，在未来的智能生产力时代，零售时空的主要特征是全时间和全地点的服务，以及零售环境关注便利和智能化体验。未来的零售时空，不是新创建一个新的时空，而是现有时空更加完善，甚至完美。

8.3.1 未来的零售时间

对于全渠道商店和网上商店来说，销售过程现在已经实现 365 天/每天 24 小时的全天候营业了，但是配送过程还存在着很多白天作业的情况，源于销售过程可以由机器自动完成，配送还需要人工按指令完成。未来随着人工智能的广泛使用，会使销售过程和配送过程的全天候营业，如果顾客需要也可以夜间送货到户。

对于线下店铺来说，除了 24 小时便利商店之外，大多还是每天营业 8~10 小时，还有些在节假日关门，一方面是由于不能超过法律规定的营业时间，另一方面是由于夜里顾客稀少，还有一个原因是员工需要休息。在未来 20~30 年的时间内，随着线下智能商店的普及，以及线下店铺与线上店铺融合，实体店铺的营业时间会呈现普遍延长的趋势。

8.3.2 未来的零售空间

从总体上看，无论是线下和线上的零售空间，未来都有全空间、体验化、智能化和融合化的特征。

（1）线上店的未来零售空间。对于全渠道商店和网上商店来说，店铺是通过网页呈现的，顾客只要手持手机就可以上网逛商店，自然就可以完成搜集信息、选择商品、下订单、付款、等待收货等主要购买环节，使用商品时也可以在线寻求指导和帮助，因此零售空间无所不在，销售空间虽然与购买空间分离，但是顾客可以通过手机将网店视频、画面、文字等信息移到眼前，网店像影子一样永远跟着顾客走。

（2）线下店的未来零售空间。对于线下店铺来说，零售空间会有小型化、社区化、智能化和体验化的趋势。但是大规模的购物中心仍然会长期存在，也可能会出现与网上购物中心平台相匹配的线下购物中心，如线下的亚马逊购物中心、天猫购物中心、京东购物中心等，入驻的店铺也是这些线上购物中心入驻的店铺。在未来20~30年的时间里，线下店铺空间，无论大小，都会有明显的体验化和智能化发展趋势。

越来越多的体验经济学家将零售空间视为一个剧场，零售商就是导演，这里上演着各种各样的剧目，以满足顾客视觉、听觉、嗅觉、触觉、味觉等感官的需要，以及精神层面的需要。"明天的购物者们在打造个性化自我购物体验方面拥有更多的主动权。他们将成为零售环境的'协同缔造者'：以他们自己的需求、渴望和情感为基础，参与打造个性化的场所、空间和体验"①。

未来零售空间的类型包括：①智能商店，即用智能机器人代替店铺管理和服务的商店，顾客来这里购物就像不花钱一样，拿了东西就可以走，补货、理货、推荐、收款、递货和送客，几乎都由智能机器人完成，给顾客带来的是智能化和便捷化的体验；②体验商店，即线下实体店铺是品牌或网店的体验店，除了让顾客现场购买商品之外，还要让他们体验商品和服务的感受、建立品牌的情感联系，鼓励他们到线上下单购物。

未来的零售空间是线上和线下店铺的长期并存，因此也就存在着线下商店体验化和线下体验化商店两种类型。

① 线下商店体验化，是指线下商店通过店铺环境的剧场化体验设计，吸引顾客光顾并停留更长的时间，以增加销售额和利润额。这方面的研究成果主要有体验经济、感官营销和购物者营销等新的理论。如美国的STORY（故事）商店，位于曼哈顿下西区，2000平方英尺，商店经营者与品牌商合作编写品牌故事，并进行现场呈现，有爱情、旅行、相遇等故事。每个品牌在店里呈现1个月左右，每年大概可以轮换呈现8~12个品牌。其结果不仅取得了较好的销售额（坪效是梅西百货的12倍），还积累了相关顾客的数据，为未来进行品牌调整提供了真实场景的依据。② 这是把店铺视为媒体进行场景设计和呈现。

② 线下体验化商店，是指线下商店或许也销售商品，但不是它的主要目标，其主要目标是建立与顾客的联系，使顾客通过现场体验对品牌产生偏爱，进而刺激他们在线上进行多频次的下单，增加线上的销售额。这种线下体验化商店包括多种类型。

---

① ［美］斯塔尔伯格和梅拉：《购物者营销》（派力译），中国商业出版社2011年版，第77页。
② ［加］道格·斯蒂芬斯：《零售无界：新零售革命的未来》（石盼盼译），中国人民大学出版社2018年版，第151~153页。

一是为线上引流的线下体验店，如中国的盒马鲜生，线下店铺购买时必须下载它的 APP，现场零售并代客加工享受就餐体验。但是目标是使线上收入大大高于线下收入，每天线上订单要大于 5000 单，进而确定顾客来源于辐射 3 公里半径的社区，30 分钟可以送货到家。

二是为搜集数据的线下体验店，如美国的 B8ta 商店，位于加州的帕洛阿尔托，专门展示最新的和最具特色的互联网设备与产品，搜集顾客现场反应和详细的购买过程信息，其收入主要不是来源于销售商品，而是来源于销售门店收集的数据和分析报告。"B8ta 的任务不是买东西，而是尽可能为顾客打造最佳的产品体验。这个小型空间被打造成一个极客乐园——一个展现创意精妙的科技产品的微型陈列室"，"经验丰富、态度友善的店员为顾客提供一对一服务"[①]。

还有些体验店，仅让顾客来体验，不在现场销售商品，但可以在网上下订单。就像传统邮购公司的驿站，驿站设在每一家购物中心之中，展示邮购的商品，不销售现货，只接受下单和提供特殊服务。

8.4 未来的零售旅程

由前面第 7 章第 6 节的讨论可知，在未来的智能生产力时代，顾客旅程应该是心灵旅程，与此相对应，零售商应该有一个营销旅程，满足顾客生活方式和精神方面的需要。因此，零售商要将过去流行的服务蓝图扩展为顾客生活方式或心灵旅程图和零售商的营销蓝图或营销旅程图。

8.4.1 未来的消费者旅程

未来的消费者旅程，既不是早前的购买旅程，也不是近期的消费旅程，而是包括购买、消费和休闲等方方面面的生活行为旅程，这个旅程是由每一天行为所组成，最终构成了人生的整个旅程，这个旅程回答的是人为什么要活着，因此也是心灵旅程。仔细分析会发现，其实人生旅程无非就是产品和服务的购前获得信息、购中选择和购后消费的心灵感受过程。图 8-3 是一个简化的未来消费者旅程，这个旅程不仅包括购买过程和消费过程，也包括工作过程和其他生活过程。

---

① [加] 道格·斯蒂芬斯：《零售无界：新零售革命的未来》（石盼盼译），中国人民大学出版社 2018 年版，第 156~158 页。

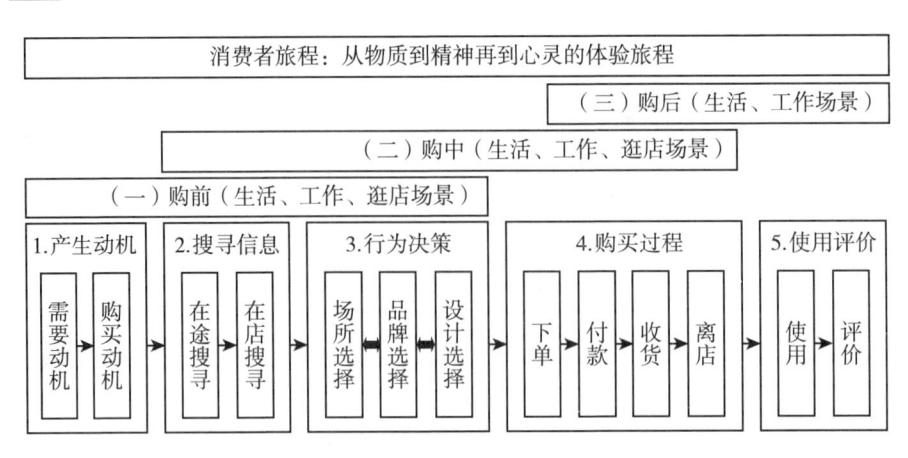

消费者旅程：从物质到精神再到心灵的体验旅程

（三）购后（生活、工作场景）

（二）购中（生活、工作、逛店场景）

（一）购前（生活、工作、逛店场景）

1.产生动机	2.搜寻信息	3.行为决策	4.购买过程	5.使用评价
需要动机 / 购买动机	在途搜寻 / 在店搜寻	场所选择 / 品牌选择 / 设计选择	下单 / 付款 / 收货 / 离店	使用 / 评价

图 8-3　未来的消费者旅程——心灵旅程

8.4.2　未来的零售商旅程

未来的零售商旅程，既不是早前的销售旅程，也不是近期的满足消费的旅程，而是包括售前信息咨询、售中帮助选择和售后指导改进的营销旅程，这个旅程是满足顾客心灵体验的旅程，也是贯穿消费者整个生活方式方方面面的旅程。图 8-4 是一个简化的未来零售商旅程。

1.引发动机（整体营销）	2.提供信息（传播、店铺）	3.行为决策（产品、价格、服务、店铺）	4.销售过程（服务、店铺）	5.售后服务（服务、传播）
引起需要 / 激发意愿	在途信息 / 在店信息	店址选择 / 展示说服 / 参与方式	接单 / 收款 / 递货 / 送客	售后服务 / 反馈改进

（一）售前（产品、服务、价格、店址、环境和传播）

（二）售中（产品、服务、价格、店址、环境和传播）

（三）售后（服务和传播）

零售商旅程：从物质到精神再到心灵的营销旅程

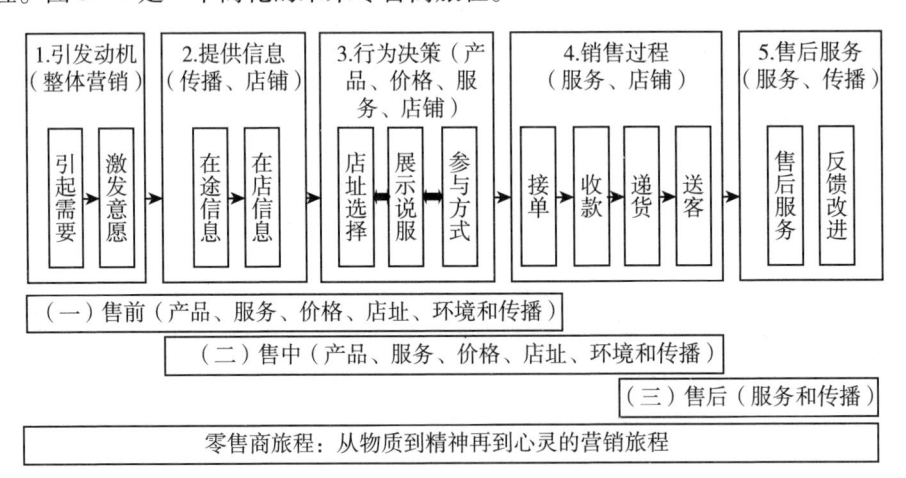

图 8-4　未来的零售商旅程——营销旅程

8.4.3　未来的零售旅程

未来的零售旅程是消费者的心灵旅程与零售商的营销旅程互动的旅程，也是消费者生活方式需求与零售商对其满足的互动过程，因此这里的购前或售前、购后或售后包含着人生的方方面面，绝不是传统意义上的购前或售前、购后或售后的购买和销售的直接相关行为，涉及人们生活的每一分每一秒。未来成功的零售商不仅要关注消费者的购买方式，还要关注他们的生活方式和工作方式，过去这三种日常活动大多是独立发生的，现在是混合发生的，购买穿插在生活和工作之中（甚至都不是空闲时间），另外生活和工作在本质上无非是所购买商品和服务的消费过程。因此，有专家提出了"生活方式营销"概念，并认为它是"未来零售业成功的关键"，因为"通过追随购物者了解他们的日常生活和工作行为模式，零售商可以识别出购物过程中存在的缺陷（例如离开主干道的位置、嘈杂的店内环境、让人迷惑的布局、漫长的结账队列等），之后他们会根据购物者的实际生活方式与期望的生活方式进行改进，提供更好的购物体验"[①]，加之在消费这些产品时也会大大降低焦虑和烦恼，提升生活和工作的美好感。为此，我们将未来的消费者心灵旅程和零售商营销旅程结合起来（见图8-5），中间黑线上方为消费者旅程，下方为零售商旅程，连接双

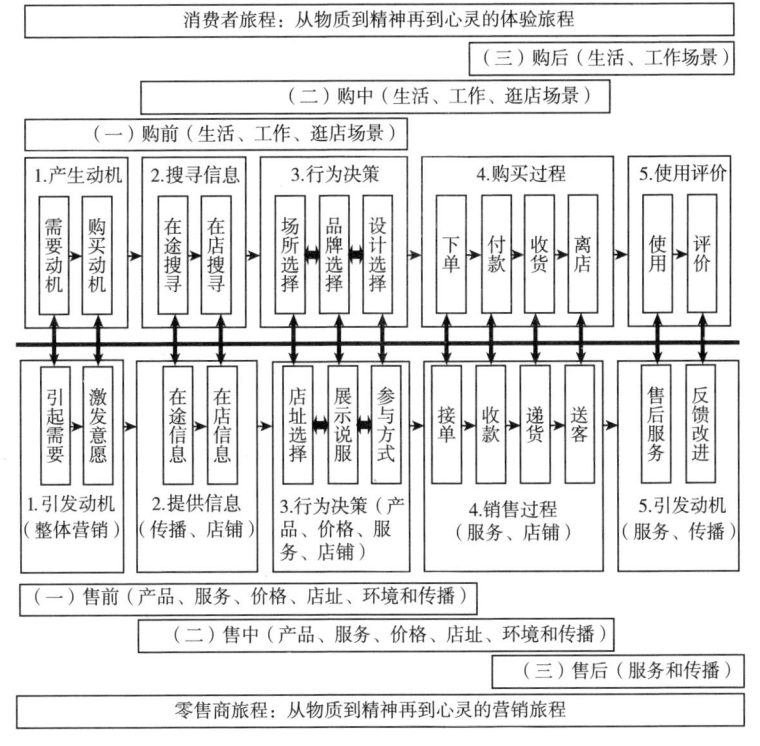

图8-5 未来的零售旅程

① ［美］斯塔尔伯格和梅拉：《购物者营销》（派力译），中国商业出版社2011年版，第83页。

向箭头表示两个旅程在各个接触点以及整个过程的互动,互动旅程的结果对于消费者来说可能是不满意、满意和非常满意,对于零售商来说是亏钱、盈利和高额利润,实现理想目标需要两个旅程的适当匹配和适应调整。

8.5 小　结

未来零售业面临的重要环境可以概括为:移动网、大数据、智能化、全渠道和幸福感。前三项为技术环境,第四项为行业环境,最后一项为文化环境。这些环境将影响着世界零售基本要素的变化。未来零售的商品,社交和娱乐的比例会增加到50%~60%,而货物的比例会缩减到40%~50%,货物商品有无形化的趋势,社交商品有免费化趋势,娱乐商品有日常化趋势。未来使用的货币是纸币、银行卡、电子货币并存,但是电子货币很快会占主导地位。未来的零售商将从全渠道零售组织发展成为智能零售组织,进入一个有机人和无机人并存的组织形态,虽然利润仍然是诸多零售公司追逐的目标,但会出现越来越多公司,不是以盈利为最终目标,而是以与利益相关者分享美好事物、传播友善品德,以及以人类幸福为目标。未来的消费者,将关注商品体现的人文精神,重视购买和消费的全过程体验,更加重视自己对商品和服务设计的参与,同时还会延续全渠道、全时间和全空间的购买体验。未来的零售时空,是全时间和全地点地服务,未来零售空间的类型包括:①智能商店,即用智能机器人代替店铺管理和服务的商店,顾客来这里购物就像不花钱一样,拿了东西就可以走,补货、理货、推荐、收款、递货和送客,几乎都由智能机器人完成,给顾客带来的是智能化和便捷化的体验;②体验商店,即线下实体店铺是品牌或网店的体验店,除了让顾客现场购买商品之外,还要让他们体验商品和服务的感受、建立品牌的情感联系,鼓励他们到线上下单购物。未来的零售空间是线上和线下店铺的长期并存,因此也就存在着线下商店体验化和线下体验化商店两种类型。未来的零售旅程,是消费者的心灵旅程与零售商的营销旅程互动的旅程,也是消费者生活方式需求与零售商对其满足的互动过程。这个过程是零售企业管理关键或曰核心内容。

第9章

如何应对零售革命

每一次零售革命,都会催生新的零售业态,旧有零售业态面临着更加激烈的竞争,陷入比较困难的境地,因此如何应对眼下和未来的零售革命或变革,是非常值得探讨的重要问题。我们认为,有三个方面的问题需要关注:一是以什么角色参加零售革命;二是采取什么样的营销战略;三是如何保障营销战略的实施。

9.1 零售革命应对的角色选择[①]

由前述可知,零售革命的本质,是零售企业为了适应环境变化、生存和发展而使零售业态发生由量变到质变的过程,最终目标是实现零售本质,更好地满足顾客需求,进而为利益相关者持续地创造价值。零售革命的应对策略,必须以实现这个本质为基础,这样就会有多种策略可供选择,具体包括(依零售革命参与程度排序)发起者策略、领导者策略、追随者策略、适应者策略和守望者策略等,各自都有着自己的适用条件,选择的依据还是零售本质的实现与否,以及实现的程度(见表9-1)。

表9-1　　　　　零售革命应对策略决策分析

五种应对策略	特征	优点	缺点	适应条件	
				愿景	能力
发起者策略	开创新业态	创造新历史	风险会很大	创新领导者	创新能力
领导者策略	完善新业态	获先发利润	风险会较大	市场领导者	成长能力

[①] 本节内容曾经发表于《清华管理评论》,参见李飞、张语涵:《中国的零售革命》,载于《清华管理评论》2018年第6期。

续表

五种应对策略	特征	优点	缺点	适应条件	
				愿景	能力
追随者策略	模仿新业态	获成长利润	无先发优势	稳健发展者	学习能力
适应者策略	调整旧业态	避免大风险	无创新利润	最为安全者	适应能力
守望者策略	维持旧业态	省变革成本	落伍的风险	令人尊敬者	工匠精神

（1）发起者策略。零售革命的发起者，常常是无意识的，只不过是根据技术环境、消费需求和竞争对手等情况的变化，发现了新的业态变革机会，从而进行业态创新，大多并没有想到这种业态创新会成为一场零售革命。换句话说，业态创新是主动的行为，但是成为零售革命的发起者则是被动的行为。例如，百货商店革命的发起者阿里斯蒂德·布西科，以及超级市场革命的发起者金·卡伦，都是着眼于改善自己的经营，创办自己理想中的店铺，并没有想到成为零售革命的发起者。因此，发起者策略并非是一种零售企业战略选择。

（2）领导者策略。零售革命的领导者并不一定是发起者，领导者的特征是在一定时间内成为行业模仿的样板，引领者这场零售革命的走向，并达到一定的经营规模，故有形店铺一般采取连锁经营方式和多业态发展，线上商店也会不断地延伸自己的商品经营范围。这就要求零售公司领导人，具有远见卓识、创新精神和令人爱戴等领袖气质，企业形成独特的企业文化，遇到挫折与失败后有能力自省，能持续地为行业提供有价值的借鉴经验，并一直处于该次零售革命的潮头位置。沃尔玛就是采取的这种策略，它一直被视为一价商店或折扣商店的领导者，它不是一价商店的首创者，也不是折扣商店的开山鼻祖，但是它不断创新折扣商店营销策略、流程策略和资源整合模式，甚至创新了新的零售业态，取得了令人羡慕的、持续发展的骄人业绩。

（3）追随者策略。零售革命的追随者，一旦发现了可以模仿的新型零售形式和方法，就会进行借鉴和模仿，它们不会获得先发优势，但是也不会遭遇太大的风险，它们常常会看准了再去跟随，而不会盲目的跟随。美国西尔斯公司在19世纪后半期创新了邮购业态，与其同时开始了名为百货商店的第一次零售革命，西尔斯在坚持邮购业务的同时，也开始模仿创新零售者，创办了百货商店业态；在第二次连锁革命过程中，西尔斯模仿沃尔玛的发展模式，将连锁引入百货商店的发展，实现了规模效益；在目前的全渠道革命过程中，也是采取跟随者的策略，使其在百货商店行业的业绩高于平均水平。

（4）适应者策略。零售革命的适应者，不是像追随着那样进行全方位的追随，以及新业态的大规模模仿，而是根据市场环境和自身条件，进行适当的调整和改进。例如，在线上商店革命和全渠道革命的过程中，领导者和追随者的典型特征是花费巨资开办线上商店，并把它作为重要的零售形式进行推广。适应者并非如此，它们或许也开通了线上购物频道，但不会花费很多钱去做这件事情，因此销售额占比很小，不过会比较关注数据化转化为营销决策策略的运用，利用大数据进行科学决策等。如北京朝阳大悦城就是采取的这种追随者策略，也取得了比较好的绩效。

（5）守望者策略。如果不参与某次零售革命，零售企业也能健康生存和发展，就没有参与此次零售革命的必要。同理，如果参与了某次零售革命，仍然不能健康生存和发展，也没有必要参与。例如，日本现存的一些200年老店，虽然经历了10次零售革命的全过程，但是基本没有直接参与任何一次，但用工匠精神一直保持着提供优质的产品和服务，实现了基业长青。路易威登、卡地亚、百达翡丽等都从开店铺起家，超过了160年历史，也经历了9次零售革命的全过程，但也并没有每一次零售革命都直接参加（如百货商店革命、超级市场革命等），多次成为守望者，也取得了基业长青的效果。因此，零售革命不是为革命而革命，也不是为了赶时髦，而是为了通过变革实现理想的目标。那些超过百亿销售额却仍然亏损的零售革命"领头羊"，绝对不应该成为模仿和羡慕的样板，因为它们忽略了零售革命的本质，也忘记了零售企业的初心。

这五种应对策略在本质上，没有好坏之分，适合就是好的，不适合就是坏的，最为重要的标准是看是否能够更好地满足顾客购买和消费需求，实现顾客价值和满意，进而实现企业的经营目标。

9.2 零售革命应对的营销战略

在应对零售革命或变革时，无论选择前述五种之中的哪一种角色，都必须落地到营销战略，因为只有营销战略是直接跟顾客发生接触和联系的。德鲁克在1954年出版的《管理实践》中明确指出："由于企业的目的是造就顾客，任何企业都有着两种职能，也仅有此两种基本职能：营销和创新"[①]。

9.2.1 营销战略框架

尽管营销管理框架有多种多样，但是核心的是营销定位点的选择和实

---

① ［美］彼得·德鲁克：《管理实践》（齐若兰译），上海译文出版社1999年版，第41页。

现，这是顾客选择和购买的理由，为此我们选择营销定位瓶模型进行说明（见图9-1）。这个框架与企业打造竞争优势的框架，在逻辑上是一致的，包括打造竞争优势，依竞争优势构建关键流程，依构建的关键流程匹配或整合重要资源。竞争优势的形成，可以通过由内到外（整合资源—构建流程—形成优势）和由外到内（规划优势—依优势构建流程—依流程整合资源）两条路径构建。竞争优势的现象形态，就是在零售营销组合的产品、服务、价格、店址、店铺环境、传播等六个基本组合要素上，哪一个要素做得比竞争对手好，同时这个要素也必须是目标顾客非常关注的。这个框架也清晰地呈现了营销定位和营销管理之间的关系，实际上，营销管理的核心就是营销定位问题，具体地说，就是营销定位点的选择和实现问题。内容包括营销目标确定、营销研究、目标顾客选择、定位点确定、依定位点进行营销要素组合及流程再造和资源整合。过程包括分析、规划和实施。

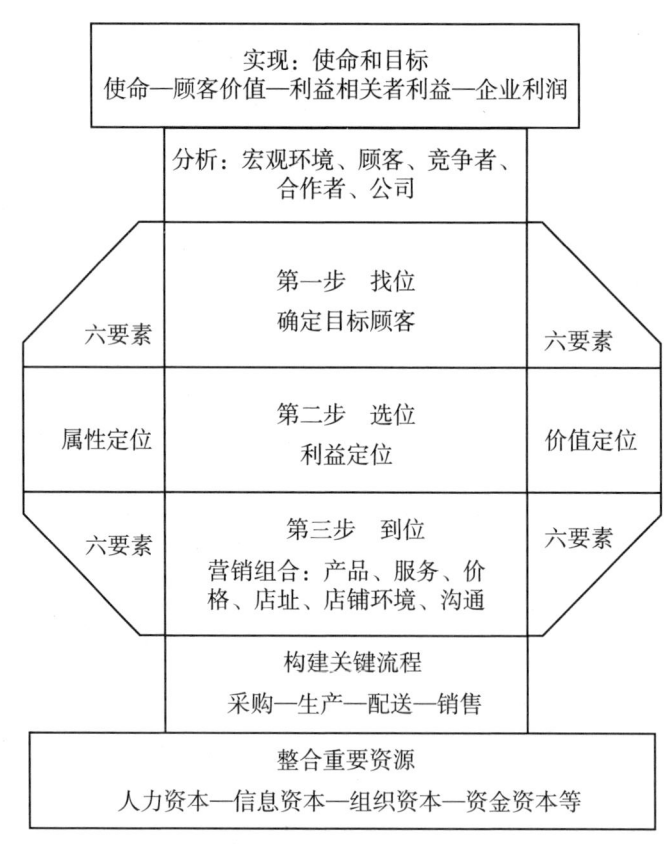

图 9-1 营销定位瓶

资料来源：李飞，《营销定位》，经济科学出版社2013年版，第40页。

可见，营销管理的核心是营销定位管理，营销定位管理的核心就是三个方面：选对你的目标顾客，给目标顾客一个选择的理由，让顾客感受到这个理由存在。之所以要发起零售革命，或者参与零售革命，根本原因在于给予顾客的选择理由消失或弱化了，受到竞争对手的强烈冲击，必须给顾客一个新的购买理由，并让顾客真正感知到，这是过去和未来零售革命应对的核心诉求。

9.2.2 第一步：找对目标顾客

每一次零售革命，无论是源于竞争者的变化，还是源于消费者的变化，都会使零售市场格局进行划分，导致顾客重新选择自己钟爱的店铺和品牌。因此，零售商在应对任何一次零售革命时，必须依据零售革命的特征和竞争态势，审视自己原有的目标顾客是否合适，选择维持、调整或彻底改变的不同战略。

应对零售革命，不仅要求进行原有目标顾客的再审视，而且还要求选对目标顾客，在日益竞争激烈的市场上，盈利变得越来越困难，这一点就显得尤为重要。因为，同样一种商品和服务卖给不同的人，可以卖出不同的价格来，这说明目标顾客本身是可以创造价值的，甚至比生产过程和销售过程创造的价值还要大。例如，一支玫瑰花卖给一位饥肠辘辘的乞丐，是负价值；卖给一位家庭主妇，或许也只能卖2元钱；但是卖给一对新婚夫妇可以卖到200元钱，相差100倍。花还是那枝花，但是顾客不同就大大增加了它的价值。其实，一些零售企业经营绩效不理想或者面临困境，一个重要原因就是没有选对目标顾客。例如，凡客诚品、拼多多等公司早期选择低价诉求的群体为目标顾客，就必须有能力低成本运营并且保证线上提供的产品质量可接受，杜绝仿冒品和假冒品，否则就有昙花一现的危险。可见，零售商精准地进行目标顾客选择，是应对一切零售革命的第一把利器。

找对目标顾客是通过营销定位瓶模型中的"第一步找位，目标顾客选择"实现的。具体方法是在细分市场之后，评估各个细分市场的吸引力和竞争优势，最终选择两方面都强的作为零售商的目标顾客，一个常用的工具是通用评估矩阵（李飞，2013）。例如，在1990年之前，中国百货商店的目标顾客几乎是所有城市居民，当1990年之后超级市场革命在中国爆发后，超市将目标顾客锁定为社区内家庭主妇，大大分流了原有百货商店的顾客。当时赛特、燕莎等新型百货商店将目标顾客聚焦至城市高收入人群，就没有受到超级市场革命的冲击，反观一些社区型百货商店没有及时调整目标顾客，最后关门倒闭了事。又如北京餐饮业竞争非常激烈，即使赚钱的餐厅，也是各领风骚三五年，新进入者的机会很小。但是十几位年轻的医生发现在这个巨大市场中没有一家针对年轻医生群体的餐厅，他们采用众筹的方法，于2017年4月在北京开办了一家名为"柳叶刀"的烧烤店，目标顾客对准一个"极小的小众"——经常加班、需要专业交流的年轻医生。由于目标顾客群体专业和聚焦，受到目标顾客喜爱，将其当成自己的一个生活场所，一年之后它已经被称为"医界必去的5A级景点"。

9.2.3 第二步：给目标顾客一个选择的理由

一场零售革命或变革来临时，诸多零售商会感觉到无从下手，并且变得异常的焦虑，其实没有那么复杂和难熬。因为任何一次零售革命都是万变不离其宗，革命的结果都必然是给了顾客一个新的、强的或多的购买理由了，否则就不会对原有零售商产生任何冲击，也就不能称其为零售革命了。因此，当一场零售革命来临时，零售决策者需要思考，我们店铺给了目标顾客充分的选择和购买的理由了吗？零售革命催生的新型业态是否对我们已有的购买理由产生了冲击，而使其消失或者弱化了？如果没有给顾客一个充分的购买理由，或者原有理由消失或弱化了，就必须给顾客一个新的购买理由。任何一次零售革命，都是更好满足顾客选择和购买理由的过程，零售商抓住这个牛鼻子，就不会陷入被动的境地。

"给目标顾客一个选择的理由"，其重要性不仅在于激励顾客产生购买行为，还有一个重要但被人忽视的原因，就是理由不同，可以卖出不同的价格来，这个决策也是可以创造价值的。仍然以玫瑰花为例，一枝卖给家庭主妇或许只能卖出2元钱，是因为主妇购买的理由是装点居室，而年轻的新婚夫妇愿意花费200元，源于他们购买的理由是表达爱意。同理，人们花几块钱购买某一个品牌的冰激凌，理由是解渴和凉爽，而花近百元购买哈根达斯，理由则是表达爱，其广告语是"爱她，就请她吃哈根达斯"。

给目标顾客一个选择的理由，是通过营销定位瓶模型中的"第二步选位，营销定位点选择"实现的。具体方法是，依据目标顾客关注且具有竞争优势的两个标准，以及考虑定位点选择的数量、范围等因素，选择商店或品牌的价值、利益和属性等三个定位点，这些定位点是目标顾客选择和购买某一产品和服务的理由，有时需要三个定位点同时存在，有时则不需要，决策的唯一标准就是是否已经给了目标顾客选择和购买的理由。营销定位决策适当的工具有品牌定位点选择模型和多维定位感知图（李飞，2013）。例如，沃尔玛零售公司创建于1962年，经历了购物中心革命、步行商业街革命、自动售货机革命、网上商店革命、全渠道商店革命和智能商店革命等，但是它一直健康生存和发展。1962 年推出了价格低廉、专门经营非食品的折扣商店，1983 年推出了仓储商店，1988 年推出购物广场业态，这些业态都给顾客一个充分的选择和购买的理由："天天低价""为顾客节省每一分钱"。2002 年名列世界 500 强第一位。进入 21 世纪之后，"品类杀手"（专门经营某一类商品、采取低价策略）快速发展，使沃尔玛"省钱"的购买理由弱化，随后沃尔玛提出了新的购买理由"省钱、省心、好生活"，除了省钱之外，还让你的生活更美好，省钱是利益定位，好生活是价值定位。由于沃尔玛持续地给顾客选择和购买的理由，尽管经历了六次零售革命，直到 2017 年沃尔玛公司仍然位居《财富》杂志 2018 年公布的世界 500 强之首，营业收入超过 5000 亿美元，而它的竞争对手网上商店巨头、网上商店和智能商店引领者亚马逊，仅为它的 1/3 左右，营业收入达 1700 多亿美元。

9.2.4 第三步：让目标顾客感知到选择的理由

零售商要能从容地应对零售革命，不仅要选对目标顾客，以及给目标顾客一个选择和购买的理由，而且要让目标顾客感知到这个理由是真实存在的。不进行营销定位点的规划肯定是不行的，但是规划得再好，如果没有让目标顾客感知到这个购买理由的存在，还是等于没有规划。在我们进行的一系列零售公司案例研究中发现，无论是成功的公司，还是失败的公司，都声称以顾客为中心，差别在于失败的公司空喊着一些无法落地的口号，如"顾客是上帝"、"顾客是国王"等，而成功的公司坚持"顾客是朋友""顾客是家人"，并将其落实到每个具体与顾客接触点上（胡凯等，2016）。可见，与其高喊着无法落地的漂亮口号，不如将切合实际的理念落实为行动，并让顾客真实感知到。

让目标顾客感知到购买理由的存在，是通过营销定位瓶模型中的"第三步选位，营销组合策略"实现的。在现有的营销组合理论中，主流观点都是一个组合要素一个组合要素地进行说明，而没有将这些要素真正组合或者融合起来。换句话说，在很多情况下，营销组合仅仅是一个概念，并没有将其转化为真正的组合策略，各个要素呈现的利益和价值不是集中的、一致化的内容，自然无法让目标顾客感知到选择和购买的理由存在。例如，一个羊毛衫品牌在传播策略上，花费巨资打广告，灯箱画面都是国外时尚模特，诉求的也是时尚和高贵。但是在分销策略上，顾客可以看到农贸市场中有一家它的专卖店，这就向目标顾客传递了非时尚和非高贵化的形象，顾客就无法感知到"时尚和高贵"这一选择和购买的理由存在。这种营销组合要素错位组合的现象比比皆是。又如，一个标榜绿色环保的汽车品牌，花费巨资进行"复读机"式的广告轰炸；一个倡导大健康的公司，聘用没有资格证的人员冒充医生给病人看病，等等。这其中有些公司就是"坏公司"，但有些公司是不知道如何进行营销要素组合。

让目标顾客感知到购买理由的存在，根本方法就是"依营销定位点（也就是顾客选择和购买的理由）进行营销组合"，如果是定位点所在的组合要素，必须做到优于竞争对手；不是定位点所在的组合要素，做到不低于行业平均水平，或者是目标可接受的水平。具体工具为营销组合规划流程图，包括三个阶段：首先确定零售营销组合六个基本要素（产品、服务、价格、店址、店铺环境和传播）的利益、属性和价值特征；接着识别谁是定位点，谁是为定位点服务的非定位点；最后将定位点规划为优于竞争对手，将非定位点规划为达到行业平均水平或顾客可以接受的水平，同时考虑为定位点的实现做出自己的贡献，明确各个要素如何发挥和自己位置相匹配的作用（李飞，2013）。例如，沃尔玛的利益定位点是"省钱"，属性定位点是"天天低价"，因此定位点在价格这个组合要素上，就要把这个要素做到优于竞争对手（比竞争对手价格更低），其他组合要素，如产品、服务、店址、店铺环境、传播仅达到行业平均水平或者顾客可接受水平，同时必须为低价这个定位点做出贡献（如产品、服务、店址、店铺环境和传播远远不及百货商店讲究，尽量减少成本）。反之如是一家奢侈品牌商店，规划的定位点是奢华，就必须将产品奢华这一点做成优于竞争对手，而产品、服务、店址、店铺环境、传播五个要素仅达到行业平均水平或者顾客可接受水平即可，同时这个要素都必须一致性地体现奢华这个定位点。如此，目标顾客才能感受购买理由的真实存在。

9.3 零售革命的营销战略实施

要让他们感知到购买理由是真实存在的，必须实施好已经确定的营销战略，具体地说，还要再解决三个问题：围绕着营销战略构建关键流程，依据关键流程整合公司重要资源，同时保证营销投入大大少于营销收入。

9.3.1 构建关键流程

基于核心竞争力流程学派的观点，流程是零售企业的核心竞争力，进而主张零售公司一遇到问题，就必须进行流程再造，相关咨询公司也获得不少咨询项目。我们不同意上述观点，零售公司是否进行关键流程再造，缘于是否存在关键流程，如存在，它是否与突出营销点的营销组合策略相匹配，如果都是否定的回答，必须进行流程再造，否则不必进行再造。我们不鼓励笼统地说"为了提高运营效率而进行流程再造"的主张。

零售公司关键流程的构建位于营销定位瓶模型的流程层面。零售公司主要包括三大基本流程：采购流程、配送（公司内部）流程和销售流程。这三大流程的构建，必须依据突出营销定位点的营销组合策略来进行，换句话说，归根结底，关键流程构建，还是为让顾客感知到购买理由存在而服务的。关键流程构建方法包括：流程分散构建和流程综合构建两种思路。

（1）流程分散构建法。它是指依据突出定位点的营销要素组合，分别构建采购流程、配送流程和销售流程，这是呈现目标顾客选择和购买理由的基础和保障。我们曾经以沃尔玛为例，探讨了依定位构建关键流程的方法，简化后引述于此。①

第一，商品采购流程。沃尔玛商品采购流程的特征是：在保证商品质量的前提下，尽量降低商品进价。在采购流程的每一个环节，都为价格低廉这一主要定位点和产品质量稳定这一次定位点做出了贡献（见图9-2）。

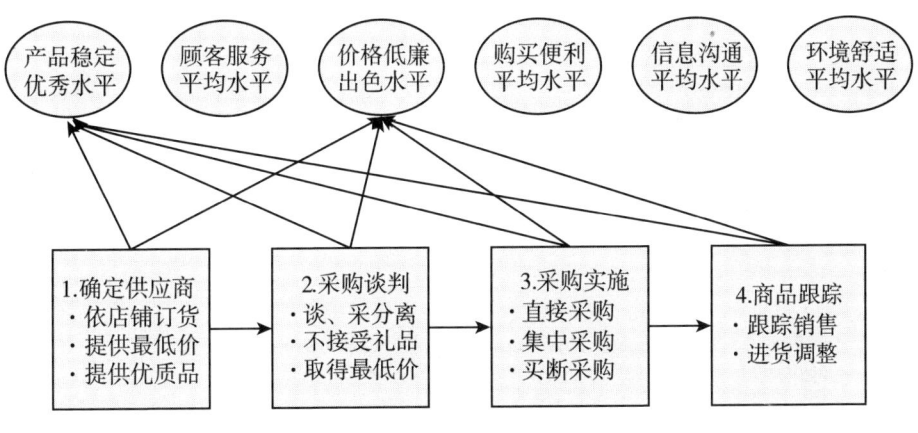

图9-2 沃尔玛的采购流程

第二，商品配送流程。沃尔玛商品配送流程的特征是：在保证商品及时送达的前提下，尽量降低物流成本。在商品配送流程的每一个环节，同采购流程一样，都为价格低廉这一主要定位点和产品质量稳定这一次定位点做出了贡献（见图9-3）。

---

① 李飞、汪旭晖：《零售企业竞争优势机理的研究》，载于《中国软科学》2006年第6期。

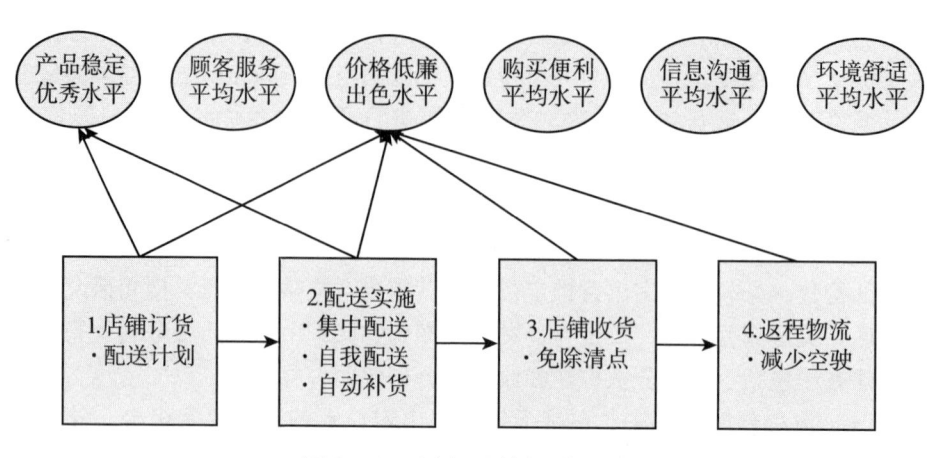

```
产品稳定      顾客服务      价格低廉      购买便利      信息沟通      环境舒适
优秀水平      平均水平      出色水平      平均水平      平均水平      平均水平
```

```
┌──────────┐   ┌──────────┐   ┌──────────┐   ┌──────────┐
│1.店铺订货│   │2.配送实施│   │3.店铺收货│   │4.返程物流│
│·配送计划 │──▶│·集中配送 │──▶│·免除清点 │──▶│·减少空驶 │
│          │   │·自我配送 │   │          │   │          │
│          │   │·自动补货 │   │          │   │          │
└──────────┘   └──────────┘   └──────────┘   └──────────┘
```

图9－3　沃尔玛的配送流程

第三，商品销售流程。沃尔玛商品销售流程的特征是：在保证低价销售的前提下，实现产品稳定的优秀水平，维持便利、店铺环境和服务达到行业平均水平。如果说采购、配送环节主要是为主要定位点和次定位点做出贡献，那么销售流程在保持定位点实现的基础上，主要是为非定位点达到行业平均水平做出贡献（见图9－4）。

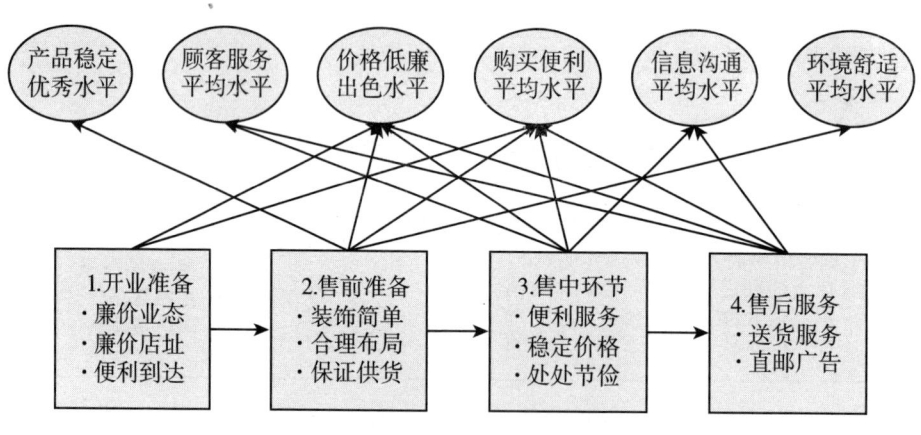

```
产品稳定   顾客服务   价格低廉   购买便利   信息沟通   环境舒适
优秀水平   平均水平   出色水平   平均水平   平均水平   平均水平
```

```
┌──────────┐   ┌──────────┐   ┌──────────┐   ┌──────────┐
│1.开业准备│   │2.售前准备│   │3.售中环节│   │4.售后服务│
│·廉价业态 │──▶│·装饰简单 │──▶│·便利服务 │──▶│·送货服务 │
│·廉价店址 │   │·合理布局 │   │·稳定价格 │   │·直邮广告 │
│·便利到达 │   │·保证供货 │   │·处处节俭 │   │          │
└──────────┘   └──────────┘   └──────────┘   └──────────┘
```

图9－4　沃尔玛的销售流程

（2）流程综合构建法。它是指依据突出定位点营销要素组合，按着零售商与顾客的接触点，综合考虑消费者的心灵旅程和零售商的营销旅程，以及相应的关键流程匹配。实际上，就是在第8章我们建立的未来零售旅程图的基础中，在下半部分零售商旅程中加入采购、配送和销售等流程的内容（见图9－5），并将其中突出定位点的流程构建为关键流程。

消费者旅程：从物质到精神再到心灵的体验旅程

（三）购后（生活、工作场景）

（二）购中（生活、工作、逛店场景）

（一）购前（生活、工作、逛店场景）

1. 产生动机：需要动机、购买动机
2. 搜寻信息：在途搜寻、在店搜寻
3. 行为决策：场所选择、品牌选择、设计选择
4. 购买过程：下单、付款、收货、离店
5. 使用评价：使用、评价

1. 引发动机（整体营销）：引起需要、激发意愿
2. 提供信息（传播、店铺）：在途信息、在店信息
3. 行为决策（产品、价格、服务、店铺）：店址选择、展示说服、参与方式
4. 销售过程（服务、店铺）：接单、收款、递货、送客
5. 引发动机（服务、传播）：售后服务、反馈改进

（一）售前（产品、服务、价格、店址、环境和传播）

（二）售中（产品、服务、价格、店址、环境和传播）

（三）售后（服务和传播）

（一）采购流程　　（二）配送流程　　（三）销售流程

零售商旅程：从物质到精神再到心灵的营销旅程

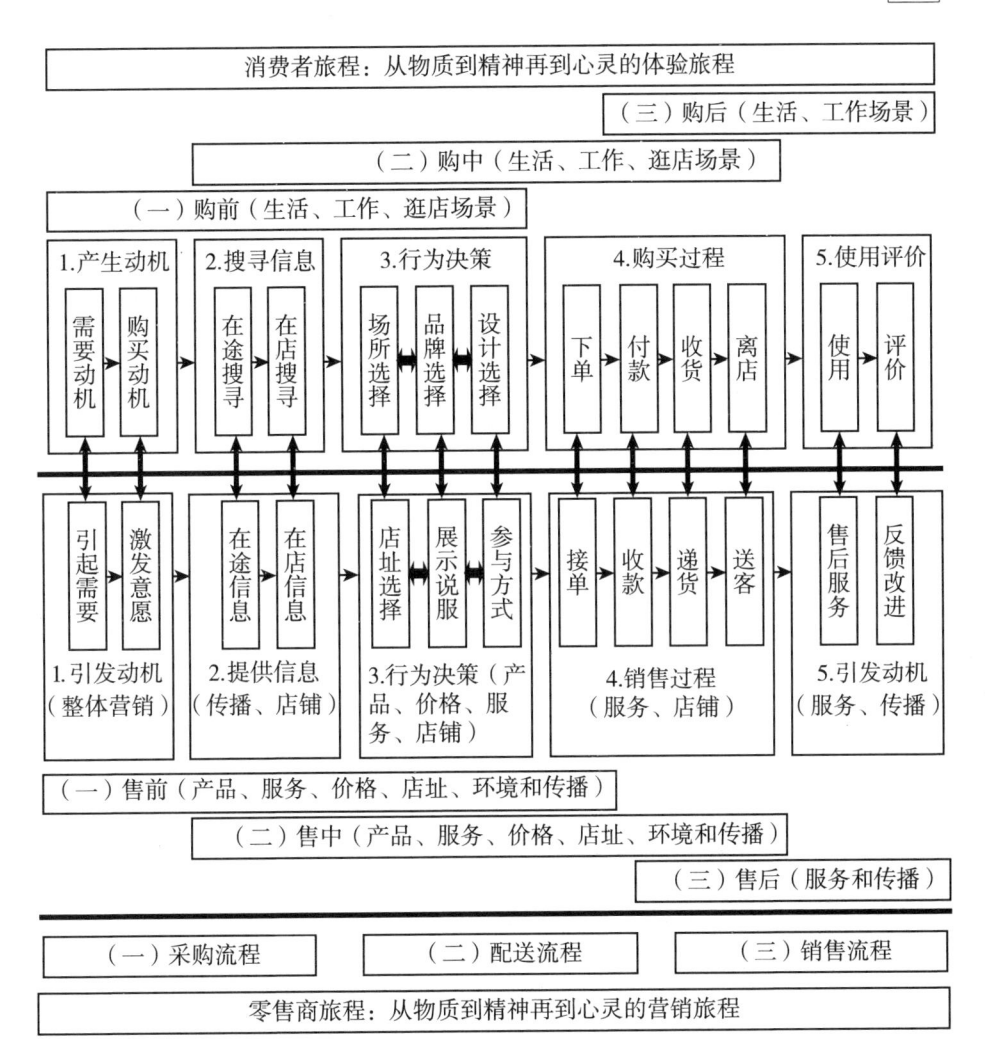

图 9-5　加入流程的零售旅程

9.3.2　整合重要资源

基于核心竞争力资源学派的观点，资源是零售企业的核心竞争力，进而主张零售公司一遇到问题，就必须进行资源重组和组织变革，相关咨询公司也获得不少咨询项目。我们不同意这种观点，要不要进行资源重组和组织变革，取决于现有资源整合和组织是否支撑了关键流程的构建，如是，则不必进行资源重组和组织变革，相反则必须进行资源重组和组织变革。

无论是平衡计分卡理论，还是现代的服务蓝图理论，还是营销定位瓶理

论，都将资源整合作为构建关键流程的基础和保障。因此，应该根据关键流程整合重要资源，缘于关键流程是支撑突出定位点的营销要素组合，而企业资源是有限的，不可能将每一个流程都打造为关键流程。例如，沃尔玛为了实现低价定位点，构建了低成本采购的关键流程，为了支撑这一关键流程，企业资源就更多地向采购流程倾斜，包括信息系统、物流系统和组织系统等都是如此。

由前述可知，一个完整的零售旅程，需要补充资源整合的内容，即在图9-5的基础上，增加零售公司重要资源整合，从而形成了一个完成的零售旅程图（见图9-6）。

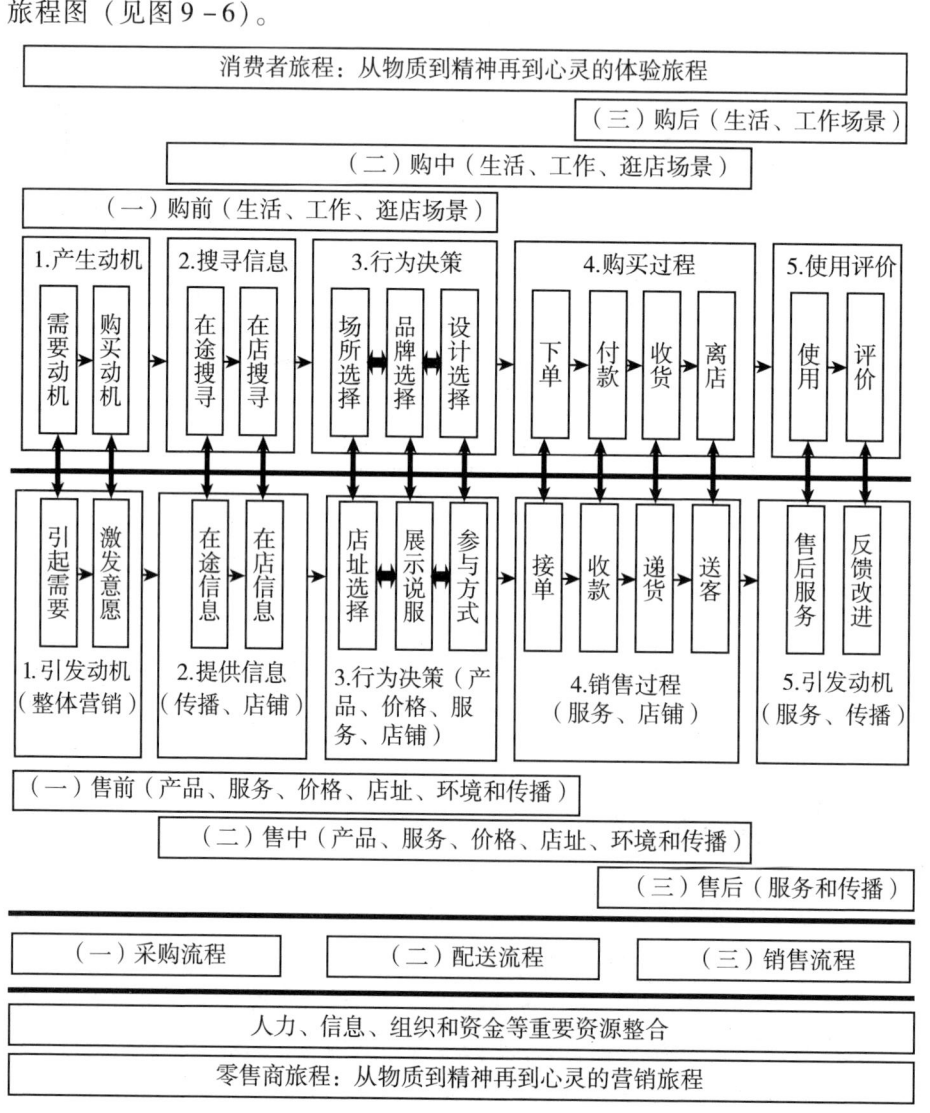

图 9-6 完整的零售旅程

9.3.3 收入大于成本

应对零售革命的目的，不是为了作秀，而是为了生存和发展，生存和发展的基础是持续赢利的能力，因此，应对零售革命策略实施的结果必须是收入大于成本。

在每一次零售革命当中，都有很多零售商由"先驱"变成了"先烈"，初期快速发展成为业内楷模，没过几年，资金链断裂，面临困境或者破产倒闭。但是这些公司的职业经理人因此出名，接下来很容易获得职业经理人市场的青睐，找到薪水更高的岗位。这是一种不正常的现象，进一步鼓励职业经理人盲目扩大规模而不管是否盈利。

自从网上商店革命开始以来，"规模"和"经济"这两个词就不总是同时出现了，它们像连体婴儿被做了分离手术一样，各不相关了。但是，一些零售企业决策者还是信奉免费、低价等片面追求流量的商业模式，其结果是即使有几十亿、上百亿、甚至过千亿元的销售额，企业仍处于亏损的状态。其实只要免费和超低价格，就有可能实现顾客价值和顾客满意，给顾客一个选择的充分理由，就可以迅速扩大规模，但是如果没有建立相应的低成本和"羊毛出在猪身上"的运营系统，就意味着赔更多的钱。低成本运营系统并不是容易建立的，"羊毛出现猪身上"也不容易找到长羊毛的猪，即使找到了，也不一定让你拔。

因此，实施的零售革命应对策略，目标不是扩大企业经营规模，实现什么规模经济，而是在实现顾客价值的同时，使公司的收入大于成本（见图9-7）。

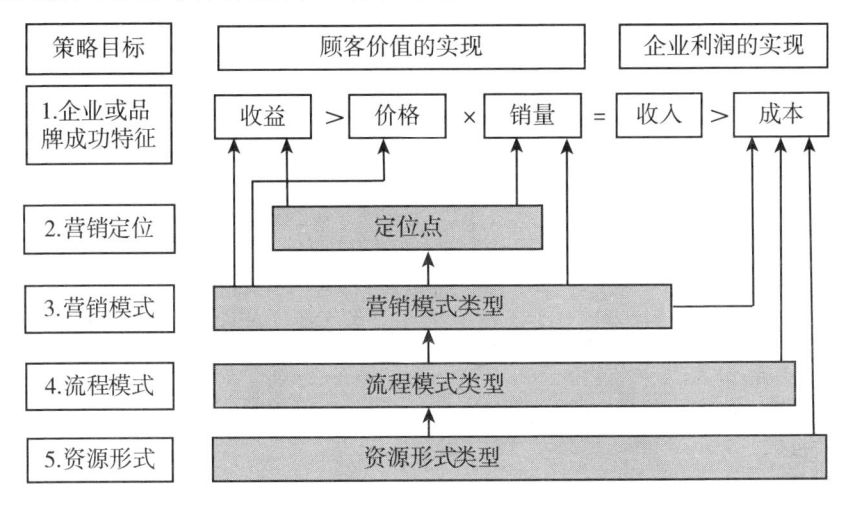

图9-7 零售革命应对策略的双重目标

9.4 小　结

应对零售革命，具有众说纷纭的多种策略，其实，万变不离其宗，只有三个基本策略：角色战略、营销战略和实施战略。一是角色战略。零售商在面临着零售革命来临时，需要根据自己的愿景和能力，在发起者、领导者、追随者、适应者和守望者等五种角色之中，选择一个自己适合的角色。二是营销战略。零售商面临着零售革命的威胁，本质是给顾客选择的理由弱化或消失了，应对的有效办法是给目标顾客一个新的购买理由。这是通过营销战略实现的，内容包括营销目标确定、营销研究、目标顾客选择、定位点确定、依定位点进行营销要素组合及流程再造和资源整合，想达到这样的结果要选对目标顾客，给目标顾客一个选择的理由，让顾客感受到这个理由存在。三是实施战略。实施好已经确定的营销战略，还要再解决三个问题：围绕着营销战略构建关键流程，依据关键流程整合公司重要资源，同时保证营销收入大大多于营销投入。

参考文献

[1][美]B.约瑟夫·派恩、詹姆斯·H.吉尔摩:《体验经济》(夏亚浪、鲁炜等译),机械工业出版社2002年版。

[2][美]E.M.罗杰斯:《创新的扩散》(第五版)(唐兴通、郑常青、张延臣等译),电子工业出版社2016年版。

[3][加]帕克特:《天生购物狂:西方购物简史》(夏金彪译),企业管理出版社2010年版。

[4][瑞典]阿莱德哈娜·科瑞斯纳:《感官营销》(朱国玮译),东方出版社2011年版。

[5]安成谋:《信息网&第三次零售商业革命》,载于《开放时代》2000年第8期。

[6][美]巴里、乔尔:《零售管理(第9版)》(吕一林、韩笑等译),中国人民大学出版社2007年版。

[7][美]巴里、乔尔:《零售管理》(第11版)(吕一林、朱卓昭等译),中国人民大学出版社2011年版。

[8][英]巴里·J.戴维斯、菲利帕·沃德:《零售消费者管理》(温丹辉、吕继英译),中国人民大学出版社2006年版。

[9][德]宝莱恩、[挪威]乐维亚、[英]里森:《服务设计与创新实践》(王国胜等译),清华大学出版社2015年版。

[10]茶山:《关于服务设计接触点的研究——以韩国公共服务设计中的接触点的应用为中心》,载于《工业设计》2015年第3期。

[11]陈玲、许卫、沈向阳:《赶集》,载于《常州日报》,2011年5月24日。

[12]戴维·埃德尔曼、马克·辛格:《设计客户旅程》,载于《哈佛商业评论》2015年第11期。

[13][美]丹尼尔·布尔斯廷:《美国人民主历程》(中国对外翻译出版公司译),生活·读书·新知三联书店1993年版。

[14]丁绍莲:《欧美商业步行街发展演变轨迹及启示》,载于《城市问题》2007年第3期。

[15]丁馨伯:《市场学原理》,世界书局1947年版。

［16］［美］菲利普·科特勒、［印度尼西亚］伊万·塞蒂亚万：《营销革命3.0 从产品到顾客，再到人文精神》（毕崇毅译），机械工业出版社2011年版。

［17］［美］弗里德曼、弗瑞：《创建销售渠道优势》（何剑云、沈正宁等译），中国标准出版社2000年版。

［18］傅龙成等：《2018年中国商业十大热点展望》，载于《全国流通经济》2018年第3期。

［19］果洪迟：《零售经营学》，中国财政经济出版社1987年版。

［20］［德］海涅曼、［德］塞弗特、［中］刘杰，《新在线零售创新与转型》（黄钟文、张凌萱等译），清华大学出版社2013年版。

［21］［德］亨德里克·迈耶·奥勒：《日本零售业的创新和动态 从技术到业态，再到系统》（盛亚、李靖华、胡永铨等译），知识产权出版社2010年版。

［22］洪涛：《无人超市是智能商店革命的创新》，载于《上海商业》（理论版）2017年第11期。

［23］胡凯、胡赛全、李飞：《顾客是上帝吗？——零售企业"视顾客为谁"的形成机理的多案例研究》，载于《北京工商大学学报》（社会科学版）2016年第3期。

［24］黄国雄、王强：《现代零售学》，中国人民大学出版社2008年版。

［25］［美］霍夫曼、贝特森：《服务营销精要 概念、战略和案例》（范秀成译），北京大学出版社2008年版。

［26］江尻弘：《直接行销技术》，前程企业管理公司1986年版。

［27］蒋兆龙：《零售业的革命——日本连锁折扣商店》，载于《国际市场》1994年第2期。

［28］瑾琇：《社会企业案例研究》，首都经济贸易大学出版社2016年版。

［29］克莱顿、理查德：《零售业的分化模式》，载于《国外社会科学文摘》2000年第8期。

［30］［美］克里斯托弗·洛夫洛克、约亨·沃茨、帕特里夏·周：《服务营销精要》（李中等译），中国人民大学出版社2011年版。

［31］李飞：《比较商业概论》，中国商业出版社1992年版。

［32］李飞：《定位地图》，经济科学出版社2008年版。

［33］李飞：《分销渠道设计与管理》，清华大学出版社2003年版。

［34］李飞：《分销王——无店铺售卖策划与设计》，北京经济学院出版社1995年版。

［35］李飞：《开启践行消费者主权的时代》，载于《富基商业评论》2015年第1期。

[36] 李飞：《零售革命》，经济管理出版社 2003 年版。

[37] 李飞：《零售王——现代商场策划与设计》，北京经济学院出版社 1995 年版。

[38] 李飞：《全渠道零售的含义、成因及对策——再论迎接中国多渠道零售革命风暴》，载于《北京工商大学学报》（社会科学版）2013 年第 2 期。

[39] 李飞：《全渠道营销理论——三论迎接中国多渠道零售革命风暴》，载于《北京工商大学学报》（社会科学版）2014 年第 3 期。

[40] 李飞：《迎接中国多渠道零售革命风暴》，载于《北京工商大学学报》（社会科学版）2012 年第 3 期。

[41] 李飞：《营销定位》，经济科学出版社 2013 年版。

[42] 李飞：《影响世界流通领域的六次商业零售革命——第一次百货商店兴起》，载于《中国市场》1997 年第 1 期。

[43] 李飞：《中国零售革命的特征》，载于《财贸经济》2000 年第 7 期。

[44] 李飞：《中国营销学史》，经济科学出版社 2013 年版。

[45] 李飞：《追溯文明：影响人类进程的六次零售革命》，载于《科技智囊》1996 年第 9 期。

[46] 李飞：《钻石图定位法》，经济科学出版社 2006 年版。

[47] 李飞、贺曦鸣：《零售业态演化理论研究回顾与展望》，载于《技术经济》2015 年第 11 期。

[48] 李飞、王高：《中国零售类型研究：划分标准和定义》，载于《北京工商大学学报》（社会科学版）2006 年第 4 期。

[49] 李飞等著：《中国百货商店演化轨迹研究》，经济科学出版社 2016 年版。

[50] 李俊阳：《改革开放以来我国的零售革命和零售业创新》，载于《中国流通经济》2018 年第 7 期。

[51] 李开复、王咏刚：《人工智能》，文化发展出版社 2017 年版。

[52] 李雄飞、赵亚翔、王悦、解琪美：《国外城市中心商业区与步行街》，天津大学出版社 1990 年版。

[53] 李玉瑛：《Shopping 文化——逛街与百货公司》，www.docin.com/p-260380782.html。

[54] [美] 里森、乐维亚、弗吕：《商业服务设计新生代 优化客户体验实用指南》（黄钰苹译），中信出版社 2017 年版。

[55] [美] 理查德·W. 奥利弗：《未来经济状态——在商务新世界中制胜的七大法则》（丁为民等译），机械工业出版社 1999 年版。

[56] 连玲玲：《从零售革命到消费革命：以近代上海百货公司为中心》，载于《历史研究》2008 年第 5 期。

[57] 连玲玲：《打造消费天堂 百货公司与近代上海城市文化》，社会科学文献出版社 2018 年版。

[58] 林光祖：《国外商业》，中国财政经济出版社 1989 年版。

[59] 刘念雄：《购物中心开发设计与管理》，中国建筑工业出版社 2001 年版。

[60] 刘强东：《零售的未来：第四次零售革命》，载于《中国企业家》2017 年第 7 期。

[61] 刘庆林、韩经纶：《流通革命理论及其在日本流通业的验证》，载于《外国经济与管理》2004 年第 1 期。

[62]［美］刘易斯、达特：《零售业的新规则 战斗在全球最艰难的市场上》（高玉芳、武绍忠、吴长青等译），中信出版社 2012 年版。

[63] 刘毓庆：《中国历史上的三次商业革命浪潮及其启示》，载于《山西大学学报》（哲学社会科学版）2017 年第 3 期。

[64] 陆小华：《轮番推进的六次零售革命》，载于《中国经营报》，2013 年 4 月 1 日。

[65]［美］罗伯特·斯佩克特：《品类杀手 零售革命及其消费文化的影响》（吕一林、高鸿雁等译），商务印书馆 1995 年版。

[66] 罗桔芬：《当代世界购物中心研究》，载于《上海经济》1995 年第 3 期。

[67] 马建珍：《上海发展自动售货机业态正当其时》，载于《上海商业》2002 年第 6 期。

[68]［英］迈克尔·J. 贝克：《市场营销百科》（李垣、刘益等译），辽宁教育出版社 1998 年版。

[69]［美］迈克尔、巴顿：《零售管理》（第 6 版）（俞利军译），人民邮电出版社 2016 年版。

[70]［英］麦戈德瑞克：《零售管理》（第 2 版）（裴亮等译），机械工业出版社 2004 年版。

[71]［美］纳生·阿森：《在废墟上重新起步》（秦天译），吉林人民出版社 2000 年版。

[72] 尼古拉斯·梅克勒、凯文·内尔：《从"接触点"到"客户旅程"——如何从顾客的角度看世界》，载于《上海质量》2016 年第 12 期。

[73] 彭娟：《中国零售业分类研究》，载于《商业研究》2014 年第 7 期。

［74］千家驹、郭彦岗：《中国货币演变史》，上海人民出版社2014年版。

［75］权国华：《自动售货机王国——日本》，载于《日语知识》2000年第7期。

［76］芮明杰、李想：《零售业态的差异化和演进：产业组织的视角》，载于《产业经济研究》2007年第2期。

［77］［美］莎朗·左京：《购买点：购物如何改变美国文化》（梁文敏译），上海书店出版社2011年版。

［78］珊娜·杜巴瑞：《全渠道购物者崛起》，中华合作时报，2012年8月24日。

［79］沈乐：《世界市场形式的发展与未来》，中国大百科全书出版社1995年版。

［80］沈云岗：《美国的第四次零售革命和直接市场学》，载于《商业研究》1989年第1期。

［81］抒鸣、锐铧：《世界万物由来》，哈尔滨出版社1990年版。

［82］［美］斯科特·戴维斯、麦克尔·邓恩：《品牌驱动力》（李哲、刘莹等译），中国财政经济出版社2007年版。

［83］宋方涛：《全球商业革命下的瀑布效益与虹吸效应》，载于《国际经贸探索》2009年第11期。

［84］孙明贵：《业态管理学原理》，北京大学出版社2004年版。

［85］［美］汤姆·彼得斯：《振兴于混乱之上》（周瑶明译），上海人民出版社1990年版。

［86］唐文基：《16至18世纪中国商业革命和资本主义萌芽》，载于《中国史研究》2005年第3期。

［87］田伟：《自动售货机 我国的待垦地》，载于《商业科技》1991年第6期。

［88］［美］瓦拉瑞尔·A. 泽丝曼尔、玛丽·乔·比特纳：《服务营销》（第3版）（张金成、白长虹等译），机械工业出版社2004年版。

［89］王成荣等：《第四次零售革命 流通的变革与重购》，中国经济出版社2014年版。

［90］王文洁：《零售革命历程及其创新要素分析》，载于《江苏商论》2004年第11期。

［91］吴爱伦：《渡口市炳草岗步行商业街——攀枝花路的规划设计简介》，载于《城市规划》1980年第5期。

［92］吴东初：《零售学》，商务印书馆1930年版。

[93] 吴小丁：《商品流通论》，科学出版社 2005 年版。

[94] 吴智伟：《发达资本主义国家零售商业的发展》，载于《外国经济参考资料》1979 年第 10 期。

[95] 夏思泉：《古今商事趣谈》，中国财政经济出版社 1988 年版。

[96] 夏寅：《重新定义客户旅程》，https：//mp. weixin. qq. com/s?src = 11&timestamp = 1532397358&ver = 1017&signature = BAunC1sbaI6DxKFWVRqgtvasTxanAuUV8HRPZIJ * fbee7S6Xx9wtylGFFwFojcUA9aihw5xFpQDA8kbjdVWFx99t4oIq1tUk * zr * 6JT11K0dLVVnEwf * ZYjmBGq8gsBh&new = 1，2018 年 3 月 26 日。

[97] 肖怡：《中国零售业态的演进、变革与发展》，载于《广东商学院学报》2001 年第 4 期。

[98] 颜艳春：《第三次零售革命 拥抱消费者主权》，机械工业出版社 2014 年版。

[99] 杨晓忠：《三次革命 西方零售商业的历史演进》，载于《商业研究》1995 年第 10 期。

[100] 杨旭然、张近东：《苏宁掀起第三次零售革命》，载于《英才》2017 年第 6 期。

[101] 叶翀：《零售业态发展的理论体系研究》，载于《福州大学学报：哲学社会科学版》2012 年第 5 期。

[102] 益普索：《消费者心中的线上线下》，载于《中欧商业评论》2013 年第 7 期。

[103] 袁家方：《京味儿 商文化空间研究》，文津出版社 2015 年版。

[104] ［荷］英伦纳：《零售革命3.0 零售商该何去何从》（屈云波、树军等译），企业管理出版社 2014 年版。

[105] 张进：《如何塑造幸福企业—赢得员工归属、绩效提升与企业持续发展》，载于《清华管理评论》2016 年第 1 期。

[106] 张绍文：《世界商业之最》，载于《商业研究》1980 年第 4 期。

[107] 张新国、张光忠：《西方商业》，中国商业出版社 1997 年版。

[108] 章睿：《无人便利店：新技术发动的零售业革命》，载于《上海企业》2018 年第 2 期。

[109] 中美联合编审委员会：《简明不列颠百科全书》（第 9 卷），中国大百科全书出版社 1980 年版。

[110] ［日］中田信哉等：《基本流通论》（胡慧文译），大地出版社 2008 年版。

[111] 周筱莲、庄贵军：《零售学》，北京大学出版社 2009 年版。

[112] 周勇:《零售革命知多少》,载于《上海商学院学报》2017年第4期。

[113] 周勇、池丽华:《新零售下的"第五次零售革命":前世+今生篇》,https://baijiahao.baidu.com/s?id=1571417889579740&wfr=spider&for=pc"。

[114] 朱小良等:《电子商务与新零售研究》,中国人民大学出版社2017年版。

[115] Agergaard, E., Olsen, P. A. and Allpass, J., "The Interaction between Retailing and the Urban Centre Structure: A Theory of Spiral Movement", *Environment and Planning*, 1970 (2): 55-71.

[116] Alderson, W., *Marketing Behaviour and Executive Action*, Homewood, Illinois, Richard D. Irwin, 1957.

[117] Armand Dayan, *La distribution*, Paris, Hachette Littérature, 1973: 114-116.

[118] A. Newell, H. Simon1, General Problem Solving: A Program that Simulates Human Thought, Computer and Thought, Feigenbaum and Feldman McGraw-Hill, New York, 1963.

[119] Bartels, R., Criteria for Theory in Retailing, in Stampfl, R. W., and Hirschman, E. C., (Eds.), Theory in Retailing: Traditional and Non-Traditional Sources. Chicago: American Marketing Association, 1981: 1-8.

[120] Bartels, Robert, "Retailing revolution", *Business History Review*, 1968, 42 (1): 107-108.

[121] Beem, E. R. and Oxenfeldt, A. R., "A Diversity Theory for Market Processes in Food Retailing", *Journal of Farm Economics*, 1966 (48): 69-95.

[122] Brand, E. A., *Modern Supermarket Operation*//Gist, R. R., (ed.). Managerial Perspectives in Retailing. New York: John Wiley&Sons, 1967: 19-21.

[123] Brown, S., "Innovation and Evolution in UK Retailing: The Retail Warehouse", *European Journal of Marketing*, 1990, 24 (9): 39-54.

[124] Brown, S., "Institutional Change in Retailing: A Review and Synthesis", *European Journal of Marketing*, 1987, 21 (6): 5-36.

[125] Brown, S., "The Wheel of Retailing", *International Journal of Retailing*, 1988, 3 (1): 16-37.

[126] Chirouze Y. *La Distribution*, Chotard et Associes, Editeurs, 1990: 78-79.

[127] Christensen, Clayton M., and R. S. Tedlow, "Patterns of disruption in

retailing", *Harvard Business Review*, 2000, 78 (1): 42 – 45.

[128] Cox, R. Discussions//Smith A B, (ed.). Competitive Distribution in a Free, High Level Economy and its Implications for the University [D]. Pittsburg: University Pittsburg, 1958: 48 – 60.

[129] Darrell Rigby, "The Future of Shopping", *Harvard Business Review*, Dec, 2011: 64 – 75.

[130] David C. Edelman, "Branding in the digital age", *Harvard Business Review*, 2010, 88 (12): 62 – 69.

[131] Davidson, W. R., Baes, A. D. and Bass, S. J., "The Retail Life Cycle", *Harvard Business Review*, 1976 (54): 89 – 96.

[132] Davidson, R. W., "Changes in Distributive Institutions", *Journal of Marketing*, 1970 (34): 7 – 10.

[133] Davis, Dorothy. *A Historx of Shopping*. London, Routledge and Kegan Paul, 1966: 276.

[134] Dayan A. *La Distribution*, Paris: Hachette Littérature, 1973: 114 – 115.

[135] Deiderick, T. E., and Dodge, H. R., *The Wheel of Retailing Rotates and Moves//* Summey J., (ed.). Marketing: Theories and Concepts for an Era of Change. Carbondale: Proceedings Southern Marketing Association, 1983: 149 – 152.

[136] Dreesman, A. C. R., "Patterns of Evolution in Retailing", *Journal of Retailing*, 1968 (Spring): 64 – 81.

[137] Editorial office, "Revolution in retailing", *Nature*, 1963, 197 (9): 521 – 523.

[138] Evans K. R., John W. B., and John S., "A General Systems Approach to Retail Evolution: A Existing Institutional Perspective", *The International Review of Retail Distribution and Consumer Research*, 1993, 3 (1): 79 – 100.

[139] Fernando Collantes, "Food chains and the retailing revolution: supermarkets, dairy processors and consumers in Spain (1960 to the present)", *Business History*, 2016, 58 (7): 1055 – 1076.

[140] Fink, S. L., "Beak J. and Taddeo K., Organisational Crisis and Change", *Applied Behavioural Science*, 1971, 7 (1): 15 – 37.

[141] Gist, R. R., *Retailing: Concepts and Decisions*, New York: John Wiley & Sons, 1968.

[142] Globerman S., "Self – Service Gasoline Stations: A Case Study of Com-

petitive Innovation", *Journal of Retailing*, 1978, 54 (1): 75 – 86, 96.

[143] G. Lynn Shostack, "Designing Service that Deliver", *Harvard Business Review*, 1984, 62 (1): 133 – 139.

[144] G. Lynn Shostack, "How to Design a Service", *European Journal of Marketing*, 1982, 16 (1): 49 – 63.

[145] Hall, M., Knapp, J. and Winsten, C., *Distribution in Great Britain and North America: A Study in Structure and Productivity*, London: Oxford University Press, 1961.

[146] Hollander, S. C., "Notes on the Retail Accordion Theory", *Journal of Retailing*, 1966, 42 (Summer): 29 – 40.

[147] Hollander, S. C., "The Wheel of Retailing", *Journal of Marketing*, 1966 (24): 29 – 40.

[148] Hower, R. M., *History of Macy's of New York*, 1858 – 1919, Cambridge: Harvard University Press, 1943.

[149] Ingene, C. A., "Intertype Competition: Restaurants Versus Grocery Store", *Journal of Retailing*, 1983, 59 (3): 49 – 75.

[150] J. Gutman. A., "Means – End Chain Model Based on Consumer Categorization Processes", *Journal of Marketing*, 1982 (46): 60 – 72.

[151] Kaynak, E. A., "Refined Approach to the Wheel of Retailing", European Journal of Marketing, 1979, 13 (7): 237 – 245.

[152] Kim, S. H., The Model for the Evolution of Retail Institution Types in South Korea, Blacksburg: Virginia Tech, 2003: 23.

[153] Kirby, D. A., *The North American Convenience Store: Implications for Britain*//Jones P, and Oliphant R, (ed.). Local Shops: Problems and Prospects, Reading. Unit for Retail Planning Information, 1976: 95 – 100.

[154] Kooijman D, "A Third revolution in retail: the dutch approach to leisure and urban entertainment", *Journal of Leisure Property*, 2002, 2 (3): 214 – 229.

[155] Maronick, T. J., and Walker, B. J. The Dialectic Evolution of Retailing//Greenburg, B., (ed.). Southern Marketing Association. Atlanta: Georgia State University.

[156] Maronick, T. J., and Walker, B. J. *The Dialectic Evolution of Retailing*//Proceedings: Southern Marketing Association, ed. Burnett Greengurg, 1974: 147.

[157] Martenson, R., *Innovations in Multinational Retailing: IKEA on the*

Swedish, Swiss, German and Austrian Furniture Markets, Gothenburg, Sweden: University of Gothenburg Press, 1981.

[158] Martin, R. J. and Duncan C. P. , "The transformation of Retailing Institutions: Beyond the Wheel of Retailing and Life Cycle Theories", *Journal of Macromairketing*, 1981 (1): 58 – 66.

[159] Mcnair, M. P. and May, G. E. , "The Next Revolution of the Retailing Wheel", *Harvard Business Review*, 1978, 56 (5): 81 – 91.

[160] Mcnair, M. P. , *Significant Trends and Developments in the Postwar Period*//SMITH, A. B. , (ed.). Competitive Distribution in a High – Level Economy and Its Implications for the University, Pittsburgh: University of Pittsburgh Press, 1958: 18.

[161] Neilsen, O. *Development in Retailing*//Kjaer – Hansen, M. , (ed.). Reading in Danish Theory of Marketing, North – Holland, 1966: 113.

[162] Oren, C. , "The Dialectic of the Retail Evolution", *Journal of Direct Marketing*, 1989, 3 (1): 15 – 29.

[163] Rosenbloom B. and Schiffman, L. G. , Retailing Theory: Perspectives and Approaches, in Stampfl R. W. , and Hirschman E. C. , (Eds.), Theory in Retailing: Traditional and Non – Traditional Sources. Chicago: American Marketing Association, 1981: 168 – 179.

[164] Roth V. J. , and Saul K. , "A Theory of Retail Change", *The International Review of Retail Distribution and Consumer Research*, 1993, 3 (2): 167 – 183.

[165] Saghiri S. , Wilding R. , Mena C. , et al. "Toward a three – dimensional framework for omni – channel", Journal of Business Research, 2017 (77): 53 – 67.

[166] Savitt, R. , "Looking back to See ahead: Writing the History of American Retailing", *Journal of Retailing*, 1989, 65 (3): 326 – 355.

[167] Schary, P. B. , "Changing Aspects of Channel Structure in America", *British Journal of Marketing*, 1970 (5): 133 – 145.

[168] Thierry Burdin. Omni – channel retailing: The brick, click and mobile revolution, www. cegid. com/retail.

[169] Thomas R. E. , "Change in the Distribution Systems of Western Industrialized Economies", *British Journal of Marketing*, 1970 (4): 62 – 69.

后记

《零售革命（修订版）》书稿，是在一个暑假写作完成的，似乎很快，但呈现的是我40余年来体验、学习和研究零售问题的成果。在这40多年的时间里，有无数的人对我从事零售问题的体验、学习和研究给予过无数的帮助，借此书出版之际，对他们表示由衷的感谢！包括后面被提到或者更多没有被提到的人。

我要感谢那些引导我进入零售问题研究轨道的人。早在1976年底，我18岁的时候就进入河北省青龙县副食品公司工作，做过驻火车站发货员、办公室秘书，节假日常常去下属的副食店当售货员，了解了零售活动的基本流程。1977年、1978年高考落榜，1979年第三次考大学时，我的上级领导、北京商学院的校友周隆（当时在青龙县供销社工作，后来回京于北京财贸职业学院任教）建议我报考北京商学院，在成功进入大学之后我跟着果洪迟老师、黄桂芝老师等学习了零售学，跟着贺名仑老师、兰玲老师学习了营销学，跟着周明星老师、苏志平老师学习了商业经济学，跟着李毕万老师和王琴素老师学习了商业企业管理学，在硕士阶段和博士阶段又跟着黄国雄老师学习商业学和零售学，在这里对他们给予的建议、知识传授和让我对零售及营销问题产生兴趣表示感谢！没有他们，我会走向另外的人生轨道。我一直认为，当时的北京商学院是中国最好的商学院，我就是在中国最好的商学院读的本科和硕士，那时综合大学还没有商学院，"留学"还是梦中的词语。

我要感谢那些使我了解零售学术研究方法的人。2002年5月我来到清华大学经济管理学院之后，似乎才逐渐明白"什么是理论""什么是学术""有哪些规范的研究方法"等学术研究的入门问题，完全属于"笨鸟后飞"。我感谢帮助我来到清华大学经济管理学院任教的杨斌教授、薛镭教授和赵平教授，感谢当时婉拒我加盟的北京另外两所大学的商学院，也感谢当时宽容地放我离开的北京商业管理干部学院的领导，使我有机会在45岁时来到中国最高的管理学术研究平台，开始了学术研究之路。几乎同时与我来到清华大学任教的王高教授（现为中欧工商管理学院教授）、刘茜教授，让我了解了营销模型和大样本的数据分析等定量研究方法，以及田野调查、民族志等质性研究方法。通过与法国诺欧商学院曹兰兰教授、英国诺丁汉特伦特大学商学院张奇珣教授的国际合作研究，让我加深了对质性研究方法的理解。2005年，我的同事杨斌教授和王雪莉教授邀请我加入"中国式企业管理科学基础研究课题组"，开始了管理案例的学术研究。2010年10月，我的同事王以华教授邀请斯坦福大学著名管理案例研究学者艾森哈特教授，在清华大学经济管理学院进行了为期一周的管理案例研究方法的讲座，引导我走进"由案例构建管理理论"之路。另外，在与美国著名零售学者、佛罗里达沃林顿商学院巴顿·A. 韦茨教授、谢劲红教授，以及法国著名品牌学者、HEC商学院让－诺埃尔·卡普费雷教授的多次交往过程中，使我对零售和学术有了更深的了解。对他们表示感谢！

我要感谢那些给我提供零售学术研究源泉的人。1995年我为一家准备进入中国的法国零售公司提供咨询时，偶然与中国连锁经营协会会长郭戈平女士相识，她为我提供了诸多了解中国零售业发展的机会，并为我赴美考察连锁企业提供了经费支持。IBM大中华区流通事业部顾问（现为米雅信息科技公司董事长）杨德宏先生、赛特集团总裁王辛民先生、当代商城董事长金玉华先生、翠微集团董事长张丽君和匡振兴先生、首商股份公司董事长付跃红女士、汇银电器公司曹宽平先生等先后聘请或邀请我担任所在公司的顾问或董事，使我可以深入了解零售企业内部的运行机制，为我的零售研究提供了丰富的数据来源。对他们的无私帮助表示感谢！

我要感谢那些给我提供零售学术研究资助的人。早在1987年我就得到联合国粮农组织的资助，赴意大利、英国、荷兰、比利时研究蔬菜、水果和鲜花的分销管理，时间为40天。1991年10月至1992年10月，得到国家留学基金委资助，以访问学者的身份在巴黎第八大学研究人类市场史。1997年我和研究生同学何明珂教授创办了北京智开策划公司（后更名为北京锐迪流通经济研究所），在最为困难的起步阶段，富基融通科技公司董事长颜艳春先生、三洋冷链公司营销部部长（现为时代商联咨询公司董事长）李涛先生曾经长期提供赞助支持，激励我们坚持零售问题的研究。在我来到清华大学经济管理学院两年后的2004年，沃尔玛公司接受了我的建议，5年资助100万美元，在清华经管学院设立了中国零售研究中心，为我们的零售学术研究提供了充足的资金。2011年、2012年和2013年清华大学野村综研中国研究中心，宽容地为我提供了三年三个自由选择课题研究的资助，其中全渠道零售的研究就是其资助的课题之一。同时，商务部、国家自然基金委、国家社会科学规划办公室等也都曾给予零售研究课题的资助。这些研究资助和选题的自由性，使我的零售学术研究符合自己的兴趣，体现了独立精神。感谢他们的宽容大度！

后　记

　　我要感谢家人和我带过的所有学生。家人为我提供了舒适和自由的生活环境，充裕的学术研究时间，使我无忧无虑地过好每一天，这是我坚持学术研究的基础。诸多学生对我的爱和逐渐成长，是我前进的巨大动力。在不能带博士生的2002～2007年，我的硕士研究生刘明葳、李翔、苏小博、程丹、林健、陈浩、刘星宇、刘景建跟我做营销和零售学术研究，取得了不亚于今天博士生的学术成果，令我欣慰。2007年我开始带博士生之后，胡凯、米卜、贾思雪、胡赛全、贺曦鸣、马燕、李达军、张语涵、任莹、衡量等跟着我进行了大量的零售学术研究，取得了高水平的研究成果。同时，汪旭晖和马宝龙两位博士后，与我也有诸多的合作研究，他们已经成为中国优秀的营销学者。一些编外学生赵俊霞、路倩等也做出了相应的贡献。对他们的努力、帮助和关怀表示感谢！

　　我要感谢那些给我提供零售学术成果展示的人。来清华大学之前，我已经在北京商业管理干部学院任职教授三年，2002年加入清华后聘任的是副教授，我需要重新申请教授，其中一个条件是在学院规定的高水平期刊发表一定数量的学术论文。在我最需要帮助的时候，一些朋友帮助了我，将我的论文推荐给高水平期刊发表，他们是南开大学商学院院长白长虹教授，《中国经营报》总编辑、我的EMBA学生李佩钰女士，以及《北京工商大学学报（社科版）》副主编宋冬英女士、编辑部副主任邓艳女士。他们给予我的"雪中送炭"的帮助，我将永远铭记和感谢！当然，还应该感谢经济科学出版社的编辑们，除了《李飞定位研究丛书》之外，从2007年至今10多年的时间里，我们在该社连续出版《中国零售研究前沿系列》2～10等9册图书，以后还将延续，没有金梅女士的基础奠定、齐伟娜女士的后续努力，以及赵蕾、侯晓霞、张蒙蒙等编辑的认真工作和大力支持，是不可能顺利完成的。对她们10多年的连续支持和帮助表示感谢！

清华大学经济管理学院
中国零售研究中心常务副主任、教授
李　飞
2018年8月

图书在版编目（CIP）数据

零售革命／李飞著. —修订本. —北京：经济科学出版社，2018.11
ISBN 978 – 7 – 5141 – 9890 – 4

Ⅰ.①零… Ⅱ.①李… Ⅲ.①零售业 – 研究 Ⅳ.①F713.32

中国版本图书馆 CIP 数据核字（2018）第 244525 号

责任编辑：齐伟娜　赵　蕾
责任校对：杨　海
技术编辑：李　鹏

零售革命
（修订版）

李　飞／著

经济科学出版社出版、发行　新华书店经销
社址：北京市海淀区阜成路甲 28 号　邮编：100142
总编部电话：010 – 88191217　发行部电话：010 – 88191540
网址：www.esp.com.cn
电子邮件：esp@esp.com.cn
天猫网店：经济科学出版社旗舰店
网址：http://jjkxcbs.tmall.com
北京季蜂印刷有限公司印装
710×1000　16 开　17.5 印张　320000 字
2018 年 11 月第 1 版　2018 年 11 月第 1 次印刷
ISBN 978 – 7 – 5141 – 9890 – 4　定价：65.00 元
(图书出现印装问题，本社负责调换。电话：010 – 88191502)
(版权所有　翻印必究　举报电话：010 – 88191586
电子邮箱：dbts@esp.com.cn)